国际视野下的高校创业教育课程研究

臧玲玲　著

中国社会科学出版社

图书在版编目（CIP）数据

国际视野下的高校创业教育课程研究 / 臧玲玲著 . —北京：中国社会科学出版社，2016.5
ISBN 978-7-5161-8059-4

Ⅰ.①国…　Ⅱ.①臧…　Ⅲ.①高等学校—创造教育—研究—中国
Ⅳ.① G649.2

中国版本图书馆 CIP 数据核字（2016）第 084381 号

出 版 人	赵剑英	
责任编辑	孙　萍	
责任校对	王　影	
责任印制	王　超	

出　　版	中国社会科学出版社
社　　址	北京鼓楼西大街甲 158 号
邮　　编	100720
网　　址	http://www.csspw.cn
发 行 部	010-84083685
门 市 部	010-84029450
经　　销	新华书店及其他书店

印刷装订	三河市君旺印务有限公司
版　　次	2016 年 5 月第 1 版
印　　次	2016 年 5 月第 1 次印刷

开　　本	710×1000　1/16
印　　张	19
插　　页	2
字　　数	292 千字
定　　价	69.00 元

凡购买中国社会科学出版社图书，如有质量问题请与本社营销中心联系调换
电话：010-84083683

序

　　建设创新创业型社会是当代世界发展趋势。为了适应"大众创业、万众创新"的时代浪潮，我国各级政府对创新创业教育高度重视，并加大了对高校创新创业教育的投入力度。2015年5月，国务院办公厅印发的《关于深化高等学校创新创业教育改革的实施意见》明确提出"完善人才培养质量、创新人才培养机制、健全创新创业教育课程体系、改革教学方法和考核方式"等九项主要任务和措施。教育部颁发了《关于大力推进高等学校创新创业和大学生自主创业工作的意见》（2010）和《普通本科学校创业教育基本要求（试行）》（2012）等文件，对创业教育发展提出了具体要求。许多高校开展了形形色色的创业教育活动，掀起了创业教育新热潮。

　　在创业教育形成共识之后，"教什么？"和"怎么教"成为创业教育理论研究与实践推广的重点和难点。对创业教育课程的系统研究，有助于理解创业教育的基本问题，如理念、设计原则、创业知识转化规律等，为我国创业教育研究提供理论指导，为创业学成为一门独立的学科奠定基础。臧玲玲博士的学术专著《国际视野下的高校创业教育课程研究》正是在全面深化高校创新创业教育体系的背景下，对创业教育课程进行系统研究的尝试。全书立足比较视野，以历史为线索，以问题为中心，从概念辨析、历史发展、课程类型、具体实施等方面对高校创业教育课程进行系统分析，力图展示高校创业教育课程发展的整体脉络和具体图景，并对我国高校创业教育课程体系构建提出了自己的建议。

　　通览全书，可以发现以下三个显著特点：一是研究的系统性。该书阐述了创业教育发展历史、创业教育课程类型与模式、创业人才培养的微观机理与过程规律等重要问题；二是对高校创业教育课程进行分类型、分层次的多维度剖析，通过构建三类型四维度的分析框架，从课程目标、内容、实施和评价等阐释其特点与规律；三是从大学文化与大学变革的角度对创业教育进行理论反思，提出创业教育融入大学发展可能存在的障碍与解决路径。尤其值得肯定的是，该书对高校创业教育及其课程的核心问题，如：创业教育融入专业发展的路径与策略，跨学科培养创新创业型人才的实践模式，创业师资培养，多样化创业教育课程体系的构建与实施等，做出了有益的探索，具有理论意义与现实参考价值。

创业教育课程涉及面广、内容复杂，其研究与实践任重道远。该书是我国系统研究创业教育课程的力作，值得一读。

陈小洲

2016 年 1 月 12 日

前　言

　　课程是高校创业教育的重要载体。在"创业可教"成为共识之后,"教什么?"和"如何教?"成为高校创业教育研究的主要问题。各国开始积极探索符合自身国情的创业教育课程体系,从而培养具有创新精神的创业型人才。本书从概念辨析、历史发展、课程分类、类型分析等方面入手,运用了文献法、比较法和案例分析,对高校创业教育课程进行深入研究,主要结论包括以下几点。

　　1. 创业教育与商业教育、小企业教育既有联系,又有区别。创业教育强调从品质、精神和价值观层面进行人才培养,不局限于商业和盈利行为。创业教育在美国、英国和日本都取得了显著成就。创业教育课程逐渐普及,形成多样化的课程体系,创业研究发展迅速,创业学的学科地位逐渐建立,创业教育促进了自我雇佣和经济发展。国际组织通过倡导理念、设立教席、开设课程等方式,积极推进高校创业教育发展。

　　2. 高校创业教育课程可以分为三类:培养创业精神的课程、培养创业实践者的课程、培养创业学者(教师/研究者)的课程。培养创业精神的课程以传授创业知识、企业家精神为主,此类课程的重点是获得积极的创业态度,注重交互、体验的过程,课程实施方式包括认知引导和体验分享;培养创业实践者的课程以传授创业知识和专业知识为主,此类课程的重点是获得实践智慧,注重实践、做中学等方式,课程实施以项目为基础,强调学生参与创业、主动建构知识;培养创业学者的课程聚焦于创业的理论向度,传授创业理论、研究方法等内容,此类课程的重点是获得创业研究和教学能力,强调自我指导的主动学习,课程实施方式包括学术研讨会、报告、论坛等。

3. 高校创业教育进入全校性发展阶段，已经形成多样化的课程体系和模式，课程发展与创业研究相结合。同时，高校创业教育课程发展面临师资短缺、效果不佳等问题。未来，高校创业教育课程应该从内容设置、教学改革、体系保障等方面入手，提升有效性。

4. 为了更好地融入大学文化与发展，创业教育课程需要提升有效性、保持开放性、扩大影响力。构建中国高校创业教育课程体系需要在以下几方面展开：建立分类指导的课程模式；加强创业师资队伍建设；开展创业教育教学试点，探索和推广经验；发展创业学学科。

目　　录

第一章

导　论

第一节　研究缘起与意义

一　研究缘起

（一）创业教育的兴起

21世纪以来，以知识经济与全球化为特征的后工业经济正改变着世界格局。新一轮的国际竞争已经开始，如何发展高新技术产业、拉动经济增长、解决就业问题成为世界各国面临的共同难题。

首先，知识经济的转型使创新成为全球趋势。20世纪七八十年代以后，世界经济发生转型：从工业经济转向后工业经济。在后工业经济时代，创新成为全球使用频率最高的词汇之一。各国均把创新作为科技战略的核心，希望依靠创新，化危机为机遇，引领经济走向复苏。美国于2011年推出的《美国创新战略：确保经济增长与繁荣》提出，要对创新基本要素（人力、科学研究和基础设施）进行大量投资，保障创新所需的研发投资、人力资本、物质资本和技术资本，发挥创新潜力，带来经济增长和繁荣。欧盟于2012年出台的《欧洲2020战略》提出要通过创新推动可持续包容性增长，把欧盟建设成创新型联盟。英国2011年底发布了《以增长为目标的创新与研究战略》，提出要加强新兴技术的商业化能力，以便在全球创新经济中取胜。日本通过"第四期科学技术基本计划"，指出科技政策不能仅以振兴科学技术为目的，而要有利于促进经济、教育、防灾、外交、安全等重要目标。第四期科学技术基本计划高度强调创新，把灾后重建、绿色创新和民生创新作为三大任务。俄罗斯发布《俄罗斯联邦2020年创新发展战略》，将提高国家创新能力确立为重要战略目标，希望实现从原料出口型向创新型经济增长模式的转型。①

其次，中小型企业成为经济增长的主要动力源。在产业结构优化升级和调整过程中，中小型企业的发展活力成为新的经济增长点。在美国，有2000多万个中小型企业，占全国企业总数的 98.8%，创造了全国 50% 以上的国内生产总值，提供的就业机会占到服务业的 60%、制造业的 50% 和工业的 70%，产品出口额占到总出口额的 30%。在日本，企业总数的 99% 是中小型企业，中小型企业从业人员占从业人员总数的 78%，产值所占GDP 的比例达 50% 以上。在欧盟，中小型企业的数量更是达到了 99.82%，创造的就业机会和产值分别达到了 70% 和 55%，中小型企业被誉为"创造就业岗位的机器"。② 据中国国家发改委中小型企业司统计，目前，在我国工商管理部门注册的中小型企业已超过 1500 多万家，占全部注册企业总数的 99.5%，所创工业总产值、利税与出口额分别占全国工业总产值、利税总额与出口额的 60%、50% 与 60%；我国大约有 1.3 亿劳动力在中小型企业就业，约占整个工业企业就业人数的 73%。③

最后，大规模失业问题成为全球的又一热点。随着高等教育大众化的实现，大学生失业人数逐渐增多。据英国国家统计局数据显示，2010 年英国人口整体失业率目前为 7.9%，而新大学毕业生失业率达到 20%，而在经济衰退开始前，2008 年第一季度该比率为 10.6%。同时，英国 16 岁至24 岁的青年人中的失业人数达到了 951000 人，失业率达到了 20.3%，是自 1992 年以来开始进行该项记录以来的最高值。自 1999 年高校扩招以来，我国高校毕业生的就业面临较大压力。2003 年，毕业生人数首次突破 200万人，2009 年首次突破 600 万人。2012 年，全国高校毕业生为 680 万人，比 2009 年多出 80 万人，毕业人数再创新高，就业形势非常严峻。④ 预计到 2030 年，我国劳动力占总人口的比例将一直保持在 60% 以上。毕业和

---

① 程如烟：《全球创新报告》，《光明日报》2012 年 3 月 31 日第 5 版。
② 中华人民共和国教育部高等教育司：《创业教育在中国：试点与实践》，高等教育出版社2006 年版，第 5 页。
③ 林汉川：《中国中小企业创新与持续发展》，上海财经大学出版社 2006 年版，第 1 页。
④ 2012 年全国高校毕业生人数创新高 [EB/OL]. http://www.nxnews.net/zc/system/2012/04/14/010331095.shtml.2013—03—10。

就业供需的巨大反差导致人才的巨大浪费和诸多社会问题。[①]

可以发现：随着社会就业压力的不断增大以及新经济形势对职业的要求，越来越多的国家开始把自主创业作为解决就业、提升经济的手段，在全球范围内掀起创业热潮。因此，开展创业教育，激发创业精神是 21 世纪的全球性要求。

（二）高校创业教育课程的发展

创业教育的重要性成为共识，那么如何通过高等教育来培养学生的创业能力，即通过创业教育课程来培养创新创业型人才成为创业教育的关键问题。

从 1947 年美国迈尔斯·梅斯（Myles Mace）教授在哈佛大学商学院为 MBA 开设第一门课程《小企业管理》开始，创业教育课程正式进入大学课程体系。高德纳（Gartner）通过研究发现：在 1985 年，美国只有 253 所学院或者大学提供关于小企业管理或创业的课程，到 1993 年，对创业感兴趣的学生可以选择 441 种不同的创业教育课程。[②] 截至目前，美国已经有 1800 多所大学和学院提供不同类型的创业教育课程。美国的创业教育课程已经从早期的商学院主导模式发展到全校模式，其数量与质量都处于世界领先地位，成为全世界学习的典范。

在英国，随着创业教育的开展，大学开设的创业教育课程也在逐年增加，并从商学院扩展到其他学院。2003—2004 年英国大学中，一年级本科生可以选修的创业学分课程有 92 种（不包括和其他课程模块相嵌套的创业教育课程），商业课程有 4456 种，课外相关创业活动多达 24 种。如商学院中创业教育课程占其总数的 61％，工程学院的这一比例也达到 9％，其他如艺术和设计类学院、纯科学类学院与计算机科学类学院中创业教育课程也分别占到 8％、6％和 4％。各学院中创业方面的课程都占有一定比例，有的学院还计划开设 1 门以上新创业教育课程以补充原有创业教育课程的

---

① 徐小洲、李志永：《我国高校创业教育的制度与政策选择》，《教育发展研究》2010 年第 11 期。

② Gartner W B, Vesper K H. Experiments in Entrepreneurship Education: Successes and Failures[J]. Journal of Business Venturing, 1994, 9(3): 179—187.

不足。① 由此可见，英国高校创业教育课程的开设数量多，结构相对合理，能够满足学生的不同需求。

从 20 世纪 80 年代引入创业教育至今，日本高校已经形成相对完善的创业教育体系，创业教育课程普遍开设。2003 年，筑波大学针对日本 527 所大学创业教育课程和讲义进行的调查显示，有 44 所学校开设了创业教育的系统课程，有 236 所大学设有创业教育讲座。②2009 年，大和总研对日本全国 765 所高校进行创业教育实态调查，结果显示：在日本全国高校中，有 252 所高校开设了 1078 个与创业教育相关的讲座。③ 目前，在已经实施创业教育的日本高校中，创业教育课程被列入了本科生和研究生的选修或必修课程，并开设了多达 928 门的各类相应课程。其中，列为本科课程的有 523 门，提供给研究生研修的有 405 门，包括知识类创业教育课程和实践类创业教育课程两大类。④

2012 年，为了深入贯彻落实《国家中长期教育改革和发展规划纲要（2010—2020 年）》以及《教育部关于全面提高高等教育质量的若干意见》精神，推动高等学校创业教育科学化、制度化、规范化建设，切实加强普通高等学校创业教育工作，我国教育部制定了《普通本科学校创业教育教学基本要求（试行）》，并颁布了"创业基础"教学大纲作为大学开展创业教育课程的参照依据。

此次试行的"创业基础"教学大纲包括六部分内容：一是创业、创业精神与人生发展；二是创业者与创业团队；三是创业机会与创业风险；第四是创业资源；五是创业计划；第六是新企业的开办。⑤ 可以发现，此次大纲内容与美国百森商学院经典的蒂蒙斯创业教育课程基本吻合，是将创办新企业的过程作为课程内容安排的依据。这一大纲的出台标志着我国创

---

① 英国高校创业教育发展：效果、特点与启示 [EB/OL]. http://gj.ybu.edu.cn/news.php?id=3907.2013—04—08。
② 李志永：《日本大学创业教育述评》，《外国教育研究》2009 年第 8 期。
③ 李志永：《日本高校创业教育》，博士学位论文，浙江大学，2011 年。
④ 陈瑞英、顾征：《新世纪日本高校的创业教育：现状与课题》，《高等工程教育研究》2010 年第 2 期。
⑤ 教育部办公厅关于印发《普通本科学校创业教育教学基本要求（试行）》的通知 [EB/OL]. http://www.moe.gov.cn/publicfiles/business/htmlfiles/moe/s5672/201208/xxgk_140455.html.2013—01—08。

业教育发展进入新阶段。

可以看出，在创业教育的发展中，课程一直处于核心地位，其重要性不言而喻。各国已经开始从早期的创业意识唤醒到现在的创业教育课程建设，并积极探索和发展符合自身国情的创业教育课程体系，从而培养具有创新精神的创业型人才。

二 研究意义

从 1998 年清华大学引入美国麻省理工学院（MIT）创业竞赛模式，成功举办国内第一个创业计划大赛开始，中国的高校创业教育已经走过 16 年的历程。作为创业教育实施的重要环节，中国的创业教育课程从无到有、从少到多，在借鉴与实践中不断发展完善，但远没有达到成熟，还存在着课程定位不清、内容混杂、教学方法陈旧等问题。同时，美国、英国和日本等发达国家的高校创业教育课程经历了多年发展和经验积累，在课程理论、内容和教学方面都处于世界一流水平，是全世界创业教育学习的榜样。虽然不同国家的国情有很大差异，但是在发展中也存在共性，尤其是在这个全球化时代，各国在创业教育及课程发展中所面临的问题逐渐趋同，所以对发达国家创业教育课程的研究可以为我国创业教育课程发展提供借鉴和启发，从而更好地实现我国创业教育的发展目标。

具体而言，本研究的意义主要有以下两大方面。

一是理论上的。在过去几十年的发展中，西方发达国家在创业教育课程理论方面进行了深入研究，形成了丰硕成果。对这些成果进行总结和反思，可以勾勒出世界创业教育课程发展的轮廓，有助于我们对于创业教育课程基本问题的理解，如课程设计原则、创业知识转化规律、教学规律等，为我国的创业教育课程研究提供理论指导，从而将创业教育研究推向深入，为创业学成为一门独立学科奠定基础。

二是实践上的。由于我国创业教育起步较晚，加之传统教育中的诸多不利因素，创业教育的实施并未取得令人满意的效果。而与此同时，世界发达国家的创业教育及课程实施都在迅猛发展，并从早期的商学院课程发展为全校性课程，提供创业教育课程的高校迅速增长，创业教育课程遍及本科生和研究生，在必修课和选修课中的比重也逐渐提高，逐步分化为多样化、层级化、专门化的课程实践模式。无论数量还是质量，创业教育课程在发达国家已经取得了长足发展，对其实践模式的总结和分析，既可以得出其成功的经验，为我国创业教育课程发展提供参照和借鉴，为管理决策者提供分析依据，同时也可以发现创业教育课程实践在发达国家的发展中存在哪些共同的问题？如何解决？未来的发展方向如何？这些对中国创业教育课程的发展具有十分重要的意义。

第二节　文献综述

随着创业教育在大学的广泛实施，关于大学创业教育课程的研究开始急剧增长。通过已有文献分析，国内外关于创业教育课程的研究可以分为两方面：创业教育课程理论的研究、创业教育课程实践的研究。

一　国外研究综述

（一）创业教育课程理论研究

随着创业教育课程在大学的普及，学者们开始对其进行理论研究：既有对以往创业教育课程模式的总结和反思，也有在此基础上提出新的创业教育课程理念和教学方法。已有的创业教育课程理论研究主要包括三个方面：创业教育课程内容理论、创业教学方法理论、创业学习模式。这三方面的出现顺序有其自身规律：早期关注创业教育课程的内容和方法，即教什么和怎么教的问题；后期随着对学生主体地位的重视，研究开始关注创业学习模式，即学生如何获得、转化知识的问题。

1. 创业教育课程内容

"创业教育课程究竟应该包括哪些内容？"是创业教育要解决的首要问题。

Jamieson（1984）提出按照关于创业（education about enterprise）、为了创业（education for enterprise）和在创业（education in enterprise）三个阶段进行创业教育课程设计。第一阶段是唤醒创业意识，主要从理论视角来认识创业的不同方面，培养创业技能、态度和价值观；第二阶段是开办企业，教会学生新企业开创的知识和相关管理技能，如商业计划书等；第三阶段是企业管理和商业技巧，在新企业创办后，企业经营管理成为主要任务,因此,这一阶段的学习内容包括产品开发、市场营销、企业日常管理等。[①]

McMullan（1987）批判了传统商学院和工程学院中的创业教育课程, 认为这些课程是面对大中型企业的, 比如营销、金融学、财会、人事管理等, 并不适用于中小型企业。整个课程范式是针对商业教育的, 而非创业教育。 他认为, 创业教育课程应该按照一个企业开设和发展的阶段设立：机会识 别；市场可行性分析；新企业规划、新企业融资、产品的设计和组织； 新市场开发, 规范化操作；扩张战略；中层管理人员职业化；制度化创新。 在这些课程之外, 创业教育还应该包括一些技能类课程, 如谈判技巧、营 销术、领导力和创造性思维等。[②]

Noll（1993）认为, 创业教育应该以开办创业型企业所需要的技能为 主要维度, 课程内容包括："创业"（entrepreneurship）定义；自我评价； 新想法的产生；商业计划制订；商业计划运行；创业政策、环境和国际化 等问题。[③]

Kourilsky（1995）认为, 创业教育课程包括三个关键特征：机会识别 和商业创意；整合资源；实施商业创意。创业过程涉及三类人：创始人（the initiator）是能够识别机会并最终实施的人。此类人能够承受不确定性、承 担风险, 使分歧最终走向统一, 是真正的发起人。团队（the development team）由创始人招募, 与创业实施有关, 如市场营销、销售、发展、质量 监控等。相关者（the constituency）虽然没有亲身参与创业实践, 但是他们 支持有利于创业的政策, 与企业文化（entrepreneurism）相连。[④] 因此, 创 业教育课程内容应该包括经济学内容、管理学内容、创业内容。

Fiet（2001）通过对 18 份创业教育课程大纲的研究发现, 现有的创业 教育课程存在较大分歧。他希望通过加强创业理论来实现创业教育课程的 科学性和有效性。在理论建构的教学中, Fiet 提出了创业理论课程设计的 四个关键问题：创业者如何识别机会、如何找到最具发展性的行业、如何

---

① Jamieson I. Schools and Enterprise[J]. Education for Enterprise, 1984, 1(1):7—18.

② McMullan W, Long W A. Entrepreneurship Education in the Nineties[J]. Journal of Business Venturing, 1987, 2(3):61—275.

③ Noll C L. Planning Curriculum for Entrepreneurship Education[C]//Business Education Forum. Harcourt College Publishers, 1993, 47(3)3—6.

④ Kourilsky M L. Entrepreneurship Education: Opportunity in Search of Curriculum[J].1995:1—18.

整合资源、如何创建竞争优势。①

　　Löbler（2006）从学习者视角出发，利用建构主义理论组织创业教育课程。他比较了商业教育和创业教育的区别、传递式方法和建构式方法的区别，并提出创业教育课程设计的十个维度：知识、教学、教育目标、学习者角色、教育者角色、信息来源、学习动机、学习过程的主导者、交互、活动。同时，他具体分析了创业教育课程的设计原则。②

　　Kevin（2007）从哲学高度对创业教育课程进行建构。他运用怀特海的哲学思想批判了传统商学院的创业教育课程模式，即金字塔模式。他认为，这种模式缺乏连续性，以传授分散和零星的知识为主，没有打破学科界限。在此基础上，他提出课程设计的环形理念，把创业涉及的所有因素做环状图：第一层是外部因素，包括校外环境、资源等；第二层是开创企业必需的知识和技能，如营销、会计、组织行为等；第三层是商业计划，涉及创业设计和评估；最核心的部分是附加领域（plus zone），即大学精神和办学思想。高校创业教育不仅是教给学生技术或训练职业，更要培养学生的创造力。让学生充满想象力，展开哲学层面的学习才是高校创业教育的应然追求。③ 这种理念指导下的课程模式才符合创业教育特性和学生需求。从而使学生终身受益。

　　Fayolle（2008）将创业教育课程的内容分为三个维度：专业维度、心理维度和理论维度。专业维度关注实际创业知识，即知道怎么做；心理维度涉及创业者的自我定位，即在一定的时间和空间内寻求自身发展；理论维度是创业的理论方面，即将创业提高到全局性高度进行认识和理解。④

　　作为美国两所知名大学创业教育教席的主持人，Gray（2011）教授根据自身的教学和理论经验，并结合对美国几十所高校的创业教育课程调研，提出了创业教育课程模式，包括本科生应该开设课程的种类、开设的不同

　　①　Fiet J O. The Theoretical Side of Teaching Entrepreneurship[J]. Journal of Business Venturing, 2001, 16(1):1—24.

　　②　Löbler H., Learning Entrepreneurship from a Constructivist Perspective[J]. Technology Analysis & Strategic Management, 2006, 18(1):19—38.

　　③　Hindle K., Teaching Entrepreneurship at University: From the Wrong Building to the Right Philosophy[J]. Handbook of Research in Entrepreneurship Education, 2007, 1:104—126.

　　④　Fayolle A, Gailly B. From Craft to Science: Teaching Models and Learning Processes in Entrepreneurship Education[J]. Journal of European Industrial Training, 2008, 32(7):569—593.

阶段、每门课的学时、MBA 中创业教育课程种类、时间设置、创业在主修和辅修中的比例等。[①]

2. 创业教学方法

在确定了创业教育课程内容之后，"怎么教？"，即创业教学方法就成了重要问题。在创业课堂中，既有传统方法的使用，如讲授法、演示法，也有非传统方法的使用，包括案例分析、小组讨论、角色扮演、实践训练和项目学习等。

Timmons（1985）认为，创业教育属于终身教育的范畴，因此，最好的学习方法是将学校学习与校外实践相结合。通过对 100 名参与哈佛商学院管理项目的创业者进行研究，他认为，分析能力、会计、金融、市场营销、信息管理能力等可以通过学校教育获得，但是，判断力、耐性和责任等不能通过学校教育直接培养，而是需要在实际生活中学习。[②]

Gibb（1987）通过对创业课堂和真实创业环境的比较发现，商学院的课堂教学更关注过去，重视信息理解、反馈和分析，而在现实世界中，创业者更关注现在，重视实践、交往。传统商学院课堂教学的依据是学术权威的观点，即"专家的逻辑"，而在实际生活中，创业者主要依赖自身知识和个人价值判断。因此，Gibb 认为，创业教学方法应该根据时间和地点的不同而更加灵活，鼓励学生通过参与实践理解问题、通过自己的思考解决问题、通过失败学习借鉴。学生要依靠自己，而不是外部信息、资源和专家的建议。[③]

通过调查加拿大卡尔加里大学的 MBA 对创业课堂中案例教学法和项目教学法的看法，McMullan（1991）发现，案例法可以有效促进学生的分析和综合能力；项目法可以加强学生对学科的理解，增强评价能力。[④]

[①]　Benson G L. Thoughts of an Entrepreneurship Chairholder Model Entrepreneurship Curriculum[J]. Journal of Applied Business Research (JABR), 2011, 9(1):140—146.

[②]　Timmons J A, Stevenson H H. Entrepreneurship Education in the 1980s: What Do Entrepreneurs Say?[M]. Division of Research, Harvard Business School,1984.

[③]　Gibb AA. Enterprise Culture–Its Meaning and Implications for Education and Training[J]. Journal of European Industrial Training,1987,11(2):2—38.

[④]　McMullan CA, Boberg AL.The Relative Effectiveness of Projects in Teaching Entrepreneurship[J]. Journal of Small Business & Entrepreneurship, 1991, 9(1): 14—24.

Davies（1991）认为传统教学方法使用说教、关注理论，不适用于创业教育。[①]

Shepherd（1996）认为传统教学方法正在式微，这种趋势只能促进学生的逻辑性发展，不利于创造性和创业思维的产生。[②]

Fiet（2001）通过调查发现，高校创业教育课堂千篇一律，缺乏创新性，大学生对创业教育课程满意度低。针对这些问题，他提出了基于理论的教学活动（theory-based activity approach）。这种方法强调学生积极参与课堂活动，并从中获得知识、锻炼能力。[③]

3. 创业学习模式

在创业教育课程发展的早期阶段，学者们关注课程内容和教学。随着教育科学和社会科学的发展，越来越多的学者开始关注学习过程，即学习者的经验和知识转化机制。

Young（1997）使用认知科学的研究成果来阐释创业学习过程，如知识的获得、保持和使用等环节。他分析了显性知识和隐性知识在创业学习中的作用、各自的发生机制以及两种知识的获得途径，并根据以上研究分析了不同学习模式在创业学习中的作用，如自我指导学习、问题解决学习和信息加工学习等。[④]

Rae（2001）试图解释创业能力的获得机制。他认为，对创业者的生活经历进行叙事性描述能够更好揭示创业能力的获得路径。因此，他运用深入访谈法对成功创业者的生活和创业经历进行描述和分析，得出创业能力七个要素（确定目标、个人价值观和动机、社会人际关系、认知能力、

①   Davies L, Gibb A.Recent Research in Entrepreneurship: the Third International EIASM Workshop[M]. Avebury, 1991.

②   Shepherd DA, Douglas EJ.Is Management Education Developing, or Killing, the Entrepreneurial Spirit[C]//Proceedings of the 1997 USASBE Annual National Conference Entrepreneurship: The Engine of Global Economic Development, San Francisco, California. 1997.

③   Fiet JO. The Pedagogical Side of Entrepreneurship Theory[J]. Journal of Business Venturing, 2001, 16(2): 101—117.

④   Young JE, Sexton DL.Entrepreneurial Learning: a Conceptual Framework[J]. Journal of Enterprising Culture, 1997, 5(03): 223—248.

个人理论、主动学习、自信），并据此提出创业学习的概念模型。[1]

Rae（2005）以认知主义、建构主义和叙事研究等多种理论为基础，提出创业学习的三大主题：个人和社会经验；情景学习；商业谈判。每一个主题可以分为多个不同的从属领域。个人和社会经验包括家庭角色、实践认识、身份同一性的建构、现在和未来认识的张力；情景学习包括对工业知识的学习、通过实际参与的机会识别、创业实践的理论学习；商业谈判包括转换角色、谈判结构与实践、参与者和联合创业者的关系、创业外部关系的交往。同时，Rae 还构建了环形图来解释上述要素的逻辑关系。[2]

Politis（2005）分析了创业学习的三个主要因素：创业知识（机会识别、处理棘手问题）、创业经验（创办经验、管理经验和行业经验）和转化过程（探索过程、开发过程），并进一步阐释了三者之间的关系。在此基础上，Politis 提出了五条创业学习建议，如创业经验的不同方面对创业学习的影响等。[3]

可以看出，创业教育课程领域存在很多有争议的问题，如创业教育的核心内容是什么？不同的创业内容使用什么样的教学方法更为合适？创业学习的过程是如何发生的？其与一般性的学习理论有什么样的联系？其特殊性体现在哪些方面？学者们根据自己的理论背景和教学经验给出了不同的阐释，但是并没有获得共识性认识。这些争论会伴随创业教育课程发展而持续，但重要的是如何将这些理论成果应用到实际的创业教育教学中，从而更好地指导创业实践。

（二）创业教育课程实践研究

创业教育课程实践类文献可以分为两类：一类是对创业教育课程的调查研究，包括对创业教育课程历史发展的研究；另一类是对具体课程实施的研究，包括具体的院校实践研究。

[1]　Rae D, Carswell M.Towards a Conceptual Understanding of Entrepreneurial Learning[J]. Journal of Small Business and Enterprise Development, 2001,8(2):150—158.

[2]　Rae D. Entrepreneurial Learning: a Narrative-based Conceptual Model[J]. Journal of Small Business and Enterprise Development, 2005, 12(3):323—335.

[3]　Politis D. The Process of Entrepreneurial Learning: a Conceptual Framework[J]. Entrepreneurship Theory and Practice, 2005, 29(4):399—424.

1. 对创业教育课程的调查研究

Solomon（1994）通过美国小企业局的四次（1979、1982、1986、1992）创业教育课程普查数据，分析了不同时期美国高等教育机构（包括四年制大学和两年制社区学院）中不同类型创业教育课程的增长以及占主导的教学方法。[①]

Levie（1999）将创业教育课程分为"为了创业"（courses about entrepreneurship）和"关于创业"（courses for entrepreneurship），并对创业教育课程的教师进行问卷调查。同时，Levie 还对每一类课程的师资情况及其在高校中的地位，每一类课程经常使用的教学方法等进行对比分析。[②]

Brown（2000）对全美创业教育课程（包括中小学阶段、高等教育阶段）进行整体研究，提出美国高等教育创业教育教材模板，课程内容应该包括创业概念、创业者特质、创业价值、商业计划、机会评估、寻求资金、开创企业和企业管理等。[③]

Katz（2003）对创业教育课程的开设数量进行统计：截至 2003 年，美国有 1600 多所高校，100 多个创业教育中心，共开设 2200 多门创业教育课程。在对美国创业教育进行历史分析时，Katz 将课程作为美国创业教育发展的三个主要领域之一，对 1876—1999 年这 100 多年间美国创业教育课程发展的代表人物、课程开设阶段、教材使用等方面进行了总结和梳理。[④]

Harry（2007）通过对英格兰、苏格兰和威尔士的 20 所新建大学和传统大学在 1995—2004 年的创业教育进行追踪和比较研究，分析了在过去的十年间创业教育课程和教学的发展演变路径。[⑤]

① Solomon GT, Weaver KM, Fernald LW.A Historical Examination of Small Business Management and Entrepreneurship Pedagogy[J]. Simulation & Gaming, 1994, 25(3):338—352.

② Levie J.Entrepreneurship Education in Higher Education in England: A survey[R]. London: Department for Education and Employment, 1999:1—41.

③ Brown C.Curriculum for Entrepreneurship Education: a Review[J]. Ewing Marion Kaufmann Foundation. Kansas City, MO, 2000:1—10.

④ Katz JA.The Chronology and Intellectual trajectory of American Entrepreneurship education: 1876–1999[J]. Journal of Business Venturing, 2003, 18(2): 283—300.

⑤ Matlay H, Carey C.Entrepreneurship Education in the UK: A Longitudinal Perspective[J]. Journal of Small Business and Enterprise Development, 2007, 14(2): 252—263.

2.具体的创业教育课程实施研究

Mendelson（2001）研究了美国西海岸天主教大学洛约拉马利蒙特大学的工程创业教育课程。该校的工程创业教育硕士课程遵循跨学科设计理论，融合了商学、工程学和应用哲学的理论，包括三个部分，产品设计和发展（产品、市场、客户需求分析、模型设计、工业设计），创业学（设计方案、市场研究和商业计划书），项目课程（对设计产品的商业化）。这些课程强调团队合作、创造性和效率，如团队可以组建公司、做出规划和预算、进行商业化实战操作。[①]

Standish（2002）研究了美国六所知名大学（卡内基梅隆大学、贝勒大学、加州大学、伦斯勒理工学院、德州大学、洛杉矶大学）的工程创业教育实践，包括三方面：不同大学的工程创业教育的组织模式（将6所大学分为3种模式）、不同的大学在创业教育课程目标中的差异、影响工程创业教育教学和组织的因素分析（对不同因素进行相关性分析）。[②] Standish 对这三方面进行了深入分析。

Beckman（2005）对美国实施音乐创业教育的大学进行研究，包括音乐创业教育课程（包括学位课程和资格认证课程）的数量、不同学校的课程特点，如有的大学专门设置音乐创业本科学位、有的大学则是在研究生阶段提供音乐创业的相关证书和资格认证。同时，他还研究了音乐创业教育课程的教学方法，总结出目前音乐创业教育课程中的常用教学方法和不同方法的适宜性问题。在此基础上，他提出了未来音乐创业教育及其课程发展的建议。[③]

Beckman（2007）深入研究了美国艺术创业教育课程的相关情况。他梳理了美国艺术创业教育的发展，将艺术创业教育课程的设计理念分为两种：一种是传统商学院中以创办企业为目的的创业教育课程设计（内容包括创办企业、企业盈利等）；另一种是"过渡"性艺术创业教育课程

---

① Mendelson M I. Entrepreneurship in a Graduate Engineering Program[J]. Journal of Engineering Education, 2001, 90(4): 601—607.

② Standish-Kuon T, Rice MP.Introducing Engineering and Science Students to Entrepreneurship: Models and Influential Factors at Six American Universities[J]. Journal of Engineering Education, 2002, 91(1):33—39.

③ Beckman G. The Entrepreneurship Curriculum for Music Students: Thoughts Towards a Consensus[C]// College Music Symposium. The College Music Society, 2005:13—24.

设计（内容包括创造力、职业敏锐度和市场机会识别等）。据此，他提出了"关注情景"的艺术创业教育课程模式，分析了此种课程的哲学理念、设计方法和组织原则等。这种模式更加突出艺术学科的特点，更好地将艺术和创业有机结合。[①]

Kolb（2011）运用质性分析方法研究了怀俄明州立大学博悦创业奖获得者和提名者在创业中的机会识别过程。通过对这一过程的关键因素分析，并结合建构主义理论的视角，Kolb提出了创业教育中机会识别课程的教学设计原理和方法，并进一步揭示学生在学习机会识别课程的知识转化过程。[②]

Ammar（2012）研究了密西根州立大学的网络创业教育课程。这门课程主要面向所有对创业感兴趣的组织和个人，旨在增强他们的创业意识、提升他们的创业能力。与传统创业教育课程形式相比，这门课程主要通过网络进行，普及率高。此门课程的宗旨是普及创业教育，建立创业型社会。此外，Ammar还详细分析了参与者背景、课程内容和实施情况，并通过参与者的创业成就对此门课程进行了评价。[③]

上述研究具体展现了创业教育课程在高校内的实施和不同类型（工程、艺术等）创业教育课程的发展。这些为本书提供了翔实的资料来源，奠定了本研究的基础。但是，通过分析，也可以看出，目前的研究多集中于对某一类型课程的研究，而关于不同类型创业教育课程的比较研究还尚属空白，涉及不同国家之间创业教育课程的比较更是缺乏。

二　国内研究综述

国内对创业教育的研究始于20世纪90年代末期，确切说是从1998年清华大学引入美国麻省理工学院（MIT）创业竞赛模式，成功举办国内

---

①　Beckman G D. "Adventuring" Arts Entrepreneurship Curricula in Higher Education: An Examination of Present Efforts, Obstacles, and Best Practices[J]. The Journal of Arts Management, Law, and Society, 2007, 37(2):87—112.

②　Kolb B J. Instructional Design of Entrepreneurship Courses: Interview Research of Wyoming BRAVO! Entrepreneurs[M].University of Wyoming,2011.

③　Ammar Al.Y. Assessing an Online Entrepreneurship Course at Michigan State Universitty[M].Michigan State Universitty,2012.

第一个创业计划大赛开始。

本书以 1998 年作为分界点，首先通过对中国期刊全文数据库中核心期刊篇名为"创业教育"的文献进行搜索，得出期刊论文为 1423 篇。其中 2000 年前每年都是 10 篇以下，从 2000 年开始逐年增长，到 2010 年后每年都超过 200 篇。在万方学位论文平台搜索到的篇名包含"创业教育"的硕博论文有 237 篇，其中硕士论文为 229 篇，博士论文为 8 篇。最早的研究是 2000 年华东师范大学侯定凯的博士论文《创业教育——大学致力于培养企业家精神》。

表 1—1　　　　　　　　　国内创业教育的文献分析

篇名（包含）	全部期刊 （1998—2012 年）	优秀硕士学位论文 （1999—2012 年）	中国博士学位论文 （1999—2012 年）
创业教育	1423	229	8

其次通过对中国期刊全文数据库中核心期刊篇名为"创业教育课程、创业课程"的文献进行搜索，得出期刊论文为 54 篇。其中 2000 年前仅为 1 篇，即马维娜 1993 年发表于《上海教育科研》的《创业教育课程内容介绍》。从 2000 年开始逐年增长，2000 年、2002 年分别为 1 篇，2005 年 2 篇，2006 年和 2008 年分别为 3 篇，2009 年为 5 篇，2010 年为 8 篇，2011 年 13 篇，2012 年为 12 篇。在万方学位论文平台搜索到的篇名包含"创业教育课程、创业课程"的硕博论文有 16 篇，全部为硕士论文。最早的研究是 2003 年中南大学向东春的硕士论文《大学创业教育课程设置研究》。

表 1—2　　　　　　　国内创业教育课程、创业课程的文献分析

篇名（包含）	全部期刊 （1993—2012 年）	优秀硕士学位论文 （1999—2012 年）	中国博士学位论文 （1999—2012 年）
创业教育课程、 创业课程	54	16	0

通过文献检索，可以发现，国内的已有研究多是将课程作为创业教育的一个方面进行整体研究，缺乏专门的创业教育课程研究。这说明我国的创业教育和创业教育课程研究还处于初级阶段，与西方发达国家相比，远未达到成熟。已有研究多停留在宏观整体层面介绍，没有进入有针对性的创业教育微观领域研究。在检索的众多文献中，本研究选取了一些有代表性的文献进行梳理和评析。

（一）创业教育课程理论研究

国内针对创业教育课程理论的专项研究相对较少，主要是从创业教育价值和创业技能角度去分析创业教育课程应涵盖的内容。

侯锡林（2007）在《企业家精神：高校创业教育的核心》中，通过对国内外创业教育理念形成的文献进行分析，提出创业教育的核心是企业家精神教育。在此基础上，他深入探讨了企业家精神的本质与特征，企业家精神教育的目标，并从认识和技术层面分析了实现这一目标的思路与方法。[①]

杨晓慧（2012）在《创业教育的价值取向、知识结构与实施策略》中认为，我国创业教育应该确立着眼于自我实现的价值取向：促进创业者自我实现的价值，促进每个人自我实现的价值和为创业活动赋予道德价值；创业教育知识结构应该包括联想能力，对潜在利润的敏感能力和运用制度知识的能力。[②]

梅伟惠（2012）在《大学生创业技能要素模型研究》中，通过对创业技能文献和专家访谈进行梳理和归纳，指出大学生创业技能要素具有层次结构，并由此构建大学生创业技能要素的"金字塔模型"。该模型底部是创业基础技能，包括创造力、问题解决能力和决策力；模型顶部是创业操作技能，包括机会技能、资源整合技能、创业管理技能以及专业技能。[③]

陈勇在《基于能力框架的大学创业教育研究》中指出，创业型人才应该具有合理的知识结构和较强的综合能力。其中，他将创业能力分为两类：

---

①　侯锡林：《企业家精神：高校创业教育的核心》，《高等工程教育研究》2007 年第 2 期。
②　杨晓慧：《创业教育的价值取向、知识结构与实施策略》，《教育研究》2012 年第 9 期。
③　梅伟惠：《大学生创业技能要素模型研究》，《高等工程教育研究》2012 年第 3 期。

个人特质和创业技能。①

（二）创业教育课程实践研究

相对于创业教育课程理论研究的缺乏，国内关于创业教育课程实践的研究较多。创业教育课程实践研究文献可以分为两种：大类创业教育课程（通识教育、公共选修课）、专业类创业教育课程。

1. 大类创业教育课程

关于大类创业教育课程研究的早期著作包括彭钢的《创业教育学》，于连涛、刘伟主编的《创新与创业教育》，李时椿、常建坤、杨怡主编的《大学生创业与高等院校创业教育》等。这些专著主要介绍了美国高校创业教育的教材、课程设置、教学方法、大学生创业计划大赛等方面，选取了百森学院、哈佛商学院、贝勒大学、卡耐基梅隆大学、沃顿商学院等近十所创业教育发展较好且具有代表性的大学或学院进行深入分析。

国内青年学者的相关研究著作包括牛长松的《英国高校创业教育研究》②、胡瑞的《新工党执政时期英国高校创业教育研究》③、梅伟惠的《美国高校创业教育》④和李志永的《日本高校创业教育》⑤。牛长松和胡瑞的研究涉及了创业学习理论、课程模式和英国知名大学的创业教育课程实施。李志永的论文中介绍了日本大学的创业教育课程内容和具体项目。梅伟惠对美国知名高校的创业教育课程进行分析，如百森商学院、康奈尔大学等。

期刊论文主要包括贾涛（2008）的《建构活模块创业教育课程体系的研究——基于美国 NFTE 创业教育模式的启示》⑥和胡宝华的（2010）《高校创业教育课程设计探讨——来自美国百森商学院创业教育课程设计的启示》。⑦两篇文章分别以 NFTE 和百森商学院为例分析了美国高校创业教育

① 陈勇：《基于能力框架的大学创业教育研究》，《高等工程教育研究》2010 年第 1 期。

② 牛长松：《英国高校创业教育研究》，学林出版社 2007 年版。

③ 胡瑞：《新工党执政时期英国高校创业教育研究》，高等教育出版社 2013 年版。

④ 梅伟惠：《美国高校创业教育》，浙江教育出版社 2009 年版。

⑤ 李志永：《日本高校创业教育》，浙江教育出版社 2011 年版。

⑥ 贾涛：《建构活模块创业教育课程体系的研究——基于美国 NFTE 创业教育模式的启示》，《中国职业技术教育》2008 年第 30 期。

⑦ 胡宝华：《高校创业教育课程设计探讨——来自美国百森商学院创业教育课程设计的启示》，《中国高教研究》2010 年第 7 期。

的课程体系。

曾尔雷（2010）在《美国创业教育国家内容标准鉴析》中，具体解析了美国创业教育内容的国家标准，并比较了不同类型大学在具体执行创业教育课程标准中的灵活性，为我国创业教育课程设置提供了参考。[①]

王晶晶在《全球著名商学院创业教育比较及其启示》中，对全球最具代表性的商学院的创业教育培养目标、管理体系、课程体系设计、实践教学项目等方面进行研究。她认为：创业教育的目标应当是培养学生的创业精神和能力；从确定培养目标到设计课程，再到开展创业实践项目是一个科学系统和过程。[②]

谢丽丽（2010）在《日本高校创业教育课程模式及典型个案分析》中深入研究了日本高校创业教育模式，对日本不同类型大学的创业教育课程设置和具体教学案例进行介绍和分析。如将日本创业教育课程分为四种模式：创业家专门教育型、综合演习型、创业技能副专业型和企业家精神涵养型等。[③]

张昊民（2012）在《日本创业教育的演进经典案例及启示》中梳理了日本创业教育的历史发展进程，对每一阶段进行分析和总结。在此基础上，他选取大阪商业大学、小樽商科大学和东京大学为个案，深入剖析三所大学在培养模式、教学理念、课程设置等方面的特色。

柴旭东在其博士论文《基于隐性知识的大学创业教育研究》中从隐性知识的角度对大学生创业教育进行研究，提出隐性知识是创业学习的重要形式。他主要从隐性知识在创业能力形成过程中的重要作用出发，研究大学生创业能力中的隐性知识成分、隐性知识转移规律在大学创业教育中的作用，进而探索隐性知识转移的规律。在此基础上，他提出采用基于问题解决的教学方式，运用灵活有效的团队学习组织形式，为大学生提供有效的创业教育。[④]

游振声在其博士学位论文《美国高等学校创业教育研究》中对美国创

①　曾尔雷：《美国创业教育国家内容标准鉴析》，《教育探索》2010 年第 12 期。

②　王晶晶、姚飞、周鑫、乔改霞：《全球著名商学院创业教育比较及其启示》，《高等教育研究》2011 年第 7 期。

③　谢丽丽：《二十一世纪日本高校的创业教育及其启示》，《高教探索》2010 年第 6 期。

④　柴旭东：《基于隐性知识的大学创业教育研究》，博士学位论文，华东师范大学，2010 年。

业教育课程进行分析总结，并具体论述了伊利诺伊大学的创业教育课程。[①]

综上所述，对大类创业教育课程的研究是创业教育研究中的重要组成部分，几乎所有关于创业教育的研究都会涉及创业教育课程和教学。但是，将创业教育课程作为专题进行深入研究的文献较少，已有的少量课程研究缺乏系统性和针对性。

2. 专业类创业教育课程

国内对专业类创业教育课程的研究主要集中在工程创业教育课程领域。这主要是由于在创业教育发达国家，工程科技类专业的创业教育开展较早、体系较为完善。与人文社科专业相比，工程科技类专业与创业结合更为紧密，产品更易转化。

李曼丽（2010）的《独辟蹊径的卓越工程师培养之道》[②]和曾开富（2012）的《工程创新人才培养模式的大胆探索》[③]都对美国欧林工学院的工程类创业教育课程进行了分析。作为一所建校不足 20 年的大学，欧林工学院创造了美国工程教育的奇迹，成为美国工程教育的标杆。欧林工学院重新定义了创新和工程等核心概念，以工程创新人才为培养目标，将工程教育、人文艺术教育和创业教育进行结合，形成三位一体的"欧林三角"课程模式。

曾开富（2012）在《美国凯克研究院创业型卓越工程人才培养模式研究》中，研究了凯克研究院不同项目中的课程设置。凯克研究院主要依托项目教学，以团队为基础，项目为核心的教学方法和教学体制，强调真实世界工作的学习经历、跨学科教育等方式来培养学生的工程创业能力。[④]

范惠明（2012）在《常春藤盟校工程科技人才创业能力培养模式探究》中，对比了常春藤盟校在不同创业能力培养计划的内容，分析了工程创业教育中的多样化教育方法，如在校内开展的课程小组、案例教学、创业讨论课等，与产业界联系创业实习机会、联合组织创业大赛。[⑤]

---

①　游振声：《美国高等学校创业教育研究》，博士学位论文，西南大学，2011 年。

②　李曼丽：《独辟蹊径的卓越工程师培养之道》，《大学教育科学》2010 年第 2 期。

③　曾开富：《工程创新人才培养模式的大胆探索》，《高等工程教育研究》2012 年第 5 期。

④　曾开富、王孙禹、张冰、李文中：《美国凯克研究院创业型卓越工程人才培养模式研究》，《高等工程教育研究》2012 年第 6 期。

⑤　范惠明、邹晓东、吴伟：《常春藤盟校工程科技人才创业能力培养模式探究》，《高等工程教育研究》2012 年第 1 期。

　　白逸仙（2011）在其博士论文《我国高校创业型工程人才培养方式研究》中，选取英国的沃里克大学和美国的北卡罗来纳州立大学作为个案，通过对两所大学中创业型工程人才培养方式的探究，分析了学生实践知识形成的途径和方法。根据建构主义的知识观框架，她总结出创业型工程人才培养必须通过在做中学，主体参与才能建构知识的意义、达到预期的学习效果等。她认为，创业型工程人才培养需要团队学习、情境创设以及学习主体已有经验三者的相互融合。①

　　通过对专业类创业教育课程研究的分析，可以看出，专业学习与创业教育的结合既是创业教育的未来发展方向，也是创业教育向纵深发展的必然路径。在发达国家，专业类创业课程是衡量创业教育成熟与否的重要指标。国内的研究多是针对工程类创业教育课程，缺乏对其他专业类创业教育课程的研究，如农业类创业教育课程、艺术类创业教育课程甚至教育学、历史学等人文社会科学创业教育课程。

　　总之，作为创业教育的核心，课程领域是创业教育研究的重中之重，几乎所有关于创业教育的研究都会涉及课程问题的探讨。

　　创业教育课程理论的专项研究在国外已经有近20年的历史。由于所持学科理论的差异，到目前为止，这一领域的大多数问题都还处于争论阶段，并没有取得很多共识。而在国内，对创业教育课程理论的专门研究尚属空白，一些零星的研究并没有触及创业教育课程的关键问题，多以创业技能模型构建、创业价值研究等形式出现。作为指导课程实践的基础，创业教育课程理论十分重要。对创业教育课程理论进行深入研究具有重要的意义和价值。那么，学者们在创业教育课程领域争论的焦点是什么？哪些观点成为主流？创业教育课程理论研究的未来走势怎样？这些问题都还缺乏系统研究，而对这些问题的深入探究将会为创业教育课程实施提供理论依据。

　　创业教育课程实践研究在国内外已经趋近成熟。由于美国创业教育最为发达，所以国内外的研究多集中于美国高校创业教育课程实践，对其他国家涉及较少。

---

① 　白逸仙：《我国高校创业型工程人才培养方式研究》，博士学位论文，华中科技大学，2011年。

　　国外研究大多集中在中观和微观层面，重点分析和讨论创业教育课程实施的过程、因素和评价，多为创业教育课程的具体化和实践化方向的研究。而国内研究大多在宏观层面进行，关注创业教育课程的介绍。当然，这种差异既是不同国家文化和研究习惯差异的体现，如美国学术研究关注细节和实践性，而国内学术研究专注于宏观层面的理解和把握；同时也与两国创业教育的成熟度有关，美国创业教育已经有 60 多年的历史，体系相对完善，而我国创业教育刚刚起步，参照和借鉴是其发展的主要方式之一。

　　在国内已有的创业教育课程实践研究中，缺乏将创业教育课程作为独立单元进行深入分析和探讨，大多只是分散的个案研究，更缺乏对世界发达国家创业教育课程的整体视野和比较分析。

　　从 1947 年美国哈佛商学院的《新企业管理》开始，创业教育课程已经走过半个多世纪的历程。创业教育课程已经由单一走向多元，并开始向纵深阶段发展。对创业教育课程进行深入研究既是对其发展的总结和反思，也是探究世界创业教育课程未来发展的要求。

第三节　核心概念界定

一　创业教育

　　"创业教育"顾名思义是指一种关于创业的教育或为了培养创业能力而进行的教育。《辞海》中对"创业"的解释为"创立基业"。"创业"一词在英文中有多种表述方式。例如，表示创业企业的有 venture 和 start-up，表示创业者的有 entrepreneur，表示创业行为、创业活动的有 venturing 和 entrepreneurship。Venture 虽然是由风险转义而来，却不是风险的意思，而是指创业企业。

　　学者们给出了不同的阐释。杰夫里·蒂蒙斯（Jeffry A. Timmons）将创业看作一种思考、推理和行为方式，它为运气带来的机会所驱动，需要在方法上全盘考虑并拥有和谐的领导能力。科尔（Cole）把创业定义为发起、维持和发展以利润为导向的企业的有目的性的行为。基于以上理解，"创业"不仅是创办企业和事业，还是一种融合创新的行动理念和行为方式。

　　"创业教育"并非我国的原生类词汇，而是由英文翻译得来，所以对创业教育概念的研究要追溯其英文词义。英文中有 enterprise education 和 entrepreneurship education，国内都将其译为"创业教育"。"enterprise education"是联合国教科文组织在 1989 年 11 月召开的"面向 21 世纪教育国际研讨会"上首次提出的。entrepreneurship education 最早产生于美国的哈佛大学商学院，1947 年 2 月，哈佛大学商学院 Myles Mace 教授向 188 名 MBA 讲授创业课程。这门课程的开设被视为 entrepreneurship education 的开端。

　　Gibb 通过研究发现，"enterprise education"一词出现在英国，而"entrepreneurship education"则出现在美国和加拿大。两词在很多层面上的意义是重合的，但是，两者也有不同的侧重点，如"enterprise education"侧重理念上的转变，强调一种个人品质的发展，并不必然包括企业创办、盈利等，是指一种创业文化；"entrepreneurship education"则强调将创意付诸实施，把握机会，以创办企业为最终目的，关注冒险精神、创新能力等。美国进行的就是此类意义上的创业教育。①

　　芬兰学者 Kristiina 通过研究得出了相同结论：英国使用"enterprise education"，美国使用"entrepreneurship education"，而芬兰所使用的是两种概念的结合体，既有学习英国的部分，也有学习美国的部分。② 但是随着发展的深入，这两个概念逐渐趋同化，"entrepreneurship education"由原来强调一种行动力、实践品质和创业行为的教育逐渐发展为融合理念和行动等更广义的概念，"enterprise education"则在强调精神、文化的同时，加强创业实践能力的培养。总之，创业教育逐渐走向广义化、多样化。

　　因此，本研究中倾向从广义的角度理解创业教育，即将其看作理念和行动的结合、品质和实践的统一。

---

　　① Gibb, A. A. Enterprise Culture and Education: Understanding Enterprise Education and Its Links with Small Business, Entrepreneurship and Wider Educational Goals[J]. International Small Business Journal, 1993, 11(3).

　　② Erkkilä, K. Entrepreneurial Education: Mapping the Debates in the United Stated, the United Kingdom and Finland[M]. New York & London: Garland Publishing, 2000.

二　课程

课程是教育领域中最难界定的概念之一。早在 1987 年就有人统计过，专业文献中有关课程的定义超过 120 个。[①] 在国内常见的教育学教材中，课程被界定为学校中学生所应学习的学科总和及其进程与安排。广义的课程是指学校为实现培养目标而选择的教育内容及其进程的总和，包括学校老师所教授的各门学科和有目的、有计划的教育活动；狭义的课程是指某一门学科。

"课程"一词在中西方的历史上都曾经出现过。在我国，"课程"一词在我国始见于唐宋期间。唐朝孔颖达为《诗经·小雅·小弁》中"奕奕寝庙，君子作之"句作疏："维护课程，必君子监之，乃依法制。"宋代朱熹在《朱子全书·论学》中多次提及课程，如"宽着期限，紧着课程"，"小立课程，大作工夫"等。虽然他没有对"课程"进行明确界定，但含义是很清楚的，即指功课及其进程。[②]

在西方，课程（Curriculum）一词最早出现在英国教育家斯宾塞（H.Spencer）的《什么知识最有价值？》（1859）中，是由拉丁语"Currere"派生而来，意为"跑道"（Race-course）。根据这个词源，最常见的课程定义是"学习的进程"（Course of study），简称"学程"。这一解释在各种英文词典中很普遍，英国牛津字典、美国韦伯字典《国际教育字典》（International Dictionary of Education）都做出此种解释。然而，随着人们对课程一词拉丁文词源的新认识，这种解释在当今的课程文献中受到越来越多的质疑。"Currere"一词的名词形式意为"跑道"，由此课程就是为不同学生设计的不同轨道，从而引出一种传统的课程体系。"Currere"的动词形式是指"奔跑"，由此理解，课程的着眼点就会放在个体认识的独特性和经验的自我建构上，从而得出一种完全不同的课程理论阐释和实践体系。[③]

---

①　杨明全：《当代西方谱系学视野下的课程概念：话语分析与比较》，《比较教育研究》2012年第 3 期。

②　施良方：《课程理论——课程的基础，原理与运用》，教育科学出版社 1996 年版，第 2 页。

③　同上书，第 3 页。

在教育学史上，不同教育学家对课程的认识也不尽相同：有传统教育学代表人物赫尔巴特理解的课程即教学内容，把课程等同于学校中所学的科目；也有实用主义教育学代表人物杜威的课程即经验，把课程理解为学生的活动和经验；更有后现代主义理解的更为广义的课程观念，如多尔从复杂、混沌和有限等理论构建的"4R"课程。课程界定的差异主要是由于各自所持的哲学观点不一造成的。直到今天，关于课程的理解依然多元。

根据研究的需要，本文所采用的是狭义的课程定义，即传统教育学中对课程的定义：课程是一门学科或学校中的教育内容。

第四节　研究思路、框架和方法

一　研究思路

本书以创业教育课程的发展逻辑为分析依据，首先对创业教育的相关概念进行分类辨析和界定，在此基础上，以课程发展为核心梳理了不同国家的创业教育历史发展、成就、特点和问题等；其次对不同的创业教育及课程分类理论进行了分析，据此提出三类型、四维度的分析框架；再次是分别对三类创业教育课程进行研究，选取课程目标、课程内容、课程实施和课程评价等维度进行具体研究，同时选取典型案例对创业教育课程的具体实践进行了深入分析和总结，从而获得不同创业教育课程的有效性因素和运行机制；最后，本文在前几部分研究基础之上，对创业教育课程的理论和实践发展进行分析，以期为我国创业教育课程的实施提供参照。

总之，本书试图深刻展现和揭示创业教育课程的整体发展脉络以及不同的创业教育课程在具体实施中的问题及有效性实现。

本书的主体部分由第二至第六章组成。

第二章为创业教育概念及课程的发展，主要厘清创业教育及其相关概念的异同，对不同国家高校创业教育课程的历史进行梳理和分析，同时分析了国际组织在推动高校创业教育课程方面的措施。本章需要回答的问题：（1）创业教育概念是什么？与其相关概念的异同是什么？（2）美国高校创业教育课程是如何演变的？现状如何？取得了哪些成就？存在哪些问题？（3）英国高校创业教育课程是如何演变的？现状如何？取得了哪些成就？存在哪些问题？（4）日本高校创业教育课程是如何演变的？现状如何？取得了哪些成就？存在哪些问题？（5）国际组织在推动高校创业教育及课程方面有哪些成就？具体措施包括什么？

第三章为创业教育课程的分析框架，主要研究创业教育目标的分类以及在不同目标指导下的课程模式。第二章主要回答的问题：（1）创业教育目标有哪些分类？（2）不同分类下有哪些课程模式？（3）每一种模式的基本点是什么？包括哪些内容？不同模式之间的异同是什么？

第四章为培养创业精神的课程，主要研究此类课程的目标、内容、实施、评价等。第三章需要解决的问题是：（1）此类课程的培养目标是什么？（2）此类课程的核心内容是什么？课程设置原则是什么？（3）此类课程实施具体包括哪些方面？受到哪些因素影响？（4）针对此类课程，评价包括哪些方面？课程效果如何？（5）此类课程的有效性涉及哪些因素？如何实现？

第五章为培养创业实践者的课程，主要研究此类课程的目标、内容、实施、评价等。第四章需要解决的问题是：（1）此类课程的培养目标是什么？（2）此类课程的核心内容是什么？课程设置原则是什么？（3）此类课程实施具体包括哪些方面？受到哪些因素影响？（4）针对此类课程，评价包括哪些方面？课程效果如何？（5）此类课程的有效性涉及哪些因素？如何实现？

第六章为培养创业学者的课程，主要研究此类课程的目标、内容、实施、评价等。第五章需要解决的问题是：（1）此类课程的培养目标是什么？（2）此类课程的核心内容是什么？课程设置原则是什么？（3）此类课程实施具体包括哪些方面？受到哪些因素影响？（4）针对此类课程，评价包括哪些方面？课程效果如何？（5）此类课程的有效性涉及哪些因素？如何实现？

第七章为结语，在前文研究的基础上，对不同类型创业教育课程的理论和实践进行总结，提出未来发展趋势，并结合我国的创业教育课程实践进行分析。

二　研究框架

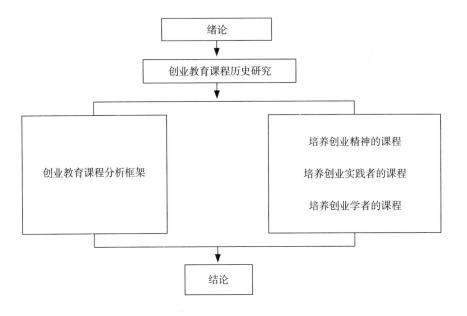

图1—1　**本书研究框架**

三　研究方法

本书主要采用了文献法、比较法和案例法。

（一）文献法

在比较教育研究中，实地考察是最为理想的方法。如研究者亲自深入所研究的国家和地区进行调研，可以更多得到丰富翔实的一手资料。但是由于条件的限制，本书主要采用文献法来获得高校创业教育课程的资料。本研究的资料主要包括国内外各种专业研究书籍、高校创业教育网站、中外文全文数据库、国内外会议论文、报刊等。本研究希望通过对文献资料的整理、描述和分析来揭示国际创业教育课程的发展。

（二）比较法

比较法是对事物同异关系进行对照、比较，从而揭示事物本质的思维过程和方法。作为比较教育学的博士论文，比较法是本文的主要研究方法。

具体而言，本书以我国高校的创业教育为参照点，遵循比较教育研究的基本思路和逻辑：既有国别比较，也有问题研究。国别比较体现在对不同国家高校创业教育课程发展历史的比较，问题研究是对不同创业教育课程模式的比较分析。通过对上述多方面的比较研究，以期为我国的创业教育课程发展提供借鉴和参照。

（三）案例法

案例法是通过对典型的个人、群体和组织的深入分析来具体形象地展示研究问题的图景和答案。论文在分析各国高校创业教育课程的具体实施时，选取典型的大学作为个案，深入展示和分析其创业教育课程实施的细节，展示其创业教育课程的特色和优势。在宏观阐释创业教育课程的理论和历史发展的同时，通过案例研究才能更生动地展现创业教育课程的具体发展路径和图景。

第五节　研究的创新与不足

一　研究的创新

本书的创新之处主要有：首先是选题。作为高校创业教育的重要载体和核心问题，课程在以往的研究中并没有得到应有关注。国内的创业教育研究多停留在对国外创业教育的整体分析和把握上，缺乏对创业教育课程的深入研究。因此，本书以高校创业教育课程为主，深入分析了课程所涉及的多方面问题，以期为创业教育发展提供有价值的信息和研究结论。

其次是对创业教育课程的分类型分维度研究。本书在创新创业型人才、创业实践者之外，加入创业学者这一群体，将创业教育课程分为三类：培养创业精神的课程、培养创业实践者的课程、培养创业学者的课程。在分类基础上，系统分析了每一类课程的目标定位、内容设置、具体实施、评价等，揭示不同课程在人才培养方面的微观机理及过程规律，同时，尝试对每一类课程的有效性及其实现进行理论建构和实践探索。

最后是多学科知识的交叉使用。本研究涉及多学科的研究视野和知识，如学习心理学、社会心理学、创业管理学、教学论等。创业教育本身就是一个涉及多学科知识的领域，使用不同学科理论来分析创业教育课程问题，既可以实现对创业教育课程的深入研究，同时也可以拓展创业教育研究的视野。

二　研究的不足

本书的不足之处有：首先，本研究是对创业教育课程的初步探索。课程本身是一个极为复杂的问题，涉及课程的类型划分，每类课程的具体设置、实施、评价等方面，如评价具有动态性、多样性和实践性等特点，且每一类型课程的评价都是相对独立的研究单元。本研究是在大的分类框架下，对每类课程进行概括化分析，未能对每一部分进行具体深入的研究。因此，在后续研究中，可以将研究进一步细化，以一个小的问题为切入点，小题大做，进行更为深入的分析和探讨。

其次是课程实践维度的缺失。创业教育课程本身具有很强的实践性，每一类课程都可以结合具体的教学实践提出更为细致、适宜的方式方法，提出更有针对性、可操作性的实施建议。本书则主要关注理论层面的探讨，缺乏与创业教学实践的联系，未来可以进一步深入创业课堂进行田野研究，实现理论与实践的结合。

第二章

创业教育概念及高校创业教育课程发展

第一节　创业教育概念

虽然创业教育在世界各国蓬勃发展，但是创业教育概念在学术界并未取得共识，人们对创业教育的认识和内涵界定还存在分歧。那么，创业教育是什么？与其他概念有什么区别和联系？这些都是研究创业教育课程的基础和前提。

一　创业教育概念的演变

与创业教育相关的概念主要有商业教育和小企业教育，二者是创业教育在不同发展阶段所涉及的相关概念。

（一）创业教育与商业教育

创业教育起源于商学院，因此，在创业教育早期阶段，关于创业教育与商业教育的异同争论普遍存在。

威斯伯（Vesper）认为，两者在诸多方面存在差异。

第一是结构功能。商业教育关注大型组织的结构化功能和管理，而创业教育关注新创企业的整体功能。与成熟企业相比，新创企业规模较小、功能结构没有完全分化，因此创业教育多从全局出发关注新创企业的整体功能。

第二是合理性问题。商业教育涉及的是结构良好问题，解决方案具有唯一性、确定性和系统性。而作为新兴学科，创业教育要解决的是一系列结构不良问题。创业过程存在大量的不确定性和模糊性，可能的解决方案是多面复杂的，因此，创业教育所给出的方案只是可能性、可接受性结果。创业教育注重以机会主义为中心的思维模式、关注创新和创造性。这些都是区别于商业教育的特征。

第三是标准和控制。商业教育有严格的标准控制，如 MBA 教育。商业教育的目标是促进公共性、趋同性，最终走向规范和统一；而创业教育的本质在于创新，打破传统、敢为人先。标准化的培养路径会扼杀创业教育的创造力和创新性，抑制创业活动的发展。

第四是实践性。传统商业教育是通过案例分析，即文本练习，培养中层管理者的分析能力；而创业教育培养的是交互能力，创业者要在与他人（团队成员、被雇佣者、投资人、供应商、经销商、顾客和其他创业者）的交往中处理问题。这种交互能力的培养不能只依赖书面练习，而是要求学生参与实践，与创业者接触。

第五是技术可接受性。创业是围绕新技术展开的，因此，创业教育要求学生具备尊重、欣赏技术的意识，深入了解专业类技术及其发展，具备与科学家、工程师共同工作的能力。这些都不是传统商业教育关注的领域。

第六是国际化。创业活动兴盛于国际化时代，与全球化、国际化有内在联系，因此创业教育、创业研究都有潜在的国际化向度。而诞生于工业革命时代的商业教育则缺乏对国际化的关注。[1]

除此之外，很多学者以教育过程为基础，分析了商业教育和创业教育的差异。

表 2—1　　　　　　　　　　商业教育和创业教育的区别 [2]

维度	商业教育	创业教育	作者
聚焦点	传递知识	强调过程；支持学习	Fiet;Darling-Hammond

① Vesper K H, McMullan W E, Ray D M. Entrepreneurship Education: More than just an Adjustment to Management Education[J]. International Small Business Journal, 1989, 8(1): 61—65.

② Löbler H. Learning Entrepreneurship from a Constructivist Perspective[J].Technology Analysis & Strategic Management, 2006, 18(1):19—38.

续表

维度	商业教育	创业教育	作者
教育目标	知识 广义的知识	学会生存；自主；自我管理能力	Stevenson
学习者角色	被动的消费者	主动的生产者	Fiet
教师角色	内容的传递者	学习的帮助者	Fiet
知识的来源	教师、教科书	所有可能的来源	Solomon
获取知识的诱因	教师、课程	学生的需求	Fiet
谁来掌控学习过程	教师	学生	Solomon; Fiet; Hammond
与谁交互	教师、学生	学生（包括教师）	Cantwell
活动	听、阅读	做、思考和交谈	Fiet

随着创业教育的快速发展，其与传统商业教育的区别越加明显，学科独立性凸显，因此，关于两者的异同辨析逐渐减少。

（二）创业教育与小企业教育

随着创业教育的深入发展，关于创业教育与小企业教育的异同争论成为热点。

所罗门（Solomon）对两者进行比较分析：一是共同点。两者都是大学中专业类管理教育的延伸，增加了创新性的管理知识和技能。两者都研究企业主和小企业管理者的公司计划、实施和日常管理等，都涉及商业起源问题、创意可行性分析，营销等核心问题。

二是差异性。小企业教育出现于20世纪40年代的高等教育机构，主要关注小企业的管理、运营、日常事务（营销、获利、人员管理，市场监控）等，目标是教给学生小企业知识，如目标设定、领导、计划、组织和控制等。创业教育作为大学的学术课程开始于20世纪60年代，主要涉及新企业开创，关注点是企业的盈利和发展。创业者追求高速增长、迅速获利，因此，创业教育是以行动为导向，教会学生制订计划并付诸实践。[①]

吉布（Gibb）从以下三个方面对创业教育和小企业教育进行区分。

一是发展环境。创业和小企业面临的环境不同。与小企业的稳定性相比，创业是从被雇佣到自我雇佣，从相对稳定的环境进入不确定性环境（客户、供应商、竞争对手、银行和其他成分），而且这种不确定性贯穿整个创业过程。环境的差异决定两种教育关注点的不同。

二是任务结构。被雇佣到自我雇佣的变化引起整个任务结构的变化。创业者要独自面对多重问题，如寻找客源、供应商，和客户、竞争对手、投资人等交往。同时，创业者要负责整个项目的计划、开发等，担负更大的责任。这与被雇佣时只负责部分项目、承担部分责任的任务结构不同，因此，创业教育的学习范围比小企业教育更广。

三是学习性质。小企业中的学习是在企业发展过程中进行的，强调技能。对创业者来说，企业本身就是一个学习组织，这种学习是在与不同人的交往中进行的。[②]

创业教育起源于商学院，与商业教育、小企业教育既有联系，也有区别：联系表现在三者都是对商业领域的探索，关注企业发展问题；区别在于三者关注的侧重点有所不同，涉及不同的专门化领域，因此，三者在目标、内容、方法等方面存在显著差异。厘清三者的异同既为创业教育学科独立性发展奠定基础，还可以实现三者优势互补，共同发展。

二　创业教育概念的辨析

在厘清了创业教育与相关概念的异同后，下面就创业教育本身的概念内涵进行分析。

（一）创业教育概念在不同文化下的差异

创业教育并非中文原生类词汇，而是由英文词汇翻译而来。英文中有两个词汇，"entrepreneurship education"和"enterprise education"，中文都翻

---

① Solomon G.T., Weaver K.M., Fernald L.W. A.,Historical Examination of Small Business Management and Entrepreneurship pedagogy[J]. Simulation & Gaming, 1994, 25(3): 338—352.

② Gibb A.A., Enterprise Culture and Education Understanding Enterprise Education and Its Links with Small Business, Entrepreneurship and Wider Educational Goals[J]. International Small Business Journal, 1993, 11(3): 11—34.

译为"创业教育"，但是，两者在使用范围、指代意义方面都存在差异。

"entrepreneurship education"多用于美国、加拿大，是与企业创办和财富创造相关联。这一定义与创业教育在美国的兴起密切相关，美国创业教育的兴起得益于中小型企业的迅猛发展。1979年，伯奇教授（Birch）通过研究揭示了美国中小型企业在经济发展中的贡献，中小型企业创造大量就业机会，是美国的经济支柱。这一结论很快引起了社会各界的广泛关注，并推动了创业教育的大发展。

"enterprise education"在英国和欧洲国家使用，是指创业感知力、洞察力、进取精神、主动性等品质的发展，与创业行为、企业获利没有直接相关。"enterprise education"是指一种创业文化的培养。在英国，"enterprise education"被广泛引入中小学、大学，目的是通过教育培养青少年学生的创业精神、自力更生的生活态度。英国教育机构对"enterprising person"的定义包括开拓精神、冒险、勇敢、敢为人先、雄心勃勃、机会主义。

随着全球化的发展，各国开始互相借鉴、共同分享创业教育经验，促使创业教育概念走向趋同和一致，如芬兰的创业教育概念起源于英国的"enterprise education"，但是，随着发展的不断深入，芬兰的很多教材、文本中出现了"entrepreneurship education"。[①]这些都表明，"entrepreneurship education"和"enterprise education"两个概念的差异逐渐缩小。

（二）创业教育的概念界定

不同的组织和个人都对"创业教育"概念进行了不同视角的阐释和界定。

联合国教科文组织在1991年的东京会议报告中指出：创业教育，从广义上来说是指培养具有开创性的个人，它对拿薪水的人同样重要，因为用人机构或个人除了要求受雇者在事业上有所成就外，正在越来越重视受雇者的首创、冒险精神，创业和独立工作能力以及技术、社交、管理技能；从狭义来说，创业教育旨在培养学生的创业意识、创业素质和创业能力，通过各种教育手段，不断提高学生的综合素质，以满足知识经济时代对大

---

① Erkkilä. K. Entrepreneurial Education: Mapping the Debates in the United Stated, the United Kingdom and Finland[M].New York & London: Garland Publishing, 2000:170.

学生创业精神、创业能力的需求。[①]

美国考夫曼基金会指出，创业教育是这样一种过程，它向学生提供创业所需的观念和技能，使他们能够辨认出别人忽视的机会，并且能够拥有洞察力和勇气采取别人可能迟疑的行动。教育内容包括机会识别、风险承担、整合资源以及企业管理方面的知识，如商业计划、资金筹措、市场营销等。[②]

"创业教育之父"杰弗里·蒂蒙斯（Jeffry A. Timmons）教授认为，创业教育是着眼于为未来几代人设定"创业遗传代码"，以造就具有最具革命性的创业一代为基本价值取向的教育。[③]

日本文部科学省中央教育审议会将创业教育定义为："通过一定职业观念、勤劳概念以及与职业相关的知识和技能的掌握，根据自己的个性，自主进行生涯选择的能力态度教育。"创业教育旨在培养学生的自我发现、自我学习、自我思考、自我判断、自我行动、更好解决问题的资质和能力，以及自律、和他人协调等丰富的人选、使其具有自立性、自我表现能力、创造性、协调性和挑战性。[④]

国内学者王英杰教授认为，创业教育是指激励青少年，开发自身最大潜能，善于发现和把握一生中那些通往成功的无数潜在的机遇，以开发和增强青少年的创业基础素质，以培养具有开创型的个性人才为目的的教育。[⑤]

上述界定从多方面对创业教育进行阐释，其共同点是强调从品质、精神和价值观层面进行人才培养，不局限于商业和盈利行为。

第二节　高校创业教育课程发展

从 1947 年美国哈佛商学院迈尔斯·梅斯（Myles Mace）教授为 MBA

---

① 《通过教育开发创业能力——东京小组研讨会报告》，《教育情报参考》1991 年第 2 期。

② 中华人民共和国教育部高等教育司：《创业教育在中国：试点与实践》，高等教育出版社 2006 年版，第 14 页。

③ 丁蕙、陈风华、肖云龙：《美国百森商学院创业教育的特点》，《教育评论》2004 年第 4 期。

④ 李志永：《日本高校创业教育》，浙江教育出版社 2010 年版，第 30 页。

⑤ 王英杰：《创业教育教程》，中国铁道出版社 2000 年版，第 1 页。

讲授《新企业管理》开始，创业教育课程至今已有逾 60 年的历史。创业教育课程从美国开始，逐渐发展到欧洲、亚洲，至今世界各主要国家都在高等教育体系中开设了相关课程。下面就美国、英国和日本的创业教育课程历史进行概述，从而勾勒出创业教育课程的整体发展脉络。

选取这三个国家主要基于以下考虑。

首先是遵循比较教育研究的基本思路和逻辑。比较对象的选取既要有相似性，也要有差异性。上述三个国家既有很大相似性，也有差异性。相似性是指三个国家都是发达国家，创业教育都处于世界领先水平，有相对完善的创业教育体系；差异性是指三个国家中，英国和美国的社会文化背景相近，同属盎格鲁—撒克逊文化基因，而日本是亚洲国家，深受儒家文化影响，其文化背景与前两者有很大差异。

其次，英国和日本的创业教育发展较晚，在发展过程中都借鉴了美国经验，但是，由于文化社会背景的不同，两国在借鉴过程中形成了自身独特的创业教育课程模式和体系。日本在文化社会背景中与我国有很大相似，而美、英两国和我国在此方面有很大相异。通过对上述三国高校创业教育发展的历史研究，既可以分析整个世界范围内创业教育课程发展的现状和走势，也可以比较不同的社会文化传统在学习借鉴创业课程的差异。

在三个国家之外，本书还分析了国际组织与高校创业教育发展。随着高等教育国际化的推进，国际组织在高校创业教育发展中起着日益重要的作用，因此，对两者关系的研究十分必要。

一 美国高校创业教育课程

美国高校创业教育课程开设最早，发展最为完善，成为世界各国借鉴的榜样。美国高校创业教育课程发展大致可以分为三个阶段：商学院主导阶段、多学科参与阶段、全面发展阶段。

（一）商学院主导阶段（1947—1979）

早期的创业教育课程主要在商学院进行。美国第一门真正意义上的创业教育课程是 1947 年迈尔斯·梅斯（Myles Mace）教授为哈佛商学院的 MBA 讲授的《新企业管理》。

创业教育课程最早出现在商学院有其自身规律性：一是创业教育课程是从商学院的企业管理课程体系中衍生出来的。企业管理课程是针对已有企业的生产经营活动进行计划、组织、指挥、协调和控制等一系列活动的总体把握，而创业教育课程涉及新创企业的计划、组织、管理等各项活动。两者的主要区别在于研究对象的差异，从已有企业的管理转为新创企业的管理；二是创业教育课程所涉及的融资、会计、市场营销等核心课程都是商学院课程体系的主要部分。早期的创业教育课程大都是由商学院的不同课程进行重组和整合，从而形成的。

商学院主导的创业教育课程发展时期可分为两个阶段：零星发展阶段和蓬勃发展阶段。

第一阶段只有少数高校开设创业教育课程。1953 年，伊利诺伊大学开设的《小企业或创业发展》课程、彼得·德鲁克在纽约大学开设"企业家精神与创新"课程。1954 年斯坦福大学开设一门《小企业管理》（MBA 课程）。1958 年，德怀特·鲍曼（Dwight Baumann）在麻省理工学院开设第一门创业课程。1967 年，斯坦福大学和纽约大学开设 MBA 创业课程。这些课程大都是教员出于个人兴趣或受相关事件影响而设置的，没有形成固定的课程开设秩序。

这一阶段的创业教育课程主要是为"第二次世界大战"的退伍军人设置。"第二次世界大战"刚刚结束，大量退伍军人进入大学，同时为战争服务的军事工业开始衰退，经济发展出现了停滞。虽然大学设置了创业教育课程，但是很多教授并不看好这一专业的前景，随后纷纷转向其他领域。[①]这一阶段的高校创业教育没有得到很好发展。

第二个阶段，创业教育课程在商学院中逐渐发展，以主修的形式出现，并形成创业学专业。1968 年，百森商学院在本科阶段开设第一个创业学主修，标志着创业教育课程发展的新阶段。1971 年，南加利福尼亚大学开设了第一个 MBA 创业学专业，并在 1972 年开设本科创业学专业。到 1975 年，美国有 104 所高校提供创业教育课程，相比于 1970 年的 16 所高校增加了 88 所。[②]据所罗门（Solomon）研究显示，到 1979 年，有 263 个高等教育

---

①　Vesper,K H. Gartner W B. Measuring Progress in Entrepreneurship Education[J]. Journal of Business Venturing, 1997, 12(5): 403—421.

②　Vesper,K.H.1993.Entrepreneurship Education-1993.Los Angeles: University of California[J]. Los Angeles,Center for Entrepreneurial Studies，1993.

机构提供创业教育课程。[①]

20 世纪 70 年代，创业教育课程在高校中取得了飞速发展。这一成就的取得与当时美国社会经济发展密切相关，是美国经济发展的直接反映。整个 70 年代，美国社会对创业的热情十分高涨，以电子工业和计算机的兴起为标志，美国经济开始全面复苏。这一期间，大量新公司纷纷成立，尤其是在电子行业，技术革新产生了大量新产品。这种新技术公司投入低、利润大，很快成为一种发展趋势。这些都刺激了高校开设大量的创业教育课程，满足社会需求。

与创业教育课程发展相对应的是，这一时期的创业研究也取得了进步。美国小企业局（Small Business Association，SBA）资助针对中小型企业的研究项目，并出版了小企业研究系列。与此同时，创业领域最重要的期刊也纷纷创刊。如《小企业管理》（*Journal of Small Business Management*）、《美国小企业期刊》（1988 年更名为《创业理论与实践》（*Entrepreneurship Theory and Practice*）。

（二）多学科参与阶段（1979—1989）

创业教育课程开始由商学院主导转向多学科共同发展。创业教育课程与学科专业的结合是创业教育发展的必然结果，以专业为依托进行技术创业和专业领域创业是创业教育走向纵深的需要。

1979 年，麻省理工学院大卫·伯奇教授（David Birch）出版了《工作产生过程》。这一研究以翔实的数据推翻了大型企业是经济发展支柱和创造新就业机会的主体的传统观念，指出创业是创造就业机会、推动经济发展的重要引擎。这一报告引发了政府和高等教育界对创业重要性的大讨论，对美国高校创业教育的发展具有重要意义。

据 1987 年数据显示，美国有 99.5% 的企业是小企业，在 1981—1987 年公司增长率是 153%，超过一半的就业岗位来自少于 100 人的小企业，人数低于 500 的企业提供了 76.6% 的就业岗位。这一结果也被称为"美国最大的就业机器"。随着小企业的迅猛发展，人们对创业、创业者和创业

---

① Solomon G T, Weaver K M, Fernald L W. A Historical Examination of Small Business Management and Entrepreneurship Pedagogy[J]. Simulation & Gaming, 1994, 25(3):338—352. 这一数据包括小企业管理课程和创业课程。所罗门没有严格区分两者的差别，认同两者的相似性。

教育的认识发生转变。

在这一背景下，美国高校创业教育得到了全面发展，建立创业中心、设置创业教育教席、举行学术会议、创办学术期刊等，如 1981 年，第一届百森创业研究会议召开。自此以后，该会议每年定期召开，成为创业研究发展和传播的重要渠道。1983 年，哈佛大学主办了名为"创业：是什么和怎么教"的专题研讨会，深入探讨创业教育课程问题。[①]

这一时期，高校创业教育课程走向了专业化发展之路。1982 年，伊利诺大学芝加哥分校（University of Illinois‑Chicago）在营销学专业里开设创业教育课程。1983 年，新墨西哥大学第一次在工程学院中开设创业教育课程。此后，其他院系如艺术学院、计算机学院等都开设了创业教育课程。1987 年，美国管理学会正式建立创业学分部。

Solomon 的研究显示，1982 年有 315 所中学后教育机构（postsecondary schools）提供创业教育课程；1986 年有 590 所中学后教育机构开设创业教育课程。[②]

根据 SBA 在 1979、1982、1986、1992 年所做的四次全国创业教育调查结果显示（如表 2—2 和表 2—3 所示），从 1979 年到 1992 年，美国高等教育机构（包括两年制社区学院和四年制大学）[③]开设的创业教育课程呈明显增长趋势：学分课程占主导，研讨会、工作坊和无学分课程逐渐增长。

表 2—2　　　　　　两年制社区学院创业教育课程开展情况

年份 类型	1979	1982	1986	1992
学分课程	8	15	36	23
研讨会	1	4	15	7

---

① Plaschka, G. R. & Welsch, H. P. Emerging Structures in Entrepreneurship Education: Curricular Designs and Strategies[J]. Entrepreneurship Theory and Practice, 1990, 14(3): 55—71.

② Solomon G T, Weaver K M, Fernald L W. A Historical Examination of Small Business Management and Entrepreneurship Pedagogy[J]. Simulation & Gaming, 1994, 25(3):338—352.

③ 所罗门和小企业局的调查中的高等教育包括两年制社区学院和四年制大学，课程包括创业教育课程和小企业管理课程。

续表

年份 类型	1979	1982	1986	1992
工作坊	0	3	15	6
非学分课程	1	7	4	10

表2—3　　　　　　　四年制大学创业教育课程开展情况

年份 类型	1979	1982	1986	1992
学分课程	25	42	134	214
研讨会	0	1	22	36
工作坊	0	0	3	5
非学分课程	0	6	0	1

这一时期是奠定创业教育发展的关键时期。随着创业教育课程由商学院向其他学院扩展，更多人开始接触和接受创业教育，认识到其对人才培养和社会发展的重要性。

（三）全面发展阶段（1990— ）

进入20世纪90年代，提高国际竞争力、建立创新型国家是各国政府的主要目标，高校创业教育课程进入全面发展阶段，主要表现在：创业教育课程普及，形式逐渐多元；除在学校主导的发展模式外，各种社会力量纷纷介入；创业研究逐渐兴起。

Solomon的研究显示，1991年有1060所中学后教育机构（postsecondary schools）提供创业教育课程。[①] SBA提供的研究结果显示，1998年提供创

---

① Solomon G T, Weaver K M, Fernald L W. A Historical Examination of Small Business Management and Entrepreneurship Pedagogy[J]. Simulation & Gaming, 1994, 25(3):338—352.

业教育课程的中学后教育机构有 1400 所。

据 2012 年美国创业教育联盟（The Consortium for Entrepreneurship Education，CEE）的调查报告显示，美国各州都开设了不同类型和层次的创业教育课程。大部分教育者认同创业教育对学生未来发展的重要性。在被调查的超过 2/3 的州创业教育领导者表示，本州的教育标准中包括创业能力。76.3％的人表明本州提供独立的创业课程，90％的人表示本州的大学提供创业教育。

表 2—4　　　2012 年 CEE 对美国 40 个州的创业教育课程调查结果 [①]

项目	是	否	不确定
a. 仅有商业和市场营销教育中提供创业课程	28.9%	60.5%	10.5%
b. 州教育标准中包括创业能力	68.4%	23.7%	7.9%
c. 所有的 CTE 教师都希望在自己的项目中增加创业内容	24.3%	59.5%	16.2%
d. 创业教育课程是作为一门独立的课程存在的	76.3%	10.5%	13.2%
e. 商业计划书是作为高中生毕业的基本要求	2.6%	86.8%	10.5%
f. 中小学生拥有创业经历	36.8%	18.4%	44.7%
g. 大学中提供创业教育	90.0%	0.0%	10.0%

在参与创业教育的社会机构中，较为著名的有科尔曼基金会（Coleman Foundation）、考夫曼基金会（Kauffman Foundation）和创业教育联盟（The Consortium for Entrepreneurship Education，CEE）等。

科尔曼基金会成立于 1951 年，是美国第一个关注创业教育的基金会。

---

① The State of Entrepreneurship Education 2012[EB/OL].http://www.entre-ed.org/_entre/cte-survey. pdf.2013—09—21.

考夫曼基金会创立于 20 世纪 60 年代中期，是目前美国最大的支持创业教育的基金会，致力于推动美国创业教育的发展。创业教育联盟创立于 1982 年，成员包括美国大学、地方教育系统、基金会、企业、各类政府机构、学生组织。这些社会组织不仅大力推广创业教育项目，同时还支持各项关于创业教育的研究活动。从 2003 年开始，考夫曼基金会推广全校式创业教育项目—考夫曼校园项目，旨在大学普及创业教育。创业教育联盟于 2003 年颁布了《创业教育国家内容标准》，标准涵盖了从 K—12 到高等教育乃至成人教育的整个过程的创业教育内容。

作为创业教育课程发展的有力支持，这一时期的创业教育研究蓬勃发展。在五份创业学专业期刊中，已有四份纳入了 SSCI（见表 2—5）。越来越多的学者开始创业领域的研究，并形成了丰硕的研究成果。

表 2—5　　　　　　　　　**创业学领域的学术期刊** [①]

期刊名	出版者	引文检索
《企业创业杂志》 (*Journal of Business Venturing*)	Elsevier	SSCI，ABI
《小企业管理》 (*The Journal of Small Business Management*)	West Virginia University & ICSB	SSCI，ABI
《小企业经济学》 (*Small Business Economics*)	Kluwer	SSCI，ABI
《创业与地区发展》 (*Entrepreneurship and Regional Development*)	Taylor & Francis	SSCI
《创业理论与实践》 (*Journal of Entrepreneurship Education*)	Baylor University	ABI

表 2—6 是美国高校创业教育年表，是以课程为中心，详细梳理了自

[①]　Katz, J. A. Core Publications in Entrepreneurship and Related Fields: A Guide to Getting Published [EB/OL]. http://www.slu.edu/x17970.xml. 2003. 转引自梅伟惠《美国高校创业教育研究》，浙江教育出版社 2010 年版，第 35 页。

1947 年创业教育的重大事件。

表 2—6   **美国高校创业教育课程发展**

阶段	时间	事　件
商学院主导阶段	1947 年	美国哈佛大学的迈尔斯·梅斯教授讲授新企业课程，标志着第一门 MBA 的创业课程诞生
	1949 年	哈佛大学出版的《创业历史探索》，第一本关注创业者的研究杂志，1969 年停办
	1950 年	威廉·霍德的《小企业专题汇编》（又称小企业案列）出版，第一本对小企业案例的整理的书籍
	1951 年	科尔曼基金会成立，是第一个关创业教育的基金会
		威廉·霍德的《小企业教育概览》由美国商务部出版（直接导致美国中小企业局的成立）
	1953 年	美国联邦中小企业管理局（Small Business Administration，SBA）成立
		伊利诺伊大学开设了一门名为"小企业或创业发展"课程
		彼得·德鲁克在纽约大学开设"企业家精神与创新"课程
	1958 年	德怀特·鲍曼在 MIT 开设创业课程
	1959 年	SBA 研究启动，首次由政府来推动创业研究
	1963 年	佐治亚州立大学设置第一个创业捐赠席位
	1967 年	斯坦福大学和纽约大学开设 MBA 的创业课程
		两所学校提供创业课程（Vesper，1999）
	1968 年	百森商学院开设第一个本科生创业中心
	1970 年	南方卫理公会大学成立第一个现代创业中心
		普渡大学召开了第一个创业学术研讨会—科技创业研讨会

续表

阶段	时间	事　件
商学院主导阶段	1971 年	南加州大学设置第一个 MBA 创业中心
	1972 年	南加州大学成立了本科生创业中心
	1975 年	104 所学院 / 大学提供创业课程（Vesper，1993）
	1979 年	263 所中学后教育机构（postsecondary schools）提供创业或小企业课程（Solomon，1994）
多学科参与阶段	1982 年	伊利诺大学芝加哥分校在营销学专业里开设创业课程
		315 所中学后教育机构提供创业或小企业课程（Solomon，1994）
	1983 年	新墨西哥大学第一次在工程学院开设创业课程
	1986 年	253 所学院 / 大学开设创业课程（Vesper，1993）
		590 所中学后教育机构开设创业或小企业课程（Solomon，1994）
		迈阿密大学举办首个全国商业计划大赛
全面发展阶段	1991 年	102 个捐赠席位（Katz，1991）
		57 个本科和 22 个 MBA 创业项目
		1060 所中学后教育机构开设创业或小企业课程（Solomon，1994）
	1992 年	考夫曼创业领导中心成立
	1993 年	370 所学院 / 大学开设创业课程（Vesper，1993）
	1998 年	1400 所中学后教育机构提供创业或小企业课程（SBA）
		中小型企业虚拟大学通过互联网提供第一个远程创业教育
	1999 年	《美国管理学会学报》出版"国际创业研究论坛"特刊
	2000 年	142 所大学将创业教育列为专业领域，其中 49 所大学授予创业学学位

续表

阶段	时间	事　件
全面发展阶段	2003 年	1600 多所学院开设 2200 门创业课程，成立 100 多个创业研究中心
	2005 年	全球创业观察（Global Entrepreneurship Monitor，GEM）启动，1600 多所高校开设成功家族传承研究项目（successful Trans-generational Entrepreneurship Practices，STEP）创业教育课程
		百森商学院首次推出女性创业项目—戴安娜项目（Diana Project）

资料来源：整理自卡茨（Katz）的美国创业教育年表和张昊民的美国大学创业教育年表。

（四）分析

在半个多世纪的发展中，美国高校创业教育课程取得了令人瞩目的成就：（1）创业教育课程普及化。超过 80％的美国高校提供创业教育课程，课程开设形式包括主修、辅修、证书等；（2）创业学形成了完整的学科体系和学位制度，涵盖本科、硕士和博士阶段；（3）创业学研究成为正规的学术研究领域，并在高校中得到迅速发展。权威管理学期刊大量发表创业类研究成果、专业类创业学术期刊的成熟、创业学术组织的建立，这些都标志着创业学的发展与进步。

美国高校创业教育课程的发展得益于其良好的内外部环境，主要有以下几点。

第一，美国高等教育发展历史。美国高等教育发展史本身就是一部恢宏的创业史，新教徒们在原始荒蛮的美洲大陆上建立高等教育体系，并使其逐渐发展为世界上最为先进的制度体系。这一过程无不凝聚着人民勤劳勇敢、艰苦奋斗的创新创业精神。这些都为创业教育课程在高校中的发展奠定基础。

第二，美国的高等教育与市场有天然的联系。在伯顿·克拉克的三角协调模型中，美国属于典型的市场导向性。因此，美国高校创业教育也是典型的"市场驱动型"，美国高校创业教育属于内发型。[①] 从 1947 年的第一

———————

① 　徐小洲、梅伟惠：《高校创业教育的战略选择：美国模式与欧盟模式》，《高等教育研究》2010 年第 6 期。

门课程开始，创业教育发展时刻与社会市场需求相联系，同时市场化是美国高校创业教育保持旺盛生命力的重要保障。

第三，美国社会文化的影响。美国文化属于典型的实用主义文化，强调行动及其效果，鼓励人们积极奋斗、不断进取。同时，作为一个移民国家，美国对自由、平等、多样化的追求远远超过世界其他国家，藐视权威、敢为人先的精神是美国精神的重要代表。这些文化精髓都是高校创业教育课程得以发展的良好土壤。

二　英国高校创业教育课程

作为老牌资本主义国家，英国的发展一直备受关注。在创业教育课程方面，英国取得很大成就，形成了完整的课程体系。英国的创业教育课程发展可以分为以下三个时期。

（一）初创时期（1971—1979）

英国的创业教育课程发展可以追溯到20世纪60年代，从60年代中期开始，英国的商学院开始学习美国模式，但是这些商学院更多聚焦于大公司和公共部门管理。1971年，曼彻斯特商学院（Manchester Business School，MBS）首次开设创业入门课程。这一课程受到极大欢迎，从第二学年开始成为曼彻斯特商学院MBA的核心课程之一。随后，伦敦商学院（London Business School）、杜仑大学（Durham University）、谢菲尔德理工学院（Sheffield Polytechnic）和克兰菲尔德理工学院（the Cranfield Institute of Technology）相继开设了各类小企业课程。[1] 这一时期，英国对小企业课程和创业教育课程并没有严格的区分，同时，课程多提供给研究生和有实践经验的企业管理者，尚未将本科生的需求纳入课程规划中。

20世纪70年后，毕业生的高失业率是促进创业教育课程发展的主要推动力。在1974—1977年，英国离校青年的失业人数从5.4万人上升到25.3万人，其中有25%是25岁以下的青少年。1979年，撒切尔夫人执政后，实行私有化、货币调控和削减福利开支等举措。这些不仅没有缓解通货膨胀，反而引起了经济状况的恶化，失业率进一步攀升。

---

① Watkins D, Stone G. Entrepreneurship Education in UK HEIs[J]. Industry and Higher Education, 1999, 13(6): 382.

面对日益上涨的失业率，英国政府意识到，鼓励自我雇佣、开创中小型企业可以缓解这一问题。于是，曼彻斯特商学院开始为有管理经验的失业者开设创业课程。同时，英国政府立法确保公共财政支持这一活动，课程类型不断拓展，从早期的关注失业者逐渐演变成服务于新创企业。

这一时期的创业教育课程发展主要由个人兴趣主导，尤其是在新大学中，引入新课程和项目已经相当普遍，而在技术学院和老式大学中，推行创业教育课程则较为困难。

（二）发展时期（1980 — 1989）

创业教育课程在 20 世纪 80 年代的发展主要表现在：政府力量的介入提供了政策和资金的支持；创业教育课程数量迅速增长；创业研究成为新的研究领域。

20 世纪 80 年代，英国大学生失业率一直居高不下，毕业生缺乏创业意识，自我雇佣率低。大学生失业率从 1979 年的 4.5% 升至 1982 年的 12.1%，大学生自我雇佣率不足 1%。为了改变这一现状，1982 年英国政府启动了"毕业生创业"（graduate enterprise）项目，希望通过对大学生进行创业教育，增加高知识技能人才对社会经济的贡献，同时解决失业问题。这一项目由苏格兰的 8 所大学逐渐推广到全英国。这一项目在 1984—1990 年，每年有近 4000 名学生参与半天的创业意识研讨会，250 多名学生接受创业课程培训。在对 1983—1989 年参加过该项目的 205 人进行调查，有 61 人（31%）当时就创办了企业，至少 47% 的参与者在某一时间内创办了企业。[①] 同时，政府通过人力资源服务委员会的培训服务部门，开设了一系列针对个人创业者的课程，因此，商学院逐渐形成了开设创业项目的惯例，如新企业项目等。

1987 年，英国政府颁布了《高等教育创业计划》（Enterprise in Higher Education Initiative，EHE）。该计划首次从宏观视角对英国创业教育体系进行规划，并将创业精神的培养作为高等教育发展的重要目标。该计划资助的活动包括课程教学创新、教师职业发展、新的学习资源开发等。

创业教育的良性循环不仅依赖学校教育，而且需要创业研究和延伸服务的支持。即建立教育、研究和延伸服务的互动。这一时期，英国创

① 牛长松：《英国高校创业教育研究》，学林出版社 2009 年版，第 122 页。

业教育在上述三方面都有所发展：创业教育获得了更多的资金支持，很多有实际创业经验的人士加入创业教育课程中；大学生创业活动和各类创业项目蓬勃开展；创业研究成为一个新兴领域，研究成果逐渐丰富；正规的组织机构出现，如英国企业管理和研究协会（the United Kingdom Enterprise Management and Research Association，UKEMRA）和英国小企业基金会（the UK Small Business Research Trust），[①] 定期举行研讨会，促进创业教育的发展。

（三）主流时期（1990— ）

进入 20 世纪 90 年代，创业教育课程成为高等教育的主流课程，创业教育项目每年得到数亿英镑的支持。同时，创业教育课程开始了向专业化方向发展，力争成为高等教育的重要组成部分，如设立创业学学位、创业教育课程获得研究生课程资格等。

在 20 世纪 90 年代早期，英国政府通过建立培训和创业委员会（Training and Enterprise Councils，TECs）和地方创业公司（Local Enterprise Companies，LECs）推动创业教育发展。这一时期，创业教育研究的整体质量得到提升。

创业教育由英国科学创业中心（UK Science Enterprise Canters，UKSEC）和全国大学生创业委员会（National Council for Graduate Entrepreneurship，NCGE）共同管理。全国大学生创业委员会将英国高校的创业教育分为高校创业教育教学和高校创业教育管理两大部分。创业教育的实施包括 7 部分内容，分别是创业冠军赛（Enterprise Champions）、国际创业教师项目（International Entrepreneurship Educators Programme，IEEP）、欧盟创业教师项目（European Entrepreneurship Educators Programme，3EP）、学术创业（Academic Entrepreneurship）、国际创业教师大会（International Entrepreneurship Educators Conference，IEEC）、全国创业教师奖（National Enterprise Educator Awards，NEEA）、创业资源库（Entrepreneurship Resources）。[②] 同时，全国大学生创业委员会定期发布最新创业教育政策、创业项目、各类调查报告等，为创业教育发展提供支持。

---

① Watkins D, Stone G., Entrepreneurship Education in UK HEIs[J]. Industry and Higher Education, 1999, 13(6): 384.

② Entrepreneurship in Education[EB/OL].http://www.ncee.org.uk/entrepreneurship_education.2013—09—03.

通过对英国 40 多所大学（20 所新大学和 20 所传统大学）进行 10 年（1995—2004）的创业教育追踪研究发现，在前 5 年（1995—1999），新大学在接受创业教育方面更为积极，有 11 所提供全日制本科生的创业教育课程，而在 20 所传统大学中，只有 6 所提供创业教育课程；在提供兼职课程的院校中，有 8 所新大学，5 所传统大学。在提供研究生课程的院校中，情况也大致相同：4 所新大学提供全日制课程，只有两所传统大学提供全日制课程；在兼职课程的提供上，新大学有 6 所，传统大学有 4 所（见表 2—7）。

表 2—7　　　　　　1995—1999 年英国大学创业教育课程开设数量[1]

数量 ＼ 类型	本科生		研究生	
	全日制	兼职类	全日制	兼职类
新式大学（20）	11	8	4	6
传统大学（20）	6	5	2	4
总计	17	13	6	10

第二个五年（2000—2004）中，创业教育课程数量明显增长（见表 2—8）。

表 2—8　　　　　　2000—2004 年英国大学创业教育课程开设数量[2]

数量 ＼ 类型	本科生		研究生	
	全日制	兼职类	全日制	兼职类
新式大学（20）	19	14	16	16
传统大学（20）	17	11	13	12
总计	36	25	29	28

---

[1]　Matlay H, Carey C. Entrepreneurship Education in the UK: a Longitudinal Perspective[J]. Journal of Small Business and Enterprise Development, 2007, 14(2): 252—263.

[2]　Matlay H, Carey C. Entrepreneurship Education in the UK: A Longitudinal Perspective[J]. Journal of Small Business and Enterprise Development, 2007, 14(2): 252—263.

研究表明，在第一个五年中，仅有 3 所大学在商学院之外提供创业教育课程，主要是在计算机学院和工程学院提供，而到 2004 年，有 18 所大学在商学院之外提供创业教育课程，如艺术学院、护理学院、音乐学院和建筑环境学院。

在第一个五年中，创业教育课程由原有课程组成和新的独立课程组成，这些课程是从现有的课程体系中演化而来的；在第二个五年中，课程体系逐渐丰富，加入新内容，包括理论部分、实践部分和模块课程，关注领域包括商业战略、市场营销、会计、金融等。各类大学中普遍使用商业计划和创业成功案例等方式进行教学。

1999 年，乔纳森·列维（Jonathan Levie）对英国 133 所高等教育机构开展创业教育情况进行调查，结果显示：1997—1998 学年到 1998—1999 学年，学生参与创业教育课程率增加了 23%，其中研究生参与率增加了 40%，本科生增加了 15%，非商学院和开放式课程增加了 17%，课程数量增加了 15%，从 104 门增加到 120 门；1998—1999 学年新增 17 门创业教育课程，平均每门课程学生的参与率增加了 7%，从 61 人到 65 人。同时，此次调查研究还发现，创业教育课堂的规模在不断增长，从 10 个人到几百人。这些都反映出学生对创业教育的需求在不断增长。[①]

英国小企业 & 创业协会（Institute for Small Business & Entrepreneurship，ISBE）调查了 2010 年英格兰所有的高等教育机构的创业教育情况，结果显示：93% 的被访者支持学生创业活动，80% 的高校提供创业教育学分课程，91% 的高校提供创业教育的课外活动；学生参与创业率较 2006 年增长 7%，2007 年增长 11%；男生参与创业教育课程为 59%，女生参与率为 41%。

英国国家创业教育中心（National Centre for Entrepreneurship in Education，NCEE）2012 年对英格兰高等教育机构的创业教育实施情况进行调查，结果显示：学生参与率由 2010 年的 16% 上升至 2012 年的 18%，并预计这一数值将在 2014 年增至 20%；男生参与创业教育课程为 57%，女生参与率为 43%；提供给本科生的课程占 69%，提供给研究生的课程为 31%，全

---

① Levie J. Entrepreneurship Education in Higher Education in England: A Survey[J]. London Business School, London, 1999.

日制课程占 71%，兼职类课程占 29%。[①]

为了给高校创业教育课程的开展提供智力支持，英国设置了不同类型的创业中心，如英国科学创业中心、创业教与学优异中心等。英国科学创业中心创立于 1999 年，旨在推动创业教育在大学中的发展，主要活动包括普及高校创业教育课程、加强大学与产业界的联系、鼓励大学技术转移等。创业教与学优异中心是英国高等教育基金委员会为了提高大学教育质量而设立的机构，涉及创业领域的包括白玫瑰创业教与学优异中心、诺丁汉大学综合学习进步中心、利兹首都大学创业协会等。这些机构积极推动创业教学改革，提升创业教育课程质量。

（四）分析

通过几十年的发展，英国的创业教育课程取得了显著成效，在促进自我雇佣和经济社会发展方面都起到了积极的推动作用。但是，英国高校创业教育发展面临的最大问题在于其开展的初衷是解决失业问题。这一起源导致后来的创业教育往往关注失业率的问题，大都成为政府解决社会问题的权宜之计，甚至是政治工具。这和美国的创业教育发展完全不同，美国的创业教育是市场主导，关注新企业的开创和企业增长对创业者自身的财富增长，产生大量的就业机会只是其中一个结果。在美国的实践中，社会受益不是首要的结果，但是这一目的在英国却非常重要，是每一时期推动创业教育的直接和最重要动因。在英国，创业（enterprise）一词的出现在某种程度上是带有政治色彩和意蕴的。

三　日本高校创业教育课程

20 世纪 80 年代，创业教育开始从欧美国家传入日本。创业教育对解决日本面临的多重困境有很大帮助，因此得到了迅速发展。在近 30 年的发展中，日本创业教育课程形成了独具特色的模式，并取得了很大成就。

（一）初创时期（1986—1999）

1986 年，日本高校开始导入创业教育讲座，培养学生的创新创业能力。到了 20 世纪 90 年代，日本高校开始创立见习制度。这种制度与我国的学

---

① Enterprise and Entrepreneurship in Higher Education — 2012 National Survey[EB/OL]. http://www.ncee.org.uk/publication/NCEE__2012_Mapping_Report.pdf.2013—11—10.

工制相似，旨在培养学生的职业观念和工作能力，但是这种见习制度的时间短、涉及程度浅，因此，并没有带来显著和持续效果。[①]

为了加大对创业活动的支持，日本政府对大学教育体制进行改革，如1996年制定国立大学教官兼职的许可制度、1998年通过《大学技术转移法》（Technology Licensing Organization，TLO）等，这些都为大学教师和学生从事技术转移和创业活动提供了便利。

截至1998年，开设创业教育讲座的学校有30所，开设专门课程的学校有5所。这一数据与同时期的美国相差较大（美国开设讲座的学校约为500所、开设课程的学校在78所以上）。

这一时期，高校创业教育课程主要有三种类型：一是以研究生和社会人士为对象开设系统化的创业课程；二是以研究生和社会人士为对象开设的创业讲座；三是为以本科生为对象开设的创业讲座。

为了适应当时的社会发展需要，一些文科大学和研究生院开设了有关企业家培养的课程；理工大学或研究生院通过风险企业实验室或产学共同研究推进中心等机构，尝试以理工科为核心，开展具有特色的创业教育课程。同时，为了适合社会人士创业学习的需要，高校制定了一系列有利于社会人士接受创业教育的制度，如昼夜开课制、科目辅修制等。其中，早稻田大学推出"傍晚集中讲座"，主要针对社会人士，利用晚上时间上课，共三个月、十几节课，授课内容包括行销、经营计划等。地方自治机构也开设了社区学校（创业塾），使更多社会人士有机会接受创业教育课程，如东京商工会议主办的"创业塾"等。这些创业课程以培养学生创新、创业精神为主旨，吸引了大批有志于创业的社会人士。[②]

（二）发展时期（2000—　）

经过上一阶段的积累，21世纪日本的创业教育课程在规模、类型、教学形式等多方面都取得了大发展，形成了独具特色的模式。

2000年，据日本文部省的调查结果显示，日本高校中（包括国立和私立），有139所大学开设了330门创业教育课程。2002年，文部省再次对

---

① 张昊民、陈虹、马君：《日本创业教育的演进：经典案例及启示》，《比较教育研究》2012年第11期。

② 李志永：《日本高校创业教育》，博士学位论文，浙江大学，2011年。

创业教育课程开设情况进行调查，结果显示，日本全国 687 所大学中有近 205 所大学（30%）开设了创业教育的相关讲座或课程。在 205 所开设创业教育课程的大学中，有 155 所为私立大学，占半数以上。在开设的 509 种创业相关课程中，私立大学开设的课程有 387 种，约占总数的 76%。

2009 年，大和总研对日本 765 所高校（包括大学和研究生院）进行了创业教育实态调查。结果显示：在日本全国高校中，有 252 所（43.8%）高校，开设了 1078 个创业教育讲座。与 2002 年的 509 个相比，创业教育讲座增加了近一倍。

从实施创业教育讲座的高校性质来看，私立、国立、公立高校的讲座数量均有不同程度增长。私立高校从 2000 年的 245 个增加到 2009 年的 783 个，国立高校从 66 个增加到 201 个，增加了三倍多，公立高校从 19 个增加到 94 个，增加近四倍。在开展创业教育的 252 所高校中，有 64 所高校将创业教育作为重点课程或专业，成为推动日本全国创业教育发展的中心。

继文部科学省、经济产业省、厚生劳动省等对日本高校创业教育状况进行追踪调研后，日本筑波大学也进行了调查。筑波大学的调研对象主要是针对研究生院的创业教育开展情况。结果显示，从 2001 年到 2010 年的十年间，日本开展创业教育的高校由 108 所发展到 342 所。虽然不同机构的调查样本选择、调查方法都存在较大差异，但是这些调查结果都显示，日本高校创业教育迅猛发展。同时，在开展创业教育的高校中，私立大学增长快，国立和公立大学增长平缓。私立大学重视本科生创业教育，国立大学侧重研究生及全校层面的创业教育。

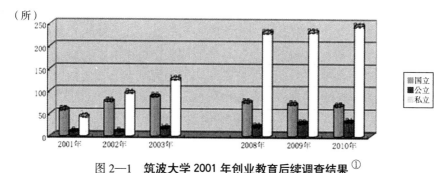

图 2—1　筑波大学 2001 年创业教育后续调查结果 [①]

---

① 李志永：《日本高校创业教育》，博士学位论文，浙江大学，2011 年。

　　创业教育课程的发展与创业教育的总体发展趋势一致，都呈现出递增的趋势。讲座数量从 330 个增加到 1141 个，增加了近三倍。

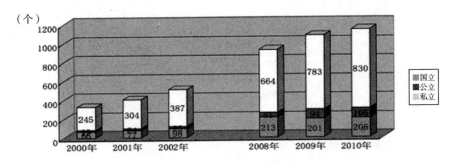

图 2—2　**日本高校创业教育发展情况**[①]

　　217 所开展创业教育的本科院校共开设了 635 个与创业教育相关的科目，这一数据比 2009 年增加 7.1%。170 所私立学校本科开设了 541 个创业教育科目，校均 3.2 个；18 所公立学校本科开设了 46 个创业教育科目，校均 2.6 个；29 所国立高校本科开设了 48 个创业教育科目，校均 1.7 个。有 54 所高校（25%）开设了 4 个以上科目。

　　124 所开展创业教育的研究生院共开设了 528 个与创业教育相关的科目，这一数据比 2009 年增加 8.9%。71 所私立学校研究生院开设了 310 个创业教育科目，校均 4.4 个；12 所公立学校研究生院开设了 59 个创业教育科目，校均 4.9 个；41 所国立高校研究生院开设了 159 个创业教育科目，校均 3.9 个。有 43 所高校（35%）开设了 4 个以上科目。

　　在发展过程中，日本高校创业教育课程形成了四种典型模式：以培养创业实践者为主的创业家专门教育型；以掌握系统的经营知识技能为主的综合演习型；以学科专业为依托的创业技能副专业型；以培养创业意识、创业精神为主的企业家精神涵养型。

---

　　①　李志永：《日本高校创业教育》，博士学位论文，浙江大学，2011 年。

表 2—9　　　　　　　　日本高校创业教育课程的典型模式 [①]

类型	定义	代表学校
创业家专门教育型	针对经济学院或商学院实际创业或以创业为志向的学生而设置的专业课程	东京工科大学（创业家精神专业）、小樽商科大学（创业家精神专业）、日本大学（国际经营研究科）、立命馆大学(产学协同创业教育项目)、大阪经济大学（创业专攻）
经营技能综合演习型	主要是经济学院或商学院商业计划书的制订	青山学院大学（国际管理研究科）、庆应义塾大学（商学院）
创业技能副专业型	主要是针对以工学、医学等专业为主修专业，以创业为副专业的学生设置的课程	关西学院大学（社会创业学科）、信州大学（技术革新管理专业）、庆应义塾大学(商业生涯教育计划)
企业家精神涵养型	针对全体学生的创业素养普及课程	横滨国立大学（企业创业教育项目）、广岛修道大学（企业事业创造专业）

　　作为高校创业教育课程开展的重要保障，日本的创业教育师资主要分为两部分：一部分是校内专职教师，此类教师主要来自经管、理工等院系。日本私立学校的师资数量占日本高校创业教育师资的 72%，国立和公立高校分别为 19% 和 9%；另一部分是外部师资。30% 的日本高校引入了外部师资参与创业教育。这些教师主要由企业管理者、金融机构人士、创业校友等构成，从事创业实践指导、主题讲座等形式的创业教育。在开展创业教育的高校中，本科阶段聘请外部师资的占 26.4%，研究生院中这一比例达到 27.8%。

　　从整个发展过程来看，日本已经形成了丰富的创业教育课程体系。在教育体系之外，日本政府和产业界积极推进创业教育课程的发展。

---

① 谢丽丽：《二十一世纪日本高校的创业教育及其启示》，《高教探索》2010 年第 6 期。

　　日本政府对高校创业教育的支持主要体现在两个方面：一是加大拨款力度，为创业教育课程发展提供充足的经费保障。日本是一个高度重视教育的国家，长期以来极为重视国民教育和人力资源的开发。可以说，日本战后的迅速崛起与其国民素质和高端人才的培养密不可分。从 1999 年开始，全国商工会联合会、日本商工会议共同出资（2007 年为 16.1 亿日元、2008 年为 13.3 亿日元）在全国范围内开展创业人才培养计划。此计划由各地商工部门负责，提供 30 个课时的创业计划书、创业实践等短期研修课程。此外，政府通过倾斜化拨款支持创业教育发展。2004 年以来，日本国立大学实行行政法人化改革，打破了国立、公立和私立大学之间的界限，通过绩效评估和重点经费竞争等方式配置大学经费。其中，将技术转移能力、创办企业数量等方面作为专业评估的重要指标，积极引导高校关注创业领域的发展。

　　二是出台各种有利于创业教育课程发展的政策法规。日本政府致力于将创业教育向不同学龄阶段推广，1999 年，通商产业省出台的《先导性创业家育成实证事业》，进行幼儿园、小学、初高中等不同阶段的教育伙伴联盟，开展不同内容和形式的创业教育。[①] 在早期阶段进行创业启蒙教育，实现创业教育与基础教育的衔接，保证创业人才培养的基础性和连续性，使创业教育不再是无本之木、无源之水。为了解决创业教育中面临的一系列问题，2009 年 3 月，日本经济产业省政策局发表《产学合作性创业人才培养计划》，提出多项促进创业教育发展的措施。如设立大学创业教育论坛、创建创业教育数据库、召开全国创业教育会议、积极推行企业见习制度等。

　　日本产业界对创业教育的支持主要体现在：一是积极参与高校创业教育课程建设。创业教育具有很强实践性，要求学生不能只停留在书本和理论层面的创业想象，而是参与实践，培养创业能力。因此，高校与产业界的结合在创业教育领域显得尤为重要。日本在原有产学结合的基础上，不断拓展合作范围和内容，如共同制订高校人才培养计划（包括课程内容、评价标准等）。传统的人才培养模式没有将企业需求纳入高等教育中，产生了学用分离的矛盾。邀请企业界人士共同参与人才计划的制订，可以充

---

① 李志永：《日本高校创业教育》，博士学位论文，浙江大学，2011 年。

分考虑企业和社会需求，实现学用结合。同时，企业还通过向高校提供兼职师资，为学生创业实践提供见习和实习机会，设立创业基金、提供创业咨询等形式参与高校创业教育。

二是企业成立创业咨询或研究中心。这些中心大都为中介非营利性机构，由企业赞助成立。这些中心不仅为高校创业教育课程的开展提供信息，还可以为政府的创业政策制定提供参照依据，实现决策科学化。

（三）分析

在近30年历程中，日本高校的创业教育课程从无到有，并逐步发展为相对完善的体系。日本高校创业教育课程不仅拥有门类齐全的课程体系、类型多样的培养模式，而且还形成了具有日本特色的官产学体系。这些都与创业教育的欧美模式不同，是日本在借鉴模仿中进行的本土化成果，是日本强大的学习能力的具体体现。

但是，由于历史传统、社会文化等因素的影响，日本高校创业教育课程的发展面临多重困境。作为一个深受儒家文化影响的国家，日本的历史传统与欧美有很大区别，强调重义轻商、安家守业的儒家文化与创业所需要的冒险进取精神有很大出入。因此，日本社会缺乏创业发展的社会文化土壤，如对失败的宽容。同时，创业支援体系的发展相对滞后、创业师资短缺等也是制约日本高校创业教育课程发展的重要"瓶颈"。

四　国际组织与高校创业教育课程

在主权国家之外，国际组织在高校创业教育课程发展中发挥日益重要的作用。其中，国际劳工组织（International Labour Organization，简称 ILO）和联合国教科文组织（United Nations Educational, Scientific and Cultural Organization，简称"UNESCO"）的影响力较大。

（一）国际劳工组织与高校创业教育课程

1. 国际劳工组织的理念与使命

国际劳工组织是一个以国际劳工标准处理有关劳工问题的联合国专门机构，创立于1919年。该组织的主要任务是促进充分就业和提高生活水平；促进劳资双方合作；扩大社会保障措施；保护工人生活与健康；主张通过劳工立法来改善劳工状况，进而获得世界持久和平，建立社会正义。

国际劳工组织是联合国的一个专门机构，旨在促进社会公正和国际公认的人权和劳工权益。它以公约和建议书的形式制定国际劳工标准，确定基本劳工权益的最低标准，其涵盖：结社自由、组织权利、集体谈判、废除强迫劳动、机会和待遇平等以及其他规范整个工作领域工作条件的标准。国际劳工组织主要在下列领域提供技术援助：职业培训和职业康复；就业政策；劳动行政管理；劳动法和产业关系；工作条件；管理发展；合作社；社会保障；劳动统计和职业安全卫生。[①]

2. 国际劳工组织对高校创业教育课程的支持

为了培养大学生的创业意识和创业能力，国际劳工组织开发了专门的教育项目（Know About Business，KAB）。该项目通过教授有关企业和创业的基本知识和技能，帮助学生对创业树立全面认识，普及创业意识和创业知识，培养有创新精神和创业能力的青年人才。

KAB 创业教育项目目前已在全球 30 多个国家开展，与已经在各国广泛实施的"创办和改善你的企业"项目（SIYB 项目）共同构成一个完整的创业培训体系。该课程一般以选修课的形式在大学开展，学生通过选修该课程可以获得相应的学分。围绕该课程，学生还可以参加 KAB 创业俱乐部、创业大讲堂等课外实践活动。

KAB 的课程类型包括学科课程、活动课程以及实践课程（商业模拟游戏）。学科课程侧重传授创业知识，活动课程侧重培养创业意识和技能，实践课程侧重提供创业模拟演练。三类课程涉及创业教育的不同方面，在实现创业教育教学目标方面形成了互有侧重、互为补充的立体、综合对应关系；KAB 课程组织的活动化是指课程的操作方式注重教学活动的设计，尽可能使学生在教学活动参与中实现"启发创业意识、体验创业过程、提升创业技能"的目的。比如，"商业模拟游戏"通过模拟企业运作，使学生在游戏中体验商业过程，感悟商业真谛。

在我国，KAB 项目由共青团中央、全国青联与国际劳工组织三方合作推广。KAB 培训课程自 2005 年启动以来，已在清华大学、北京航空航天大学、中国青年政治学院等高校完成试点教学，受到师生普遍欢迎。

---

① Mission and Objectives[EB/OL]. http://www.ilo.org/global/about-the-ilo/mission-and-objectives/lang-en/index.htm.2014—01—12.

《大学生 KAB 创业基础课程》是 KAB 创业教育（中国）项目的成果之一。该课程力图对中国当代大学生的就业观念进行科学指导，培养他们的创业意识，帮助他们正确认识企业在社会中的作用和自我雇用，了解创办和经营企业的基本知识和实践技能，从而提升他们的创业能力和就业能力。教学内容分为 8 个模块，依次为：什么是企业（模块 1）、为什么要发扬创业精神（模块 2）、什么样的人能成为创业者（模块 3）、如何成为创业者（模块 4）、如何找到一个好的企业想法（模块 5）、如何组建一家企业（模块 6）、如何经营一家企业（模块 7）、如何准备商业计划书（模块 8）。每个教学模块都有特定的主题，但各个模块之间又彼此联系。这样的课程结构设计有很大的灵活性，根据授课对象、授课学时的不同，有效做到"因材施教""因时施教"。①

KAB 项目的另一个主要领域是创业师资培训，包括"KAB 项目讲师"、"KAB 项目培训师"以及"KAB 项目高级培训师"。KAB 创业师资培训实施分层次的统一化培训标准。截至 2011 年 2 月，KAB 创业教育（中国）项目已培训来自 850 所高校的 2931 名师资。②

从 2010 年开始，KAB 创业教育（中国）研究所每年发布一次《创业教育中国报告》，对上一年度中国创业教育进行分析和总结，发布最新的数据研究结果。创业教育中国报告（2010）的主题是创业教育促进经济发展，从统计分析和案例分析两个视角出发，研究创业教育与经济发展两者的关系。创业教育中国报告（2011）的主题是创业教育服务体系构建研究，从创业教育教学服务体系、创业教育实践服务体系到创业教育公共服务体系三方面展开研究。创业教育中国报告（2012）的主题是社会创业的国际比较及中国实践，以国际比较视野为基础研究社会创业这一新兴问题。

（二）联合国教科文组织与高校创业教育课程

1. 联合国教科文组织的理念与使命

联合国教科文组织全称为联合国教育、科学及文化组织，是联合国旗

---

①　KAB 创业教育（中国）项目推广计划 [EB/OL]. http://www.kab.org.cn/content/2011—09/15/content_4894576.htm.2014—01—12。

②　KAB 创业教育（中国）项目推广计划 [EB/OL]. http://www.kab.org.cn/content/2011—09/15/content_4894576.htm.2014—01—12。

下专门机构之一。该组织于 1946 年 11 月 4 日成立，总部设在法国巴黎。其宗旨是通过教育、科学及文化来促进各国的合作，对世界和平和安全做出贡献，以增进对正义、法治及世界人民不分种族、性别、语言或宗教均享有人权与基本自由的普遍尊重。[①] 联合国教科文组织遵循人道主义原则，促进国际理解和增进人类和平。

教育是联合国教科文组织的主要活动领域之一。作为一个国际智力合作机构，教科文组织在教育方面开展的活动形式主要有：举办各种类型的国际会议，促进政策性对话；开展教育研究，对当今世界教育方面的某些热点问题进行探讨；促进教育人员与教育成果交流，通过发行出版物和建立信息网促进信息传递与交换；举办培训活动；开展实验项目。

2. 联合国教科文组织对高校创业教育课程的支持

联合国教科文组织对高校创业教育课程的支持主要体现在倡导价值理念、召开国际会议、设立教席等方面。

"创业教育"最早由联合国教科文组织提出。1989 年 12 月，联合国教科文组织在北京召开"面向 21 世纪教育国际研讨会"，柯林·博尔博士提出"事业心和开拓教育"的概念，被译为"创业教育"。他认为，未来的人要掌握三本教育护照：第一本是学术性的；第二本是职业性的；第三本是事业心和开拓。[②] 由此，创业教育被联合国教科文组织称为教育的"第三本护照"，被赋予了与学术教育、职业教育同等重要的地位。

与此同时，联合国教科文组织亚太地区办事处开展了"提高青少年创业能力的教育联合革新项目"，中国、日本等 9 个国家参加了这一项目。1989 年，在泰国曼谷召开了项目规划会议；1991 年 1 月在日本东京召开了项目中期研讨会；1991 年 11 月又在泰国曼谷召开了项目的终结评估会。这三次创业教育国际研讨会标志着创业教育在世界范围内的诞生和崛起，也标志着一个崭新的教育理论与实践领域的出现。[③]

1998 年 10 月在联合国教科文组织总部巴黎召开世界高等教育会议，

---

① Introducing UNESCO[EB/OL]. http://www.unesco.org/new/en/unesco/about-us/who-we-are/introducing-unesco. 2013—10—09.

② 侯慧君、林光彬：《中国大学生创业教育蓝皮书》，经济科学出版社 2011 年版，第 7 页。

③ 创业教育内涵 [EB/OL].http://www.hunbys.com/show/4,140.html.2013—10—21。

有 115 位教育部长、2800 多名高等学校校长、教育专家参与。会议发表了《21世纪的高等教育：展望与行动世界宣言》和《高等教育改革和发展的优先行动框架》。两个文件同时强调，把培养学生的创业技能和创业精神作为高等教育的基本目标。

《21 世纪的高等教育：展望与行动世界宣言》中明确提出：提升高校创业教育质量，使学生"具备创业意识，创造就业机会"，已成为当代大学教育的重要组成部分。"高等学校，必须将创业技能和创业精神作为高等教育的基本目标"，要使毕业生"不仅成为求职者，而且逐渐成为工作岗位的创造者"。

《高等教育改革和发展的优先行动框架》指出，"高等教育必须将创业技能和创业精神作为基本目标，以使高校毕业生不仅仅是求职者，而且首先是工作岗位的创造者"。教师不应仅仅传授知识，而且必须把重点放在教学生如何学习、如何发挥主动精神上，使学生"能独立思考和协同工作"，"能将传统或当地的知识和技能与先进的科学技术结合以产生创造力"。

联合国教科文组织于 1999 年 4 月在汉城举行的第二届国际职业技术教育大会，突出强调要加强创业教育，着重培养学生的创业能力。会议指出，为了适应 21 世纪新的挑战和变革的需求，教育和培训必须加强培养学生的创业能力。创业能力是一种核心能力，它对个人在各种工作领域激发创造力和革新性至关重要。创业者创立的小企业能够提供现代经济中大量的工作机会，促进经济发展。会议认为，创业能力应包括创业态度，创造性和革新能力，把握和创造机会的能力，对承担风险进行计算的能力；懂得一些基本的企业经营概念，如生产力、成本和自我创业的技能。[①]

在联合国教科文组织的大力倡导和推动下，创业教育已经成为高等教育的重要组成部分，并获得了快速发展。

除了倡导价值理念、召开国际会议，联合国教科文组织还通过捐赠创业教育教席、开展创业教育项目等方式促进高校创业教育课程发展。

联合国教科文组织教席计划（UNESCO Chairs Programme）是联合国教科文组织推动大学与其他高等教育机构间进行经验与知识交流，促进能力建设的主要途径。目前，联合国教科文组织教席项目涉及 134 个国家的

---

① 创业教育内涵 [EB/OL].http://www.hunbys.com/show/4,140.html.2013—10—21。

854 所教育机构。[①] 截至 2014 年 1 月 17 日，联合国教科文组织共设立 783
个教席职位。从 1995 年起，联合国教科文组织开始设立创业教育教席，
目前已有 14 个高等教育机构拥有此类教席（见表 2—10）。

表 2—10　　　　　　　　　　联合国创业教育教席一览[②]

大学	教席名称	设立时间（年）
布加勒斯特的经济研究院（The Academy of Economic Studies of Bucharest），罗马尼亚	经济转型期国家商业开发的培训与研究（training and research applied to business development in countries in economic transition）	1995
鞑靼斯坦科学院（Tatarstan Academy of Science），俄罗斯	市场经济条件下的培训与再训练（Training and Retraining of Specialists under Market Economy Conditions）	1998
科依敏斯基大学 (Leon Kozminski Academy of Entrepreneurship and Management)，波兰	全球可持续发展中的知识创业（Intellectual Entrepreneurship in the World of Work for Sustainable Development）	1998
蒙古国立大学（The National University of Mongolia），蒙古	中小企业创业（Small and Medium Size Enterprises）	2004
茨瓦尼科技大学（The Tshwane University of Technology），南非	技术创业（Technological Entrepreneurship）	2005
圣地亚哥—德孔波斯特拉大学（The University of Santiago de Compostela），西班牙	大学中创业文化的创新与管理（innovation and management of the entrepreneurial culture within the university framework）	2006

---

①　Unitwin–Unesco–Chairs–Programme[EB/OL]. https://en.unesco.org/unitwin–unesco–chairs–programme.2013—11—09.

②　List of UNESCO Chairs and UNITWIN Networks in the field of Entrepreneurship Education[EB/OL].
http://www.unesco.org/en/university–twinning–and–networking/access–by–domain/education/entrepreneurship–education/.2013—11—12.

续表

大学	教席名称	设立时间（年）
韩东国际大学（Handong Global University），韩国	亚洲发展中国家的可持续发展能力建设（Capacity Building of Sustainable Development in Developing countries in the Asian Region）	2007
诺维萨德（The University of Novi Sad），塞尔维亚	创业研究（Entrepreneurial Studies and Research）	2008
奥格斯堡大学（Strossmayer University），克罗地亚	创业教育（Entrepreneurship Education）	2008
浙江大学（The Zhejiang University），中国	创业教育（Entrepreneurship Education）	2010
德黑兰大学（The University of Tehran），伊朗	创业（Entrepreneurship）	2010
乌帕塔尔大学（The Bergische Universität Wuppertal），德国	创业与知识管理（Entrepreneurship and Intercultural Management）	2010
斯特拉斯克莱德大学（The University of Strathclyde），英国	创业教育（Entrepreneurship Education）	2010
索菲亚技术大学（The Technical University of Sofia），保加利亚	创新、创业与变更管理（Innovation, Entrepreneurship and Change Management）	2011

创业教育教席的设立可以发挥各大学的优势，积极推动创业领域的科学研究、培训、信息等，有助于高水平创业学者的合作。

第三节　小结

本章主要对创业教育概念的演变、高校创业教育课程的历史发展两方面进行了梳理和分析。

首先是创业教育的演变。创业教育起源于商学院，因此，在早期阶段，创业教育和商业教育是既有区别，又有联系的概念。与商业教育相比，创业教育强调整体性、创新性、国际化。随着高校创业教育的开展，创业教育与小企业教育成为一对易混概念。与小企业教育相比，创业教育强调高速增长、行动导向、交互等方面。

三个概念涉及不同的商业领域，在目标、内容、方法等方面存在显著差异。厘清三者的异同是创业教育和创业学科发展的基础。

其次是高校创业教育课程的历史发展。本章对美国、英国和日本三个国家的高校创业教育课程历史进行梳理。

美国高校创业教育课程始于1947年哈佛商学院。在半个多世纪的发展中，美国高校创业教育课程在数量和质量、学位发展、创业研究、创业保障体系等方面都取得了令人瞩目的成就。美国高校创业教育是"市场驱动"型，依靠市场需求的变化调整创业教育供给，其成功取决于多方面因素，如高等教育传统、社会文化背景等。

英国高校创业教育课程始于1971年曼彻斯特商学院。英国高校创业教育取得了显著成就，如受众群体不断扩大、类型多元化、形成了成熟的创业教育模式。与此同时，由于目标的功利化和政治化，英国创业教育存在诸多问题，如区域发展不均衡、大学生自我雇佣率低等。

日本高校创业教育课程始于1986年。在政府和产业界的大力支持下，日本高校开设大量创业教育课程，形成了具有院校特色的发展模式。在取得成绩的同时，日本高校创业教育课程也面临发展困境，如创业师资短缺等。

最后，在高等教育国际化程度日益加深的今天，国际组织在高校创业教育发展中起着愈加重要的作用。国际劳工组织通过开设KAB课程，启迪学生的创业意识、培养学生的创业技能、培训大量的创业师资，同时，

KAB 创业教育（中国）项目注重创业教育研究，以年度报告形式研究创业教育领域的新问题。联合国教科文组织通过倡导价值理念、召开国际会议、设立教席等方式积极推行高校创业教育及课程的发展。

第三章

创业教育课程的分析框架

第一节　创业教育及课程分类理论

　　随着创业教育走向大众化和全民化，高校创业教育课程也逐渐多元化。学者们按照不同的理论依据和方法，对高校创业教育及课程进行分类。

　　贾梅森（Jamieson）提出按照关于创业（education about enterprise）、为了创业（education for enterprise）和在创业（education in enterprise）三个层面进行创业教育课程设计：第一阶段是唤醒创业意识，主要从理论视角来认识创业的不同方面，培养创业技能、态度和价值观；第二阶段是开办企业，主要是教会学生新企业开创的知识和相关管理技能，如商业计划书等；第三阶段是企业管理和商业技巧，在新企业创办后，企业经营管理成为主要任务，因此，这一阶段的学习内容包括产品开发、市场营销、企业日常管理等。[①]

　　盖若维（Garavan）将创业教育分为两类：一类是关于创业的教育；另一类是小企业主的教育。第一类是针对创业者的教育，包括新企业创办、创业者特质等内容。第二类是针对企业家的教育，包括企业管理、运营等内容。第一类教育分为三个阶段：第一阶段是关于创业（education about enterprise）的教育，出现在基础教育阶段，旨在增强学生的创业意识，未来将创业、自我雇佣作为一种职业选择；第二阶段是教授创业技能，如金

---

　　① Jamieson I. Schools and Enterprise[J]. Education for Enterprise, 1984, 1(1):7—18.

融学、市场营销和相关法律问题；第三阶段是继续创业教育，即加强、更新创业技能，巩固已有的创业成果。[①]

海狄（Hytti）和奥戈曼（O'Gorman）通过对英国、芬兰、奥地利和爱尔兰等国的 50 个创业教育项目进行梳理，总结出三类主要的创业教育，分别是理解创业、成为创业型人才、成为创业者。"理解创业"是帮助学生获得创业的基本认识，即什么是创业，尤其是理解创业者及创业活动在现代社会经济中的积极作用，从而认识到创业者和创业活动的重要性。"成为创业型人才"是帮助学生获得积极的创业态度，对待自己的学习、生活和事业采用更灵活的方式，适应社会变化发展的需要。"成为创业者"是指教会学生掌握创办企业的各种技能，使他们学会创业和管理新创企业，成为真正的创业者。[②]

海特舍恩（Hartshorn）将创业教育分为两类：一类是培养创业者，推动社会经济发展；另一类是以激发创业精神为主，培养学习者的创新精神和实践能力，使其更好地适应工作需求、社会变革。这两种分类始于对创业概念的理解不同：第一种是狭义的创业，即创办新企业；第二种是广义的创业概念，关注人的素质、启迪和激发精神（见图 3—1）。

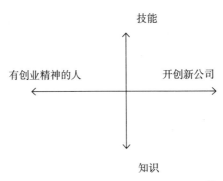

图 3—1 Hartshorn 的创业教育类型 [③]

---

① Garavan T N, O'Cinneide B. Entrepreneurship Education and Training Programmes:: A Review and Evaluation—Part 1[J]. Journal of European Industrial Training, 1994, 18(8):3—12.

② Hytti, U., & O' Gorman, C. An Analysis of the Objectives and Methods of Enterprise Education Programs in Four European Countries[J]. Education + Training, 2004,(1): 11—23.

③ Hartshorn C, Hannon P D. Paradoxes in Entrepreneurship Education: Chalk and Talk or Chalk and Cheese?: A Case Approach[J]. Education+ Training, 2005, 47(8/9): 616—627.

英国在《全国大学生创业教育黄皮书》中将创新创业教育分为八个不同层次：一是学生的核心创业行为和态度的发展；二是学生能够理解并感受创业行为；三是能够自我解释创业教育核心价值；四是发展创业型职业动力；五是掌握创立公司的步骤和需求；六是培养企业家素质；七是掌握与创业相关的商业知识；八是熟悉与利益相关者的关系。[①]

国内学者对 2011 年《金融时报》全球 MBA 排名中的创业学排名前十的商学院的创业教育培养目标进行总结（见表 3—1）。[②]

表 3—1 全球著名商学院创业教育培养目标

院校名称	创业教育培养目标
百森商学院	理论联系实践，通过课程和创业实践活动把学生时刻浸泡在创业思想和创业行为中，培养能够塑造创业机会、评估财务可行性、有创业心态的学生
斯坦福大学商学院	研究创业公司和相关企业家；帮助了解创业公司和创业精神；为准备创业的学生和校友提供资源；与当地社区企业建立关系
帝国理工学院 田中商学院	加强创业文化建设，并为学生提供机会探索创业思想和创业实践技能，帮助学生实现创业梦想
加州大学洛杉矶分校 安德森商学院	评估潜在的机会和环境；获取抓住机会的关键性资源；开发占领市场的策略；控制组织运营、转变和成长
加州大学伯克利分校 哈斯商学院	给学生和教职员工以灵感，促使他们学做企业家的事并力争做得最好；从本质看问题，用新方法创新企业，发现新的价值源泉，促进世界向更好的方面转变
麻省理工学院 斯隆商学院	培育能使高科技企业成功的领导者。通过跨学科中心，培植新思想、新方法和先进的科学技术，孕育持续竞争力、成功乃至国家和全球的繁荣昌盛

① 高志宏，刘艳：《创新创业教育的理论与实践》，东南大学出版社 2012 年版，第 104 页。

② 王晶晶、姚飞、周鑫等：《全球著名商学院创业教育比较及其启示》，《高等教育研究》2011 年第 7 期。

续表

院校名称	创业教育培养目标
剑桥大学 贾奇管理学院	培养能够识别并抓住创业机会，或者创造机会的潜在创业者，促使他们增强能力，为有创业兴趣的人提供良好的背景
国际管理发展学院	培育具有创业思想、能够制定创业的配套设施、擅长沟通合作的未来企业家
威斯康星大学 麦迪逊分校商学院	促使学生完成主修课程如工程学、生命科学、城市景观、政治学后对创业产生浓厚的兴趣，培育一批有创业热情的企业家
欧洲工商管理学院	促进创业知识的产生和传播，使本校的创业研究和创业教育在国内外达到最好；设计并实施创业支持性活动，团结创业股东，提升创业投资方案的质量

　　法约尔（Fayolle）从学习过程及教学的维度对创业教育进行划分。创业学习过程可以分为三大类：创业精神的习得（成为有创业精神的个人）、实践学习（成为创业者）、理论学习（成为创业学者）。每一种类型的学习都有不同的教学模式和相关概念理论。因此，创业教育也有三种不同的类型（见表3—2）。

表3—2　　　　　　　　　　　　　**Fayolle 创业教育类型**[①]

类型	教学模式的关键维度	相关的概念和理论
成为有创业精神的人 （to become an enterprising individual）	广义的创业概念：聚焦于精神维度 群体：商学院和非商学院的学生 期待的改变：创业的认知、态度和意向 教学：课堂教学、角色扮演	创业意向；创业事件；计划行为理论；创业自我效能感；创业定向

---

① Fayolle, A., & Gailly, B. From Craft to Science: Teaching Models and Learning Processes in Entrepreneurship Education[J]. Journal of European Industrial Training, 2008, 32(7): 581.

续表

类型	教学模式的关键维度	相关的概念和理论
成为创业者 （to become an entrepreneur）	狭义的创业概念：聚焦于实践和专业领域 群体：想成为创业者的人、有实际和具体创业项目的人 期待的改变：技能、实际知识、实际操作的技术／技能 教学：从做中学	创业过程理论；做中学；通过失败学习；有限理性；实行／实现；创业认知（启发式、风险觉知）创业管理和增长
成为创业学者 （to become an academic）	学术维度的界定：聚焦于理论向度 群体：PHD、教师和研究者 期待的改变：理论与科学知识方法 教学：研讨	作为研究领域的创业；在这个领域内教和做研究的理论

通过对上述创业教育分类的分析，可以看出，高校创业教育主要有三类：培养具有创业精神的人、培养创业实践者、培养创业学者。第一类是一种创业意识的普及和创业精神的熏陶，目的在于培养出具有进取心、创新力和敢于冒险、承担风险的人。他们即使在未来没有选择创业，也会在生活和工作中表现出积极的态度、进取的精神，从而推动社会发展和进步。这类目标是广义创业教育所界定的，即培养大量具有创业意识和精神的人；第二类是给予创业技能，培养未来的企业家。这是早期创业教育的主要目的之一，即培养真正的创业者，成为企业主。这类人将引领未来的经济社会发展，成为创业型经济的主力军；第三类是培养大量的创业学者，给予他们创业理论知识和研究能力，不仅可以满足创业教育不断扩张所需要的师资，而且为创业学的持续发展提供智力支持。

第二节　三类型四维度的创业教育课程分析框架

一　创业教育课程的三种类型

如前所述，高校创业教育主要有三类，结合著名创业教育学家法约尔（Fayolle）的分类模式，相应地，创业教育课程也有三种不同的类型。本研究将高校创业教育课程分为三类：培养创业精神的课程、培养创业实践者的课程、培养创业学者（教师／研究者）的课程（见图3—2）。

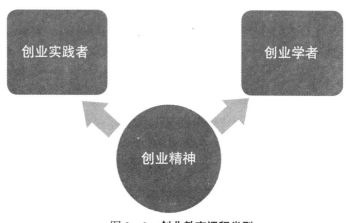

图3—2 **创业教育课程类型**

图3—2展示了三种不同类型的创业教育课程之间的关系。创业精神作为创业教育及其课程的核心所在，是所有创业教育课程的共同特点。不管是创业实践者，还是创业学者，都需要具备创业精神。创业实践者和创业学者的划分是在创业精神培养的基础上，根据不同的社会需求和实践需要进行的。

创业实践者是具备创业素质和创业能力，能够真正从事创业的人。培养创业实践者是高校创业教育的重要目的。目前，世界上很多国家大规模开展创业教育，其目的就在于培养创业实践者，拉动经济增长、解决失业问题。

创业学者是指从事创业研究或教学的人。随着创业教育的大规模开展，高校急需大量接受过专业化创业教育的教师。同时，创业教育正在遭遇合法性危机，如创业研究缺乏深度，没有明确边界、独特内容，创业学没有获得独立的学科地位，创业研究没能为创业教育发展提供更多的智力支持和理论成果。这些问题的解决都要依靠高水平研究者的培养和原创性研究成果的问世，为现实问题和实践发展提供指导。因此，培养创业领域学者成为创业教育的重要目标之一。

二　创业教育课程的四个维度

在对创业教育课程进行分类的基础上，本书对课程本身进行维度划分。一个完整的课程编制包括课程目标的制定、课程内容的选择、课程活动的组织、课程评价四个方面。[①] 因此，本书的课程研究聚焦于目标、内容、实施和评价四个维度。

1. 课程目标

课程目标是指课程培养的具体要求，即对学生的预期发展状态所做的规定。目标对课程发展有导向、激励和评价的作用，同时也是课程的核心维度，决定着其他维度。在创业教育课程目标的确立过程中，要综合考虑时代发展需要、学生需求和学科自身发展逻辑。

2. 课程内容

课程内容是目标的具体化，包含学科中特定的事实、观点、原理和问题以及处理它们的方式。[②]

课程内容的选择和组织不仅要考虑课程目标，也要充分考虑内容的科学性和有效性。目前，学界对课程内容的理论主要有三种：课程内容即教材、学习活动、学习经验。

在课程内容的选择中，泰勒曾经提出过选择学习经验的十条原则。在实际操作中，我们要充分考虑多方面的影响，主要有以下几项基本原则：注意内容的基础，与学生的身心特点相适应，注重内容与实际生活的联系。

3. 课程实施

课程实施是将课程计划付诸实践的过程，它是达到预期的课程目标的基本途径。[③]

在传统意义上，课程实施就是通过教学活动将编制好的课程付诸实践。教学是课程实施的主要途径。尽管课程实施有多种途径，如自学、考察等，但是教学在课程实施中占据核心位置。

---

① 施良方：《课程理论——课程的基础，原理与运用》，教育科学出版社 1996 年版，第 80 页。
② 同上书，第 106 页。
③ 同上书，第 128 页。

4.课程评价

课程评价是指研究课程价值的过程，是由判断课程在改进学生学习方面的价值的哪些活动构成。评价在课程中的作用包括诊断课程、修正课程；比较各种课程的相对价值；预测教育需求；确定课程目标达到的程度等。[①]

针对创业教育及课程，学术界、社会机构等提出了多种评价指标。根据已有的创业教育评价指标，结合创业教育课程自身的特点，本书选取课程开设数量、学生参与率、创业影响力作为基准对不同类型的创业教育课程进行评价。

三 三类型四维度的分析框架

表3—3对三类型四维度的课程分析框架进行简要阐释。

表3—3　　　　　　三类型四维度的创业教育课程分析框架

维度 类型	课程目标	课程内容	课程实施	课程评价
培养创业精神的课程	培养学生积极的创业态度	广义的创业概念；聚焦于创业精神维度；创业意向和态度	观察学习理论、人本主义理论；理论教学、案例教学、体验教学	课程广泛开展；学生参与率不断增长；创业型大学、创业生态的建立
培养创业实践者的课程	培养学生创业实践智慧	狭义的创业概念；聚焦于创业能力；创业实践知识	行动学习、建构主义；经验教学、基于权变理论的教学模式	创业与专业的融合度不断提升；学生参与率增长；促进自主创业，拉动经济增长
培养创业学者的课程	培养学生创业研究和教学能力	创业的学术界定；聚焦于创业理论维度；创业理论知识、研究方法、教学能力	自我指导的主动学习；理论学习、研讨会；实践教学练习	学生可获得的创业学博士项目增多；获得越来越多的社会支持

---

① 施良方：《课程理论——课程的基础，原理与运用》，教育科学出版社1996年版，第149页。

第一类是培养创业精神的课程。此类课程建立在人们对创业广义认识的基础之上。创业不再局限于经济领域，而是一种生活方式和人生态度。因此，课程目标是培养学生积极的创业态度。

此类课程的对象是最广大的学生群体，包括来自不同学科、领域的全体学生。"人人成为创业者"并不现实，但是，人人都具备有创新意识和创新精神是 21 世纪对大学生提出的基本要求。此类课程的兴起就是建立在这种背景之下。

培养创业精神的课程聚焦于创业精神维度，期待学生获得基本的创业认识、积极的创业意向和创业态度。因此，课程内容包括创业基本常识、企业家精神、创新与创造力等。

与态度获得相对应，此类课程实施以观察学习和人本主义为理论基础，建立以学生为主体的课堂模式，即发挥学生的课堂主动性，创建让学生满意的课堂，具体包括认知引导和体验分享。认知引导主要是指对创业知识的教授，可以采用案例教学，通过各种信息、知识、经验、观点的碰撞来达到启示理论和启迪思维的目的，弥补在公共选修课中课时少、时间短的缺陷；在体验分享中，要采用多种途径创设情境，让学生参与、互动，感受创业过程，获得积极的创业体验。

第二类是培养创业实践者的课程。此类课程是选取狭义的创业认识，创业即开创企业。因此，课程目标是培养学生的创业实践智慧，让更多的人成为小企业主。

在创办企业方面，大学生群体的优势主要体现在专业知识、技能领域。因此，大学生的创业类型应该是专业创业、技术创业，相应地，学习内容包括专业领域知识和创业知识两大方面。

参与此类课程的学生重在获得实践能力，即怎么做的能力。获得实践能力的途径主要包括从做中学、参与实践等。因此，课程实施是以建构主义为核心，以权变理论为基础。建构主义强调知识的生成性、情境性；权变理论强调情景化、系统化和相互作用。与传统方式相比，这些方式更符合实践智慧的基本特征，适宜于实践智慧的培养。

第三类是培养创业学者的课程。培养创业学者是创业教育发展到一定阶段的必然要求。20 世纪 80 年代，在创业教育进入大学课堂的 40 年后，创业学博士项目出现在欧美的高等教育机构中。随着创业教育在大学中的兴盛，如创业学本科和硕士学位的设立、创业学研究的兴起等，设立创业学博士项目、培养创业学者既是对创业学建立学科地位要求的回应，也可以解决创业教育师资短缺问题。

培养创业学者的课程关注创业的学术界定，聚焦于创业的理论向度，包括创业理论知识、研究方法、教学能力等。创业学要取得合法性地位、建立学科独立性，都依赖高质量的创业研究，因此，研究方法是培养创业研究者的核心内容。在创业学博士项目中，研讨会（Seminar）是较为常见的课程实施方式，重视学生分析思考能力、理论素养的形成。此类课程除注重创业理论能力的培养之外，还关注学生的教学能力。创业学博士项目中包括对学生教学实践的学分要求，鼓励学生在学期间积极参与低年级的创业教学。

第三节　小结

本章主要对已有的创业教育及课程分类进行总结，并据此提出本书的分析框架。

学者们对创业教育及课程的分类包括三种：培养创业精神、培养创业实践者、培养创业学者。

结合上述分类和法约尔的创业教育分类模式，本书将创业教育课程分为培养创业精神的课程、培养创业实践者的课程、培养创业学者的课程。每一类课程包括目标、内容、实施和评价四个维度。

培养创业精神的课程是以广义的创业界定为基础，传授创业知识、企业家精神、创造力等内容。此类课程的重点是获得积极的创业态度，注重交互、体验的过程，因此，课程实施方式包括认知引导和体验分享。

培养创业实践者的课程是以狭义的创业界定为基础，以传授创业知识和专业领域知识为主。此类课程的重点是获得实践能力，注重实践、做中学等方式，因此，课程实施应该是以项目为基础，强调学生参与创业、主动建构知识。

培养创业学者的课程关注创业的学术界定，聚焦于创业的理论向度，传授创业理论、研究方法、教学能力等方面内容。此类课程的重点是获得创业研究和教学能力，强调自我指导的主动学习。因此，课程实施方式包括学术研讨会、报告、论坛等形式。

第四章

培养创业精神的课程

培养创业精神是所有创业教育课程的核心所在。随着创业教育的深入开展，创业型大学、全校性创业等概念不断涌现，面向全体学生，以培养创业精神为目的的创业教育成为主流。

培养创业精神的课程包括：一是课程目标，课程目标的确定是建立在对创业广义认识的基础上，创业不仅是创办新企业，更是创新，是一种思维方式和生活方式，因此，此类课程的目标是培养学生积极的创业态度；二是课程内容，聚焦于创新创业，主要包括创新、敬业、合作、社会责任等方面；三是课程实施，与积极的创业态度形成相一致，课程实施是以观察学习和人本主义为理论基础，注重认知引导、情境创设、体验分享等方式；四是课程评价，此类课程的数量在高校中不断增长，参与的学生人数增多，影响力不断增强，如创业型大学和创业生态系统的建立。

第一节 课程目标

一 厘定课程目标的基础：创业相关概念及其影响

随着创业教育发展的不断深入，人们对创业的认识发生了变化：从早期的创业即开创企业，到将创业与创新相联系，再到将创业精神融入日常生活。人们不再将创业拘泥于狭隘的开办企业，而是将其理解为一种创新精神。这种精神可以让人们更适应时代变化的需求，从而谋求更好的发展。由此，许多新的概念和现象出现，如创业型大学、全校性创业、社会创业、内创业者等。

（一）创业相关概念

1. 创业型大学

20世纪后半期，随着知识经济的发展，大学开始利用自身的知识和技术优势参与研究成果转化，加强与工商业界的联系，并据此开创新产业，积极投身社会发展，使大学从知识传递的"象牙塔"转变为经济与社会发展的服务站。这些勇于冒险、富于创新精神的大学被称为"创业型大学"（Entrepreneurial University）。这里的"创业型"（Entrepreneurial）不再是商人攫取最大利润的代名词，而是全部大学及其内部系科、科研中心、学部和学院的一个特征。这个概念含有"事业"的意思，即需要很多特殊活动和精力的努力，包含冒险、创新和组织的转型。[①]

在创业型大学的研究领域，美国学者伯顿·克拉克和亨利·埃兹科维茨最具代表性。

伯顿·克拉克将创业型大学定义为"凭它自己的力量，积极地探索在如何干好它的事业中创新。它寻求在组织的特性上做出实质性的转变，以便为将来取得更有前途的态势"[②]。

亨利·埃兹科维茨教授将创业型大学定义为"经常得到政府政策鼓励的大学及其组成人员对从知识中收获资金的日益增强的兴趣正在使学术机构在精神实质上更接近于公司，公司这种组织对知识的兴趣总是与经济应用紧密相连的"[③]。

总之，创业型大学是在新的时代背景需求下产生的，是对创业更广义的诠释。创业型大学具有强烈的创业精神和丰富的创新研究成果。与传统大学相比，创业型大学具有更强的科研实力、团队合作精神、应对外界环境变化和资源获取的能力、教学与研究更注重面向实际问题和更为有效的知识转移运作机制。创业型大学与政府和企业有着十分紧密的联系，更直接地参与研究成果商业化活动，是推动经济与社会发展的不竭动力。

---

① ［美］伯顿·克拉克：《建立创业型大学：组织上转型的途径》，王承绪译，人民教育出版社2003年版，第2页。

② 同上书。

③ ［美］亨利·埃兹科维茨：《大学与全球知识经济》，夏道源等译，江西教育出版社1999年版，第228页。

2. 全校性创业

全校性创业是针对创业集中于商学院的模式而言的。传统创业教育主要是由商学院主导，以商学院学生为主要群体。随着知识经济的发展和后工业时代的到来，创新精神、创业意识成为每一位大学生的必备素质。面对越来越多的学生需求，将创业教育拓展到其他院系、惠及全校学生的全校性创业教育模式由此产生。当然，这一模式的出现还包括政府的推动、工商业界的兴趣和高校自身发展的需要等不同诉求。

据斯特里特（Streeter）对美国 38 个最佳创业教育项目进行分析后指出，10 所高校（26％）采用聚焦模式，28 所高校（74％）采用全校性创业教育。[①] 截至 2011 年，美国有 86％的本科生商业教育项目、73％的 MBA 项目、47％的本科生工程教育项目、30％的研究生工程教育项目以及 69％的除商学院和工程教育之外的项目提供创业教育。[②] 美国高校创业教育的全校性模式正在不断扩张。

当然，全校性创业并非一蹴而就，而是要经过由低水平到高水平的发展过程，如由以数量增长为特征的初级阶段，到以组织转型为特征的中级阶段，最终实现以理念提升为特征的高级阶段。[③]

随着全校性创业的开展，其特征逐渐明晰。首先，全校性创业是面向全校学生的，以创业精神和能力的培养为主要目标的。这种类型的创业教育鼓励创新精神、将创业理解为一种生活方式，将创业与个人生活相联系。其次，全校性创业强调多元多样，和谐共存。在全校性创业视域中，存在多样化的培养目的和多种创业项目，这些项目互相补充、互为基础。学生可以根据需要选择不同的项目进行学习，有创业学位、创业精英班、创业证书等。最后，全校性创业以创业生态体系建设为保障。创业生态体系是指在高校内外部建立起完整的组织、动态优化的机制，校内外形成统一的

---

①　Streeter,D.H.,Jaquette,J.P.&Hovis,K. University-Wide Entrepreneurship Education: Alternative Models and Current Trends[EB/OL].http://epe. cornell.edu/downloads/WP_2002_final.PDF. 转引自徐小洲、梅伟惠《高校创业教育的战略选择：美国模式与欧盟模式》，《高等教育研究》2010 年第 6 期。

②　Streeter,D. H.,etc. University-wide Trends in Entrepreneurship Education and the Rankings:A Dilemma [J]. Journal of Entrepreneurship Education,2011,(1). 转引自梅伟惠《创业人才培养新视域：全校性创业教育理论与实践》，《教育研究》2012 年第 6 期。

③　梅伟惠：《创业人才培养新视域：全校性创业教育理论与实践》，《教育研究》2012 年第 6 期。

整体共同促进创业教育的实施。全校性创业是以创业为纽带，将高校与社会紧密结合，实现双方的互惠共赢。

3. 社会创业

社会创业是一种旨在解决社会问题，创造社会价值的创业形式。随着社会创业的不断开展，其内涵和形式在不断变化，学者和组织对社会创业这一概念提出不同的诠释。

从社会创业的运作方式来界定。里斯（Reis）认为，社会创业就是将商业机制和市场竞争引入非营利性组织中，从而以更高效的形式为社会提供服务。

从社会创业的双重性定义。狄兹（Dees）认为，社会创业包括两个概念：一是利用新方法来解决社会问题，从而创造社会效益；二是引用商业模式产生经济效益，但是盈利所得不是为个人服务，而是造福社会。因此，社会创业是一项持续产生社会价值的事业，通过不断发掘机会来实现其社会目的，持续的创新以适应学习的过程，不受当前资源匮乏限制而采用的大胆行动。

从社会创业的承担组织性质来定义。约翰逊（Johnson）认为，社会创业是一种混合模式，包括营利性组织、非营利性组织，与政府跨部门的合作等多种承担主体和多种形式的活动。[①]

总之，社会创业包括两个基本特征：社会性和创业性。社会性关注的是创业活动的社会责任和使命，以解决社会问题、创造社会价值为核心目标；创业性强调运用创新方法、创业的原则和思路，提供社会产品和服务，运用有限的资源创造最大的社会效益。社会创业与商业创业的根本差别在于其终极使命的不同：商业创业以盈利为根本目标，社会创业虽不排斥利润，但是获取利润只是实现社会使命的经济基础和保证。社会创业不仅打破了创业即商业的思维，还将创业进一步推广，从而吸引更多的人参与，实现社会效益和经济效益的结合。

4. 内创业者

内创业（intrapreneurship）最早是由美国学者平肖特（Pinchot）在《创新者与企业革命》一书中提出，是指已有组织内部的创业活动。这就打破

---

① 严中华：《社会创业》，清华大学出版社 2008 年版，第 2—3 页。

了"创业即创办新企业"的传统认识。平肖特将内创业者定义为"能够在现有公司体制中，发挥创业精神和创新能力，敢冒风险促成新事物产生，从而使公司受益的管理者"。[①] 内创业者往往是组织内的管理者，处于企业最高拥有者和基层之间。与传统创业者的机会驱动不同，内创业者已经拥有资源，考虑的是如何将自己的资源发挥最大价值，属于资源驱动型。内创业者既区别于传统的管理者，也有别于传统的创业者，其特质是兼具两者的优点。

表 4 — 1　　　　　一般管理者、创业者和内创业者的比较 [②]

特征＼类别	一般管理者	创立者	内创业者
主要目标	维持良好的企业秩序，保持正常的运转	创造新机会、创立新企业、获得利润	利用企业内的资源，从事创新活动，获得奖励和晋升机会
组织结构	依赖企业的组织结构和规章制度	创立自己的企业结构和规范	建立在企业内部，一定程度上受到组织和规章的约束
关注焦点	主要是企业内部的事件	技术和市场定位	兼顾企业内外的事情，向企业传递市场的要求，并关注顾客的要求
行动方式	根据授权实施行动，大量精力用于监管和报告	直接行动	在授权的基础上行动，注意创新性
技能	通常受过商学院教育，使用抽象的管理工具、人员管理和政治技巧	具有比管理或政治技能更大的商务洞察力，具有较好的统筹能力	统筹能力低于创业者，但往往在某方面具有专长
风险承受	风险较小	承受很大的风险	有一定风险，与企业共同承担

---

① 黄兆信、陈赞安、曾尔雷：《内创业者及其特质对我国高校创业教育的启示》，《高等教育研究》2011 年第 9 期。

② 同上。

人人成为企业主必然会导致产业饱和、资源浪费等问题。在组织内部进行创新，产生新产品、新服务或新理念，满足市场需求，同样可以为组织、产业和社会创造价值。这种新认识开拓了创业的新领域，将创业平民化和全民化，从而实现"人人成为创新创业者"的理想。

（二）创业相关概念的影响

上述几种概念将创业的内涵不断拓展，加深了人们对创业的认识和理解。同时，这些概念对创业教育产生了深远影响。

一是培养目标。创业教育不再局限于培养小企业主，而是要培养一种创新精神、创业态度和创业生活方式。这种教育旨在为学生提供一种体验和感受，让他们了解新的可能、增加可选择性。接受过这种教育的学生可能在毕业后没有即刻创业，但是在他们的心中已经埋下一颗创业的种子，这种影响会持续十年、二十年乃至终生。接受过这种教育的学生未来即便选择雇员生涯，他们也会将创业意识和创新精神带到工作中，从而提高效率、增加工作幸福感。

二是受众问题。创业教育的受众不再是面向商学院或者工程学院学生，而是面向全校学生的。每个人都有机会接受创业教育，并且可以成为广义的创业者。创业不再神秘，创业者也不再是天赋异秉，人人都可以成为岗位创业者，即内创业者。

三是课程内容。这种模式下的课程内容聚焦于创业意识、创新精神。这就有别于培养创业实践者中的创业技能、实践知识的内容设置。此类课程内容注重跨学科性质，积极吸纳不同学科领域的知识成果。

四是教学方法。创业精神、创业态度的习得是一种内隐过程，是由知识转化为认知机构，并在情境体验中形成一种态度和价值观，由此，教学强调体验、参与和分享等方式。

五是评价问题。与传统创业教育使用学生创业率的方法不同，这种模式的评价要涉及多方面因素，进行长期追踪等。

二　课程目标：培养积极的创业态度

基于上节对广义的创业及相关概念的分析，本书认为，培养创业精神的课程目标是获得积极的创业态度。

态度作为学习结果，最早由加涅提出。加涅按学习的结果，将学习分为五类：言语信息、智慧技能、认知策略、动作技能及态度。其中，加涅认为"态度是通过学习获得的一种内部状态，影响人对某类事物、人或事件所采取的行动"[1]。他认为，学校教育目标应该包括态度的培养。

创业精神的核心是一种认识和基于认识的行动意向，即态度。针对创业教育来说，这种态度就是个体在对创业认识的基础上，对其做出评价，从而获得的一种未来是否会创业的心理准备状态。

此类课程的目标是让学生获得创业态度，那么这种态度的养成需要学习哪些方面的内容？其特点是什么？下面将通过对态度的要素、特点、创业态度等方面进行分析。

（一）态度的要素

在社会心理学中，态度被认为是个人指向一定对象、有一定观念基础的评价性持久反应倾向。[2]从这个概念中看出，态度包括三方面内容：第一，态度是以观念为基础的，有认识成分的参与，即认知；第二，态度内含评价，是个体对事物、人或事件的的评判或评估，即情感；第三，态度是一种心理准备状态，即倾向性，即行为。因此，态度兼具认知、情感和行为三种成分。

态度的认知成分是指个体（态度主体）对一定对象的知识、观念和概念等。认知成分是态度的基础。个体首先获得对某一对象的信息，对其进行加工，存储在大脑中，形成自身的认识结构。这种认识结构会影响个体的情感体验和行动意向。

态度的情感成分是指个体对一定对象的体验，如厌恶或喜爱、拒绝或接纳、冷漠或热情等。这种情感成分是伴随态度的认识成分而产生的情绪或情感体验，是态度的核心成分。与一般的情感体验不同的是，态度的情感体验是有认知因素为基础的，是兼具认识与情感因素的综合性反应。如"我喜爱……"，其潜在的是有"因为……"作为认知支撑的。

态度的行动成分是指个体对某一对象做出某种反应的倾向或意向。反应倾向是指一种心理准备状态，会对关于特定对象的行为产生影响；意向是指态度的意动效应。态度的行动成分会影响行动的发生，但两者之间并

---

① 陈琦、刘儒德：《当代教育心理学》，北京师范大学出版社1997年版，第56页。
② 金盛华、张杰：《当代社会心理学导论》，北京师范大学出版社1995年版，第72页。

非简单的因果对应关系，而是有更为复杂的因素起作用。态度和行动有时候是高度一致的，即通过态度可以判断行为，如1936年美国人盖洛普通过民意调查，成功预测了罗斯福总统的当选。这一研究证明了态度和行为的一致性。

（二）态度的特点

1. 态度是习得的心理状态

作为学习的结果，态度是后天习得的心理状态，是由经验引起的变化，是个体社会化的一个重要方面。态度是个体在与外部世界的交往中，通过与人、事或物的联系，产生了相应的认识，并在此基础上产生了喜爱或厌恶、接受或拒绝的体验，从而形成了一种心理准备状态或倾向。同时，态度是个体在社会生活中习得的，会随着环境和新经验的获得而改变，是人的社会适应性的表现。

2. 态度有具体指向对象

态度总是与具体的指定对象相关联的，而非概括化和泛化。态度是个体对特定对象的心理准备状态，是有具体指向和特定对象的。这也是态度与情感、价值观等的区别所在。与态度一样，情感、信念和价值观等都具有心理动力的特征，但是，态度是有具体对象的，而后者则具有概括化性质。[①]

3. 态度具有相对稳定性

作为一种心理倾向性，态度是建立在认识基础上，形成自身的认识结构，并伴随相应的情感体验，所以一旦形成，就具有相对稳定性，在一定时间内保持一致性。学习是一种发生相对持久的变化，作为学习的一种结果，态度具有这种稳定性。态度的形成会使个体在不同时间、不同场景下对特定对象保持一致性和一贯性的反应倾向，这是个体对外部世界的适应性的一种表现。

（三）创业态度

结合态度的要素和特点，相应地，大学生的创业态度包括认识、情感和行动意向三个方面。

---

① 金盛华、张杰：《当代社会心理学导论》，北京师范大学出版社1995年版，第76页。

1. 认识

认识成分是学生基于创业知识形成的认知结构，是创业态度的基础。在大学创业教育中，尤其是以培养创业精神为主的课程中，向学生传授创业知识是基本目标。通过课程学习，学生获得关于创业的基本知识，如创业、创业者、创业过程和企业管理等相关知识。在知识的基础上，学生通过智力加工，将这些知识形成一定的认识结构，从而指导认知过程。高校中开设的通识类创业教育课程就属于认知方面的教育。

2. 情感

态度的核心成分是情感。结合创业的特殊性质，本研究将这种情感成分界定为自我效能感。自我效能感（self-efficacy）最早是由著名心理学家班杜拉（Albert Bandura）在《思想和行动的社会基础》一书中提出，是指个体对能否完成某项任务或活动的主观判断。这一概念的提出与班杜拉的动机理论有密切关系，他认为，人的行为受行为的结果因素与先行因素的影响。行为的结果因素就是通常所说的强化，而先行因素就是自我效能感，指个体在从事某项任务或活动前对自身的综合判断。[①]

自我效能感既有别于创业认识，也有别于创业行动，是一种情感体验及以此为基础的信念。自我效能感是对某项任务、事件和活动的信念，因此总是与特定的领域相关联。自我效能感表现在创业领域就是创业自我效能感，即个体对自身能否成功从事创业活动的主观判断。创业自我效能感既不是指人格特质，也不是创业行为，而是个体基于认知基础上的综合的信念体系。有学者将创业自我效能感分为两类：一类是与创业内容相关的自我效能，即个体进行创业时，成功组织和实施该创业所需内容行为的能力信念，包括一般创业自我效能概念、任务具体化创业自我效能概念等；另一类是创业行为过程的自我效能，即完成创业行为过程中，实现行为目标的能力信念。[②]

已有研究表明，创业自我效能感是创业能力和创业行为之间的重要桥梁。创业能力并不直接导致创业行为，其中，创业自我效能感与创业行为

---

① 冯忠良、伍新春：《教育心理学》，人民教育出版社 2000 年版，第 236—237 页。
② 韩力争、傅宏：《大学生创业自我效能感量表的构建》，《南京师大学报》（社会科学版）2009 年第 1 期。

的关系更为密切，是创业能力和创业意向、创业行为的重要中介变量。因此，高校创业教育要在传播创业知识的基础上，积极培养学生的自我效能感、激发创业热情。

3. 行动意向

行动意向是个体做出反应的倾向性，即有目的的自发状态。行动意向是行为发生的准备状态，是一种可能性，代表个体对某一事物或活动的积极反应。

在创业研究领域，对行动意向的研究集中于创业意向。创业意向是指个体进行创业活动的倾向性或心理准备状态。创业意向是创业行为的强预测变量，一般来说，个体的意向越强烈，其采用行动的可能性就越大。国内外对创业意向的研究主要涉及内涵、理论模型和影响因素等方面。

在创业意向的理论研究方面，主要有夏佩罗（Shapero）提出的创业事件理论（theory of the entrepreneurial event，SEE）和阿杰赞（Ajzan）提出的计划行动理论（theory of planned behavior，TPB）。

创业事件理论提出影响个体创业意向的两个关键因素：可行性感知（perceived feasibility）和合意性感知（perceived desirability）。促进创业行为的产生，关键在于提高个体的可行性感知和合意性感知，即信心和满意度。[1]

计划行动理论是建立在多属性态度理论、理性行为理论基础上的态度行为理论，主要用来解释创业意向和创业行为（见图 4—1）。

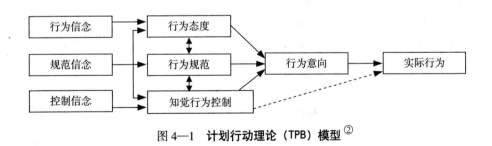

图 4—1　**计划行动理论（TPB）模型** [2]

TPB 的主要观点是：第一，行为意向直接决定实际行动；第二，行为态度、

①　马占杰：《国外创业意向研究前沿探析》，《外国经济与管理》2010 年第 4 期。
②　王本贤：《基于计划行为理论的创业意向与创业教育》，《学术论坛》2013 年第 3 期。

主观规范和知觉行为控制是行为意向的主要变量，决定了行为意向；第三，决定行为态度、主观规范、知觉行为控制的信念分别是行为信念、规范信念和控制信念。

第二节　课程内容

培养创业精神的课程要建立在对创业精神的认识之上，即创业精神包括哪些要素，然后据此进行课程内容设置。

一　设置课程内容的基础：创业精神及其构成要素

创业精神是指创业者所具有的思想、观念、个性、意志和品质等的总和。创业精神不仅是创业者的心理品质，更是一种价值观和态度。本文所指的创业精神主要包括创新精神、合作精神、敬业精神和社会责任。

（一）创新精神

创新精神是创业精神的核心。任何一项新事业的开展都是对前人的某种程度的突破和改进，所以创业是伴随创新而产生的。创新精神是创业者的核心素养，也是大学生应该具备的基本素质。

创新精神是指敢于打破常规，推陈出新的意识、态度和能力。对创新进行系统化研究的著名学者有约瑟夫·熊彼特（Joseph Alois Schumpeter）和彼得·德鲁克（Peter F. Drucker）。

熊彼特将创新应用于经济学中进行系统研究，提出企业家的本质就是创新。熊彼特认为，创新就是建立一种新的生产函数，把一种从来没有过的关于生产要素和生产条件的"新组合"引入生产体系。这种新组合包括五种情况：（1）采用一种新产品或一种产品的新特征；（2）采用一种新的生产方法；（3）开辟一个新市场；（4）掠取或控制原材料或半制成品的一种新的供应来源；（5）实现任何一种工业的新的组织。[①] 因此，"创新"不再局限于技术范畴，而是一个经济学概念，包括制度创新和组织创新。同时，熊彼特还提出了一个新概念"创造性破坏"，打破了经济学理论的主流思想。

---

① ［美］约瑟夫·熊彼特：《经济发展理论》，商务印书馆1990年版，第73页。

传统经济学都主张将现存资源发挥最大作用，并力求建立均衡。而熊彼特认为，由创新的企业家所引发的动态失衡是健康经济的常态，这种失衡可以保持系统的不断发展和优化。

德鲁克在 1985 年出版的《创新与企业家精神》一书中，强调"创新的经济"。在该著作中，德鲁克将创新与企业家精神进行详细阐述，认为企业家精神不仅仅存在于经济领域，更广泛分布于各行各业。他分析了非商业性服务机构中的企业家精神，如 1809 年威廉·冯·洪堡（Wilhelm von Humboldt）创办柏林大学，开启了现代大学的发展，为德国赢得了世界学术和研究领域的领导地位，也影响了美国乃至全世界大学的发展。通过不同行业的案例分析，德鲁克认为，企业家精神的内核就是创新，有目的的系统的创新。

关于创新与企业发展的关系，创新能力是企业所拥有的不断创新并维持企业成功的内在特质。企业发展需要持续的创新能力，同时创新文化包括创新制度、创新价值、创新准则和创新物质文化环境，是创新精神的外部环境（见图 4 — 2）。

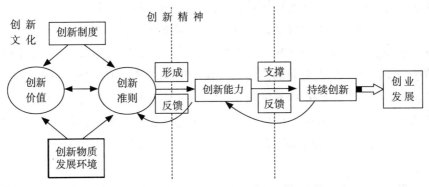

图 4—2　**创新精神与企业发展的关系** [①]

对大学生群体而言，创新精神尤为重要。21 世纪的世界瞬息万变，知识经济使挑战和机遇并存，如何把握时代趋势，最大限度地实现自我价值

---

① 李丽：《文化资本与企业发展研究》，博士学位论文，华中农业大学，2004 年。

是每一个大学生需要思考的问题。创新不再是神话，也不再神秘，而是存在于日常生活中。创新不再是技术的改革，新产品或新技术，而是新理念、新想法。创新分为自主创新和模仿创新，有不同的程度和分类，重要的是敢于挑战、勇于实践。

（二）合作精神

熊彼特在论述企业家精神时强调创新，但却忽视了合作的重要性，"典型的企业家，比起其他类型的人来，是更加以自我为中心的，因为他比起其他类型的人来，不那么依靠传统和社会关系"[①]。诺斯（D. North）则重视合作精神，将其作为企业家精神的主要方面进行论述。他认为，企业家在组织企业的过程中对人力资本和物力资本的联合，是人类合作的制度创新。西方崛起的关键在于将贸易关系、劳动分工等人与人之间的合作基本方式不断扩大到更大范围，从而促进了市场繁荣。[②]

工业文明是以分工合作为基础的，所以对现代人来说，合作是基本的生产和生活方式，是人类种族在长期演化中形成的。为了适应群体生活，人类学会了合作，而且现实也证明，个人可以通过合作获益。尤其是在现代社会，人类面临许多共同问题，如人口膨胀、资源枯竭和环境保护等。这些问题的解决需要全世界共同努力，绝非一国或几国可以完成。

合作是以信任为前提的，而现代社会越来越缺乏信任。现代社会信息技术的高度发达使"地球村"成为现实，这些不但没有加深人与人之间的情感，反而使人与人之间的信任和合作变得越来越困难，合作的成本和代价越来越高，合作存在明显的国别和地域差异。据研究表明，中国人的合作精神远不如西方社会，同样具有东方文化背景的日本人的合作精神也大大优于中国人。[③]如何加强合作、实现共同发展是摆在全世界面前的共同问题。

强调合作精神的培养是教育领域一直以来的要求。联合国教科文组织在《教育——财富蕴藏其中》一书中提出教育的四大支柱：学会认识（learning to know）、学会做事（learning to do）、学会共同生活（learning to

①　［美］约瑟夫·熊彼特《经济发展理论》，商务印书馆1990年版，第102页。
②　李丽：《文化资本与企业发展研究》，博士学位论文，华中农业大学，2004年版。
③　汪岩桥：《"文化人"假设与企业家精神》，中国经济出版社2005年版，第213页。

live together）、学会生存（learning to be）。其中，学会共同生活就是要培养
在人类活动中的参与和合作精神。该书提出了培养此种精神的方法：首先
是发现他人，理解世界的多样性、人类生活的相互依赖性；其次是为实现
共同目标而努力，在为了共同目标而努力时，人们往往会放下偏见，互相
沟通和交流，变得团结互助。①

　　作为未来社会的主力，大学生要学会合作、善于分享和分担。我们强
调的合作精神是一种互补、包容、求同存异、共同发展的精神。

　　（三）敬业精神

　　敬业精神是指对职业或事业的责任感和使命感，是勤奋刻苦、忠于职
守、自觉自律的集中体现。

　　马克斯·韦伯（Max Weber）在其著作《新教伦理与资本主义精神》
中对"天职"一词进行详细阐述，认为"天职"是资本主义发展的精神支
柱，是新教对世俗生活的全新解释。"上帝应许的唯一生存方式，不是要
人们以苦修的禁欲主义超越世俗道德，而是要人完成个人在现世里所处地
位赋予他的责任和义务。这是他的天职。"② 刻苦工作、理性生活，即彻底
的、理性的、连贯的、善的生活状态，才是成为上帝选民的唯一途径。这
里的"天职"就是一种敬业精神，主要表现为：对利润的合理追求、艰苦
劳动精神、进步精神、节俭、坚强和诚实信用。韦伯认为，正是这种精神
使得西方社会的资本主义得到最大限度的发展。因为韦伯所论述的现代资
本主义精神的载体就是企业家群体，所以这种精神也是企业家或创业者所
要具备的基本品质。

　　在韦伯看来，牟利、赚钱、最大限度地攫取并不是资本主义的实质，
因为这种原始冲动在人类的一切时代都普遍存在，并不是资本主义时代的
产物。相反，"理性""负责"，将赚钱看作生活的一部分，而不是谋取私
利的手段，这种入世的禁欲主义才是资本主义的本质和基础。

　　对中华文明来说，勤劳勇敢、吃苦耐劳自古都是我们民族的传统美德。
儒家文化所倡导的"善""君子"等道德观念，都蕴含了这些精神。但是

---

　　①　联合国教科文组织总部中文科译：《教育——财富蕴藏其中》，教育科学出版社 1996 年版，
第 82—84 页。

　　②　[德] 马克斯·韦伯：《新教伦理与资本主义精神》，于晓等译，陕西师范大学出版社 2006 年版，
第 34 页。

中华文化是以农业文明为基础的，而这种敬业精神则是工业文明的产物，中国现代的工业化是外发的、被迫的，与西方社会的内发、自觉和有序的工业社会有很大差别。我们用几十年走完了西方社会几百年走过的道路，这种飞跃式的发展导致了文化适应性问题。我们的技术已经进入 21 世纪，而我们的文化心理却远远落后于时代，如价值伦理的发展滞后于工具理性，我们尚未具备工业文明所需要的内在品质，还没有形成完善的商业伦理和经济伦理体系。

因此，在现今社会，倡导爱岗敬业、勤劳节俭的美德仍然非常必要和重要，对大学生更是如此。如果说对上一代人来说，饥饿和苦难还留在记忆中，那么对如今的 80 后和 90 后而言，这些都是"遥远的传说"，他们从未有过如此体验，而现今社会中普遍存在的诚信问题、信仰缺失则是最真实的写照。在大学教育中，尤其是创业教育中，重塑价值观、培养学生的吃苦精神和敬业精神是重要议题。

（四）社会责任

在西方社会，企业家们对社会责任感和奉献精神进行了很好的诠释。"石油大亨"约翰·戴维森·洛克菲勒（John Davison Rockefeller）于 1870 年创立标准石油，在全盛期垄断了全美 90% 的石油市场，成为美国第一位十亿富豪与全球首富。他也被视为"人类近代史上首富"，财富总值折合今日之 4000 亿美元以上。在人生的后 40 年，洛克菲勒一直致力于慈善事业，涉及教育、医药等多个领域。

洛克菲勒坚信他人生的目的是"从其他恶性竞争的商人们身上赚取尽可能多的金钱，而用此金钱发展有益人类的事业"。他以各种手段成为了空前绝后的巨富，但他一生勤俭自持，并在晚年将大部分财产捐出资助慈善与研究事业，开启美国富豪行善之先河。

中国历来就有"修身、齐家、治国、平天下""居庙堂之高则忧其民，处江湖之远则忧其君"的训诫，以天下为己任是儒家君子型人格的主要方面。这种精神演变至今，表现为社会责任感。如今的中国，慈善事业已经成为企业家们的日常事务，他们积极投身社会公益事业，利用自身影响力推动社会进步。在创业领域出现的社会创业就是社会责任感的集中体现：创业不仅体现在经济价值，更体现在社会价值。

作为未来社会的创业主体，大学生的社会责任意识对社会经济发展有十分重要的意义。因此，大学创业教育中要培养学生的社会责任、奉献和回馈意识，积极引导正确的价值取向。

二　设置课程内容

（一）理论研究

针对创业精神的培养，学者们从不同视角出发，对此类课程的内容设置进行研究。

1. 学科构建视角

凯文（Kevin）的创业教育课程理论建立在对传统商学院创业教育的批评和怀特海哲学思想的运用基础之上。他首先批评了传统商学院课程的金字塔模式（见图 4 — 3）。

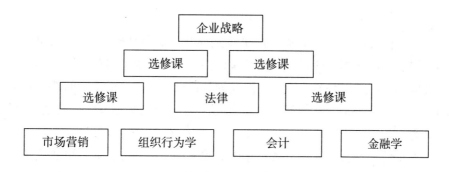

图 4 — 3　商学院创业教育课程的金字塔模式[1]

这种模式缺乏连续性，以分散和零星的知识传授为主，没有打破学科界限。在此基础上，他提出课程设计的环形理念，把创业涉及的所有因素做环状图（见图 4 — 4）。

[1]　Hindle K. Teaching Entrepreneurship at University: From the Wrong Building to the Right Philosophy[J]. Handbook of Research in Entrepreneurship Education, 2007, 1:118.

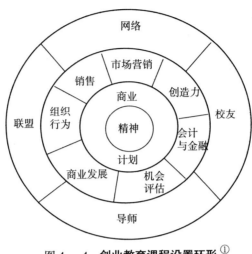

图 4—4　创业教育课程设置环形[①]

　　此类模式包含多层结构：第一层是外部因素，包括校外环境、资源等；第二层是与创业相关的课程，此类课程打破学科界限，实现了不同学科的交叉融合；第三层是商业计划，涉及创业设计和评估；最核心的部分就是附加领域(plus zone)，即创新创业精神。大学创业教育要培养学生的创造力、想象力。

　　真正的创业教育不仅是教给学生赚钱途径，如创办企业，更要让他们充满想象力，展开哲学层面的学习。这样的课程模式才符合创业教育的特性和学生的需求。从而使学生终身受益。这种模式使用的是广义创业的概念，符合创业教育开放性、包容性的特质，是全校性创业教育成功实施的重要保障。

　　2.广义的创业认识视角

　　从广义的创业定义出发，创业教育是指激发和培养学生的创业精神，因此创业结果包括创立公司、企业内创业、社会创业等多种形式（见图 4—5 ）。

　　①　Hindle K. Teaching Entrepreneurship at University: From the Wrong Building to the Right Philosophy[J]. Handbook of Research in Entrepreneurship Education, 2007, 1:119.

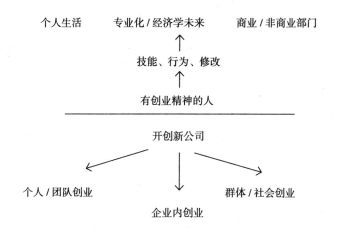

图 4 — 5 **广义创业定义下的创业教育内容与结果** [①]

在图 4 — 5 中，有创业精神的人是指一些能展示出与创业相关的技能、行为、人格特质的人。

行为是指独立行动、积极实现目标、对外界变化做出灵活反应、处理不确定性的能力，如在不确定情况下承担风险、寻求机会、解决问题和冲突等。技能包括问题解决、创造力、计划能力、说服力/口才、谈判能力、决策能力。这些能力都是创业过程所需要的重要能力。个性是指创业者应该具备自信、主动、目标成就导向的个性品质。当然，这些行为、技能和个性既可以在专门化的经济商业领域发挥作用，也可以为个体的未来生活做准备。对创业的广义认识为课程内容的设置提供了参考依据。

3. 认知主义流派观点

在创业研究领域，继特质说和行为说之后，从认知主义心理学的视角构建创业教育课程正成为新的范式。认知主义学派认为，创业者和非创业者的最大不同是思维方式。这种思维方式由人的认识结构决定，即人们做出评估、判断和决策所依赖的知识结构。

在认知主义学派中，加德纳一直致力于将人类在各种水平上的智力和

---

① Hartshorn, C, Hannon, P. D. Paradoxes in Entrepreneurship Education: Chalk and Talk or Chalk and Cheese? A Case Approach[J]. Education+ Training, 2005, 47(8/9) : 616—627.

创造力进行转化，以使那些远离认知科学研究的教育实践者能够理解和明白。加德纳最为著名的理论就是多元智力理论，打破了传统智力测验中的一元智力理论。

随后，他又提出了未来社会所需的五种智力（Minds），作为课程设计的基础。这五种智力包括以下几点。

学科知识（The Disciplined Mind）。在未来，人们至少要掌握一门学科知识，才能解决特定类型的问题。懂得如何将有用的知识从虚妄和错误中区分出来，人才能成为有独立思想和个体化的人。

整合能力（The Synthesizing Mind）。意味着一个人能够从学科或者更新的视角去收集、组织和消化多种思想和事实。现代社会，人们每天接受的信息量远远超过他所能吸收和理解的量，整合处理分散信息去形成思想和观点至关重要。整合能力意味着能够加工不同来源的信息、客观理解和评估信息，并将它们进行进一步加工和处理。

创新能力（The Creating Mind）。在全球化时代，创新能力显得愈加重要。社会的快速变化和发展要求人们用新方法加工整合信息，通过解决非常规、具有挑战性的问题，形成新思想。

尊重能力（The Respectful Mind）。未来社会中的人会越来越相互依赖，所以学会与人共处非常关键。人们要学会处理不同的文化、观点、态度、思想和行为之间的冲突，当然，这并不意味着趋同或同质化，而是学会包容差异，寻求解决冲突的办法。通过对话，促进人与人之间的理解和尊重，形成"和而不同"的思想。

道德能力（The Ethical Mind）。现代人生活的社会，集体道德/群体道德正在式微，所以重建自身道德体系非常必要。在课程设计中，道德能力是非常重要的，必须给予它优先的发展权。

加德纳认为，这五种智力是人类在未来社会生活所必备的能力，应该被应用在课程设计中，作为其理论基础。

杜宁（Duening）运用加德纳的五种智力理论设计创业教育课程，将创业教育中的知识结构分为五种：机会识别能力（The Opportunity Recognizing Mind）、设计能力（The Designing Mind）、风险管理能力（The Risk Managing Mind）、韧性/坚持能力（The Resilient Mind）、实现能力（The

Effectuating Mind）。[①] 每一个能力都可以被再分解为更具体和细化的能力。

机会识别是创业的基本技能。机会识别是指在杂乱无章的事物中辨别出具有较大价值的机会。培养机会识别能力的课程设计包括案例分析，这些案例既包括成功创业，也有失败创业。学生用自己的方式去判断成败，并分析原因和做出解释。与提高策略阶段和操作阶段的创业案例不同的是，机会识别阶段的创业案例多为创业初期的案例，让学生看到这些成功的创业者如何在各自的领域思考和权衡各种因素和利弊，以此去揭示成功创业者初期的想法和思维中的关键因素和模型；与有经验的风险投资（venture capital，VC）接触，了解他们的想法，分析他们的做法，对他们的投资经验进行总结。

设计能力。设计能力是指给市场带来新的产品、服务，或者是对已有的产品、服务进行改进来满足市场需求。设计能力就是整合不同人的视角、观点和诉求，并用新颖方式来表达。

在设计新产品或服务的同时，也要对公司的选址、媒体宣传、供应链、商业模式等各种因素进行精细设计，实现最大有效性。赫伯特·西蒙（Herbert Alexander Simon）在其著作《人工智能科学》（《*The Sciences of the Artificial*》）中，对设计思维进行分析。他认为，设计思维的最大特征就是关注可能性／偶然性，而非必然性。[②]

培养设计能力的课程要求包括：知识的融合性。设计者要理解不同领域中不同人的思维方式，所以课程要注重交叉和融合，鼓励学生参与涉及多学科视角的项目和活动；反馈和提高。设计的基本要求是不断改进，因此，在课程学习中，学生应该不断接受外部反馈，并在此基础上不断完善。

风险管理能力。风险管理涉及内外部因素。内部因素是创业者接受创业过程的不确定性，并学会在风险中生存。外部因素是指创业者通过策略降低风险，如增加外部投资、整合多样化资源、在优势领域持续创新等。

培养风险管理能力的课程内容包括：识别和管理风险的方法；融资的渠道和方式；整合资源的途径。

① Duening T N. Five Minds for the Entrepreneurial Future Cognitive Skills as the Intellectual Foundation for Next Generation Entrepreneurship Curricula[J]. Journal of Entrepreneurship, 2010, 19(1):1—22.

② Simon H A. The Sciences of the Artificial[M]. MIT Press,1996.

抗压能力。抗压能力是指在混乱、充满冲突和改进的环境下生存和发展的能力。创业就是不断接受失败和打击的生活状态。不断接受失败和打击，然后继续生活下去就是对抗压能力的最好阐释。抗压能力意味着管理各种问题和困难，如情绪状态、经济状况、个人声望和其他潜在的影响。

作为个性特征，抗压能力需要很高的情商和社会认知。情商是指一个人在失败时能够将失落、沮丧、压抑等看作正常合理的情绪宣泄。社会认知是指在面临失败时如何重新看待自己的社会地位、声望等，在社会中寻找到新的平衡。

培养学生的抗压能力，教师应该创设真实情景让学生感受失败，学会控制情绪，如在课堂创设竞争性很强的情形，关注失败者的情感体验，帮助他们学会自我对话、调节消极情绪；邀请有失败经历的创业者分享其经验；组织课堂讨论，帮助学生从新的视角来看待失败，尤其是平衡个人的情绪和情感。

实现能力。成功的创业者需要完成两件事：创造或者获得有价值的事物；实现事物的市场价值。创业者不是停留在想法和创新阶段，而是要聚焦于行动，将市场和客户需求转化为行动，从而获取价值。

实现能力是连接现实和未来的桥梁。很多成功的创业者都不是最初的发明者或开拓者，但是他们很快将其转化为价值和市场需求。虽然创业教育将关注市场分析和商业计划书作为课程的核心，但是，研究表明，成功的创业者不是关注预测和偶然性知识，而是关注行动、反馈、新的行动方法。

培养实现能力的课程要求主要包括：激发动机。高的动机是实现能力的关键，这种动机包括增加财富、解决社会问题和享受创业过程等；可理解性。课程教学中的创业事迹要具有可理解性，即容易转化为学生的生活经验；反馈。课程为学生提供机会去实践、获得反馈；适宜性。创业是各种因素的组合，如天赋、经验、环境等，课堂教学要教会学生做擅长的事情，杜绝盲目和冲动。

创业者应该是受过学科训练的、有创造性的、有责任感的、有道德的人。这就要求创业教育在这些方面进行课程设置，培养学生相应的能力。杜宁的五种创业能力为创业教育和课程设置提供了依据。

（二）课程实践

1. 美国

考夫曼基金会位于美国密苏里州堪萨斯城，创办于 20 世纪 60 年代，是美国著名的基金会。基金会一直致力于创业推广与教育普及。2003 年 12 月，考夫曼基金会发起了考夫曼校园计划（Kauffman Campuses Initiative，KCI），旨在推广全校性创业教育，使更多的学生有机会接触创业。考夫曼基金对加入该计划的大学进行拨款资助，鼓励这些大学在全校范围内开展创业教育。2006 年 12 月，考夫曼基金会又遴选出一批大学加入"考夫曼校园计划 II"，努力推广其全校性创业教育的理念。

表 4—2　　　　　考夫曼校园计划 I 的高校拨款情况 [①]

大学	拨款（百万美元）
佛罗里达国际大学	3
霍华德大学	3.1
伊利诺伊大学香槟分校	4.5
北卡罗来纳大学查普希尔分校	3.5
罗切斯特大学	3.5
得克萨斯大学阿尔帕索分校	2.2
维克森林大学	2
华盛顿大学路易斯分校	3

① A QFD Framework for Developing Campus-wide Entrepreneurship Programs[EB/OL]. http://www.freepatentsonline.com/article/International-Journal-Business-Strategy/178220149.html.2013—12—01.

表4—3　　　　　　　　考夫曼校园计划Ⅱ的高校拨款情况[①]

大学	拨款（百万美元）
亚利桑那州立大学	5
布朗大学	2
卡内基梅陇大学	3
乔治敦大学	3
纽约大学	1
普渡大学	1.5
雪城大学	3
维斯康星麦迪逊分校	5
马里兰大学巴尔的摩分校	2

　　考夫曼校园计划的目的在于打破商学院垄断创业教育的传统，将创业教育作为跨学科项目在不同院系之间进行整合，从而将创业精神融入校园生活中。考夫曼校园计划推行的全校性创业教育主要包括四个方面内容：创业课程、课外活动、研究机会、社区拓展服务等。

　　将创业融入高校课程是考夫曼校园计划推广全校性创业教育的主要方式，包括三项内容：在全校范围内扩展创业课程的可获得性、扫除课程发展障碍、跨学科进行创业教育课程的教学。

　　在全校范围内扩展创业课程的可获得性。考夫曼校园计划主要通过开设新课和修订已有课程的方式来推广创业教育。在第一期的8所大学中，新开了60门课程，涉及历史、地理和通信等专业，并对已有的30多门课程进行修订，主要是在其他学科中融入创业主题。在所有课程中，75％面向本科生，25％面向研究生，70％针对非商学院的学生，尤其是那些与商

　　① A QFD Framework for Developing Campus-wide Entrepreneurship Programs[EB/OL]. http://www.freepatentsonline.com/article/International-Journal-Business-Strategy/178220149.html.2013—12—01.

学院没有太多联系的学院，如文理学院、工程学院、教育学院等。这些课程中有的是和特定学科相联系，有的则是对不同学科进行整合，具有跨学科性质。

扫除课程发展障碍。针对创业教育课程发展的阻碍，KCI 的主要应对措施有：提供资金支持，最常见的形式是为教员提供资助和津贴。大学为开发创业教育课程的教员提供相应的津贴补助，还对教员因参与创业教育课程所花费的时间进行补偿；使用"新生研讨"的形式来实施创业入门教育。由于新课程在审批过程的冗繁，大学采用"新生研讨"的课程结构来实施创业教育。此类课程有自身的批准程序，可以避免审批流程的烦琐，而且通常规模较小（20—25 名学生），便于互动和小组讨论。这种课程形式可以吸引多样化的受众群体，在大学生涯开始初期培养学生的创业思维，为他们以后参与创业活动提供良好的开端。很多学校要求学生在校期间必须参与一次新生研讨课程，因此将创业教育融入此类课程是普及创业教育的较好选择。另一种避免审批流程的方法是将创业纳入"特别主题"课程中（此类课程被允许在完整的审批流程结束前进行讲授）。

跨学科进行创业教育课程的教学。大学鼓励学科间的合作，使不同院系的学生更容易获得创业课程。为了使非商学院的学生更易接受创业教育，大学利用 KCI 的拨款新设或改进创业项目，包括主修、辅修、证书项目等（见表 4—4）。

表 4—4　　　　　为非商学院学生开设的创业教育项目[1]

项目类型	大学	所在学院		
		文理学院	商学院	音乐学院
主修（本科生）	1	0	1	0
辅修（本科生）	4	2	2[a]	0
证书项目				

① Hulsey L, Rosenberg L, Kim B. Seeding Entrepreneurship across Campus: Early Implementation Experiences of the Kauffman Campuses Initiative. Final Report [J]. Mathematica Policy Research, Inc., 2006.

续表

			所在学院	
本科生	2	0	1	1[b]
研究生	1	0	1	0

a：两个辅修中，一个是新设，另一个是对已有项目的修订。
b：创业项目模块是整个大项目中的一个部分。

在表 4—4 中，本科生创业主修课程（24 学时）主要由商学院提供，面向所有院系学生，但是商学院和非商学院学生要求不一样，非商学院学生选择 4 门必修课程和两门选修课程即可。在辅修方面，两所大学的创业辅修课程都是由文理学院提供，包括 3 到 4 门必修课程和一门选修课程。为了吸引更多学生参与，两所高校都开设了社会创业课程。这些辅修课程都有实践要求，包括参加海外实习和独立研究项目。此外，两所大学由商学院面向全校本科生提供创业教育课程，主要是培养不同专业背景学生的创业精神。

2. 日本

为了增加日本的国际竞争力，日本文部科学省希望通过课程改革来培养适应社会发展的人才。1994 年文部科学省在大学的课程中创设"综合学科"，系统规划学生的课程构成。课程分为三类：必修学科群、选修学科群和自由学科群，并将《产业社会与人》作为大学生的必修课。[①] 此类课程是面向全体学生，目的在于培养学生服务未来社会的精神，将创业作为未来职业选择的态度，以及创业所需的能力。

除了文部科学省规定的必修课程之外，日本很多高校开设了全校性创业教育课程，旨在培养大学生的创业精神和创业能力（见表 4—5）。

---

① 李志永：《日本高校创业教育研究》，博士学位论文，浙江大学，2011 年，第 85—86 页。

表4—5　　　　　　　　　**日本部分大学开设全校性创业教育课程情况** [①]

学校名称	课程情况
带广畜产大学	针对本科生开设《通识课程Ⅱ（官产学合作论）》讲座，讲授有关创业的基础知识
北海道大学	针对研究生开设《MOT 特别讲义》讲座
茨城大学	针对全校开设创业入门课程
宇都宫大学	针对全校本科生开设《风险企业创业论Ⅰ、Ⅱ》，针对研究生开设《风险企业经营特论》科目或讲座
千叶大学	针对本科生开设《创业入门》课程，针对研究生开设《风险企业商业论》《风险企业论》《风险企业管理》《风险商业论》课程
横滨国立大学	针对本科生开设《向领导者学习领导和经营》《向创业者学管理》《项目创业》等。针对研究生开设《环境创新管理专业》，设有《创新组织论》《创新战略论》《创新政策论》《地域创新政策》《创业集群论》《创新与创业》《工学府 VBL》等
北路尖端科学技术研究生院	针对研究生开设《创新企业实践论系列科目》
三重大学	针对本科生开设《企业家精神入门》《风险企业论》《创业综合演习》等科目，针对研究生开设地域创新学专业，开设《工学管理特论》《技术者管理特论》《尖端产业学特论》《地域创新学演习》《产业人基础特论》《工学管理演习》《高级商务管理》
和歌山大学	针对本科生通识教育设有《女性创业论》科目

① 李志永：《日本高校创业教育研究》，博士学位论文，浙江大学，2011年，第88—90页。

3. 澳大利亚

在澳大利亚，39 所高校中，有 10 所大学开设全校性的创业普及课程。这类课程整合全校创业教育资源，最大范围普及创业教育。下面以堪培拉大学的创业课程为例进行分析（见表 4—6）。

表 4—6　　　　　　　　　　堪培拉大学创业普及课程[①]

课程	讲授内容
创业学 Entrepreneurship	机会识别、创业、内部创业、营销研究、行业评估、编制财务报表、企业家思维、创造力拓展、道德与社会责任的挑战、澳大利亚的相关信息和援助来源、商业计划书写作、机会评估和考核、战略企业家成长的规划和管理
创造力 Creativity	问题界定、创意的评估和实施、创造力理论与阻碍、创造性；类比和形态分析；集思广益；目标寻找；思维导图；横向思维；评估和实施新的思想和阻力问题改变
技术创新 Innovation	设计市场进入策略、实施商业计划、创新框架；知识产权；资源创新观点、宏观环境评估；初步的创新评价体系；主要和次要准入；编写商业计划书、确定商业计划书的价值、创业资本来源、资本结构处理、联盟、网络和信息来源

创业学课程的内容主要包括创业入门、创业性质和地位等。学生通过创业学课程的学习，对创业有了基本认识，并了解创业的流程和核心要素，如识别机会、寻求援助等。

创造力课程的内容主要包括问题解决、创造力思维、创新技术等。通过学习，学生获得创新精神和意识，掌握解决问题的能力，锻炼自身的创造力、培养自身的创造性思维。

技术创新课程包括创设公司的具体内容、新企业的运营等。学生可以

---

① 　张昊民、马君：《高校创业教育研究：全球视角与本土实践》，中国人民大学出版社 2012 年版，第 150—151 页。

获得更为详细的创业知识，掌握相应的新企业开设的技能。

4. 比较与分析

如果说培养创业实践者的课程是商学院和工程学院的教育实践，那么培养创业精神和创业能力的课程则是在全校内营造氛围和文化，让创新和创业成为学校的基本特征，培养学生创新和变革的思维。

通过对不同国家普及类创业教育课程的分析，可以看出，针对本科生开设的课程主要有创业入门、企业家精神、创新与创造力等，主要目的是让学生获得对创业的基本认识，培养创业意识和企业家精神；在研究生阶段开始的主要是新企业管理、风险企业、商务管理等。在本科阶段开设课程，主要目的是培养学生的创业精神和创业能力。相比较于本科生来说，研究生阶段的此类课程更深入、具体，旨在让学生获得商业常识、创业的基本能力，在专业领域内创业的能力。

与培养创业实践者的课程相比，以创业精神和创业能力为目的的课程注重创业在社会经济发展中的地位和作用、创业与社会的关联，强调创业作为一种生活和生产方式的学习。这种课程的核心在于培养企业家精神，是一种态度和意识的养成，其关键是创新，对时代变化的积极回应。

三　设置课程内容的原则

（一）将创业融入高校的总体规划

随着创业教育的发展，人们对"创业"的认识发生了变化。创业不再是创办企业，而是一种生活态度。从广义角度理解"创业"必然要求高校办学目标的反思，创业教育不是培养少数的企业家，而是培养全体学生的创业精神，使其具备未来社会所需的竞争力。

惠及全体学生的创业教育要求将创业纳入高校的总体规划中，也就意味着创业教育成为大学发展的新主题。大学的职能问题是高等教育的基本问题，在历经了教学、科研和社会服务等不同的职能说之后，21世纪的发展要求将创业教育作为大学的新职能。创业教育可以与教学、科研和服务等进行融合，或者说是创业教育与上述三项职能有着天然的内在联系。创业教育既是大学的新职能，也是连接教学、科研和社会服务的纽带。

将创业融入高校的总体规划不是简单的几门课程、某些学院的责任，而是整合现有资源，从高校总体发展的高度进行构建。首先是将培养创业型人才作为大学的主要目标之一。创业型人才是指具备创业思维、创业精神和创业能力的人，是对创新人才的具体定位和阐释。其次是从组织机构、师资力量、课程设置和校园文化建设等多方面入手，对创业教育进行全面规划。创业教育的发展要有整体视野和全局观念，不是对已有机构和资源的修补，而是进行重新调整和分配。

（二）打破学科壁垒，实现跨学科发展

传统创业教育是由商学院主导，商科学生参与，而以全校学生为培养对象的创业教育要求打破学科壁垒，实现跨学科发展。此类课程的设计要建立在多学科交叉的基础上，课程内容要涉及多学科背景，使来自不同专业的学生都能习得创业精神和创业能力。

跨学科发展来源于不同的需求：一是全校性创业教育的受众是全体学生，学生学科背景的差异要求创业教育在实施过程中要充分考虑可接受性和发展性等问题。文、理、工、农、医等不同学科有自身的学科特点和学科逻辑，针对不同学科的创业教育课程要取得良好效果，就必须对课程内容进行再加工，超越学科界限，将创业与不同学科进行内在联系，开发出适应不同学科的创业课程。

二是创业教育具有天然的跨学科性质，可以整合不同的学科内容，与各学科进行内部融合。创业涉及人文、社会、管理、技术等多领域，一个成功的创业者要在以上方面都有所涉猎。因此，创业教育课程要注重学科交叉和跨学科的内容设置。

三是高等教育发展的趋势和要求。未来社会是一个注重理解、多元和共赢的社会，那么，作为培养未来社会精英人才的机构，高等教育机构要培养学生上述方面的能力。这些方面能力的培养要依靠多学科的共同努力。

（三）吸引具有不同学科背景的教师参与

教师是创业教育课程实施过程的核心环节，吸引不同学科教师参与创业教育是实施全校性创业教育的重要保障。

考夫曼基金会对高校教师进行调查研究，分析其不愿参与创业教育的因素，包括时间冲突、缺少对创业领域的兴趣、缺乏对创业领域的认识等。

表4—7　　　　　　　**教师不愿参与创业教育的原因** [①]

原因	比例 (%)
时间上的冲突	42
不符合自身兴趣	29
缺乏该领域的认识	26
有兴趣，但还没有成为优先关注领域	5
对提升职位没有帮助	4
已经积极参与／不能再投入更多	3
退休／离休	3
不认为创业应该成为课程	3
不喜欢	1
资金不足	1
其他	18
样本数	351

注：资料来源于教师访谈，有的教师列出多种原因，因此百分比高于100。

　　针对这些原因，高校应该采取多种措施，鼓励教师积极参与创业教育，如提供高薪金、提高创业教育的整体地位、提供进修和提升自我的机会、设立创业研究基金支持。提高高薪酬待遇是最为直接，也是较为有效的方式，可以在短时间内增加该领域的教师数量。要保证教师队伍的稳定性，减少流失，简单的资金刺激显然并不奏效，关键在于提高创业教育的整体地位，使其成为受尊重的领域。为教师提供提升自我的机会，为其从事创业研究提供基金支持等也是有效方式。

[①]　梅伟惠：《美国高校创业教育》，浙江教育出版社2010年版，第171页。

第三节　课程实施

一　课程实施的理论基础：观察学习理论和人本主义理论

上文提到，培养创业精神的课程目标是养成学生积极的创业态度。态度的习得有其自身的特点和规律，受到多种因素的影响。以下对态度的相关理论进行阐释。

（一）态度的相关理论

1. 态度的形成

作为学习的一种结果，态度是人们在后天习得的。人们就像获得某种思想、概念、习惯等一样获得态度，因此，心理学家多使用一般的学习过程来解释态度的形成，如经典条件作用、操作性条件作用和社会学习理论，相应地，态度学习理论主要有纯粹接触效应、条件反射作用和社会学习理论。

纯粹接触效应（mere exposure effect）是指通过重复呈现刺激，从而使个体获得对该刺激的赞许，即形成积极的态度。个体对某一刺激的喜爱，仅仅是因为这一刺激的呈现频率较高。纯粹接触效应是典型的非理性范式，意味着态度的形成是自动化、无意识的过程，而非精细加工的认识过程。自从 zajonc（1968）首次提出"纯粹接触效应"概念以来，研究者们通过大量的实验研究支持了这一结论。

一个典型的纯粹接触实验包括两个阶段：呈现阶段和测试阶段。在呈现阶段，被试者会接触到相应的刺激（视觉或听觉，研究中多使用无意义音节、不规则图形、图片、声音等作为材料），刺激的呈现次数不相同。在随后的测试阶段，要求被试者对已经呈现过的刺激做出喜好程度的判断。如果呈现次数越多的刺激能引起被试者的偏好程度高，即认为发生了纯粹接触效应。另外，如果被试者在测试阶段对先前呈现过的刺激的偏好程度要高于对未呈现刺激的偏好程度，也可以证明纯粹接触效应的发生。

从上述过程中可以看出，纯粹接触效应是一种内隐学习的结果，因为在刺激的呈现过程中，学习者是无目的、无意识地对所呈现刺激进行了迅速、无意识的加工。

条件反射作用是学习理论中的经典理论。条件反射是相对于非条件反射而言的，是建立在非条件反射基础上的。非条件反射是与生俱有的，是一种生物的基本生存能力。条件反射作用就是将一个中性刺激与非条件刺激建立联系，从而引发非条件反应，在这一过程中，中性刺激变为条件刺激，非条件作用变为条件反应。中性刺激与非条件刺激的多次结合就是强化，强化的次数越多，其建立的条件反射就越牢固。

评价性条件反射是条件反射的一种变式（Evaluative Conditioning，简称EC），是指将一个中性刺激与能够激发一定情绪性反应的刺激相结合，从而使这一中性刺激获得与相结合的刺激相同的情感反应。由于评价性条件反射中涉及的情绪性反应与态度的情绪性体验有相同之处，所以用评价性条件反射来解释态度的形成有其合理之处。

社会学习理论（social learning theory）是由心理学家班杜拉提出的，即观察学习理论。纯粹接触效应和条件反射作用都运用强化原理，强调刺激和反应的联结。但是，班杜拉认为，态度更多是通过模仿性观察学习获得的，不完全是外在强化的结果。[1]强化原理要求个体亲自参与实践才会获得相应的加强或减弱的效果，而在实际生活中，个体即便没有亲自参与事件或活动，通过对他人的观察也习得了相应的态度。班杜拉的观察学习强调的是替代性强化，即人们是通过观察别人，心理认同之后形成的态度。在人的不同发展阶段，其重要他人有很大差异，不同的重要他人对个体形成态度起着重要作用，如儿童最初模仿的是父母，后来是教师，再后来就是同伴群体及偶像、名人等。同时，个体所处的社会环境和群体等都可能影响态度的形成。

当然，较之纯粹接触效应，观察学习是有意识的、主动的学习过程。个体在观察对象选取、模仿、保持和提取的过程中都是有目的、有意识的，是理性的认识和态度形成的过程。与纯粹接触效应和条件反射作用相比，观察学习强调人的主体性和能动性。

2. 态度改变情境模型

上文中提到，态度会随着时间和情境的变化发生改变。那么态度的改变会受到哪些因素的影响？心理学家霍夫兰和詹尼斯（C.I.Hovland &

---

[1]　金盛华、张杰：《当代社会心理学导论》，北京师范大学出版社 1995 年版，第 91 页。

I.L.Janis）提出了态度改变情境模型（见图4—6）。

传达者 ➜ 沟通信息 ➜ 态度主体 ⬅ 周围情境

图4—6　态度改变情境模型简化图 [①]

态度改变情境模型中有以下四个主要因素。

一是态度主体。一切的态度变化都发生在态度主体身上。外部的任何信息、努力等都要通过主体自身的选择和认可，才能产生作用。作为态度主体，其态度形成不是被动的，而是受到个体已有价值、信念、个性等多种因素影响，这些都会影响态度的改变。

二是沟通信息。态度的变化是在个体的已有信息与新信息存在差异时发生的，因此，这一因素是改变态度的直接外在原因。在引发态度改变的认识理论中存在有认知不协调理论和认知平衡理论两种。这两种理论都强调，当个体的既有认知与出现不匹配关系时，认知主体会出现不协调、不平衡的心理压力。这种压力促使个体态度的改变，从而保持一种平衡状态。

三是沟通信息的传达者。沟通信息的提供者以一定的方式，引导个体转变态度。心理学研究表明，沟通信息的传达者的威信、吸引力等会影响接受者态度的改变。威信越高，吸引力越大，其改变他人态度的可能性就越大。

四是周围情境。态度的核心是情感成分，即一种情绪性体验，因此，态度的改变对周围环境有很大的依赖。情境的不同会影响个体的注意和情绪状态，从而影响个体态度的改变。

（二）观察学习理论与人本主义理论

大学生创业态度的形成和改变既遵循态度的一般规律，同时还具有自身的特殊性。强化、观察、情境陶冶等方式适合创业意识和创业精神的培养，可以促进大学生积极创业态度的养成。观察学习理论和人本主义理论兼具以上几种特征，有利于创业态度的培养。

---

① 金盛华、张杰：《当代社会心理学导论》，北京师范大学出版社1995年版，第109页。

1. 观察学习

观察学习是班杜拉社会学习理论的核心。早期的强化理论已经不能很好地解释态度和行为的获得，因为在很多时候，个体并未建立刺激—反应的直接联结，仍然习得了某种态度和行为。同时，早期强化理论中的学习方式限制了人类对世界的认识。在这种背景下，班杜拉提出了社会学习理论，认为我们的大多数态度和行为是通过观察获得的。我们不必再通过一次次尝误或简单的刺激—应答进行学习，而通过观察就可以获得人类复杂的态度和行为模式，这也是人类学习能力的体现。

班杜拉把观察学习分为四个过程：注意过程、保持过程、复制过程和动机过程。

注意过程。注意是观察学习的开始。个体总是选取一定的知觉对象进行观察，并就该对象的某些特征进行模仿。知觉对象的特征、学习者的认识结构、知觉对象与学习者的相似性等会影响注意过程。

保持过程。保持就是对信息的深加工过程。保持就是个体将所观察到的行为进行加工，即以符号的形式进行编码，然后进入长时记忆进行存储。

复制过程，也称为"再现过程"。个体将记忆中的存储的表象转换成行为，并根据反馈来调整行为以做出正确的反应。这个过程又可分为：反应的认知组织、反应的启动、反应的监察和依靠信息反馈对反应进行改进和调整等几个环节。学习者的监控和信息反馈能力决定着示范行为的精确性。

动机过程。行为是否再现受到动机的影响。在班杜拉的儿童观察学习实验中，所有儿童都习得了攻击行为，但是看到知觉对象受惩罚的儿童表现出的攻击行为明显少于看到知觉对象受奖励的儿童。因此，观察学习对获得和表现进行区分，个体并不是模仿他们所观察到的所有事件，强化虽然重要，但也只是提供了诱因和可能。

在培养创业意识和创业精神的课程中，观察学习的运用十分重要。此类课程多为通识性和公共性，学生参与实践的机会较少。在这种情况下，要想保证课程学习的效果，可以多采用讲座、主题演讲和案例教学等方式进行。

讲座、主题演讲是邀请社会中成功的企业家和创业者与学生共同分享创业经验和经历。对大学生来说，这些成功的创业者既是他们生活中的偶像，也是他们未来创业的榜样。通过与成功创业者的交流，大学生可以更真实地了解创业过程，将其与课堂中的创业内容相结合学习，同时大学生也获得了一种榜样的激励作用。

案例教学则是给学生提供真实的或近似真实的创业情景，以便他们进行分析和讨论。相对于讲座和主题演讲，案例教学可以在短时间内提供给学生大量的创业案例，提高效率，让学生置身于创业情境中，通过教师引导、小组讨论、独立思考等方式来培养学生的创业思维、创业精神和创业态度。

不管是讲座、主题演讲，还是案例教学，其实质都是提供了学习的榜样，供学生进行观察、思考和模仿。这些方式更适用于创业精神和创业态度的培养。

2. 人本主义理论

人本主义兴起于 20 世纪中期，被称为是心理学的"第三势力"。强调刺激—反应联结的学习理论和强调认知结构的学习理论在解释人类情感和全面发展方面有很大的局限，因此以马斯洛和罗杰斯为代表的人本主义心理学成为新的思潮。人本主义就是将人的情感因素凸显出来，关注人的本性和体验。

人本主义心理学认为，人具有自我实现的需要和潜能。这一观点彻底颠覆了早期心理学对人的认识，将人的本性和人的心理相统一。自我实现是人本主义心理学的核心概念，自我实现的需要是指"人对于自我发挥和完成的欲望，也就是一种使它的潜力得以实现的倾向"。① 这种需要来自人的本性，而非外部环境。自我实现的潜能是指人能够通过努力达到自我实现的目标，当然，这种自我实现需要内外部的共同作用才能实现，如无条件的尊重和自尊。人本主义阐释了这种实现的可能性，是对人的价值的终极肯定。

一个完整的人的发展包括知、情、意、行的统一。人本主义心理学在肯定人的自我实现的同时，极为重视个体的内在体验和情感，如罗杰斯提出的知情统一的教学目标观、有意义的自由学习观等。

人本主义运用于创业课程实施就是强调创设良好氛围，给学生提供宽

① 冯忠良、伍新春：《教育心理学》，人民教育出版社 2000 年版，第 158 页。

松、自由的环境，将学习与学生的兴趣、愿望和需要有机结合，让学生在学习过程中有积极的情感体验，从而培养学生积极的创业态度和价值观。罗杰斯将那种只涉及心智（mind），不涉及情感或个人意义的学习称为"在颈部以上发生的学习"。罗杰斯提出的有意义学习（significant learning）是一种将个体的行为、态度、个性及在未来选择行动方针时发生重大变化的学习。①

在创业课程实施中，人本主义理论的运用主要表现在以下两个方面。

一是创设良好氛围。态度的形成和改变理论都强调周围情境的重要性，那么在创业课程实施中，这种氛围的创设包括创业课堂内部和外部两种。在课堂内，教师要提供一种促进学习的气氛，让学生主动学习、自主学习。这种课堂氛围包括真诚、尊重、关注和接纳。在课堂外部，高校要建立良好的创业生态系统，如让创业成为受尊重的学科，加强创业的校园宣传和推广，形成创新创业的氛围。

二是强调学生积极的情感体验。知识转化为态度，其核心在于情绪或情感体验。高校的创业教育要在传播创业知识的基础上，让学生有机会获得创业的情绪或情感体验，从而养成积极的创业态度。这种情感体验可以通过陶冶、移情性理解等方式进行。

二　课程实施途径

创业态度的培养建立在创业认识的基础上，即对创业基本知识的了解。因此，如何有效传递知识是创业课程实施要考虑的首要问题。亲自参与实践固然是很好的方式，但是对普及创业精神的公共课程来说，由于师资、时间、资源等因素的限制，让每个学生亲自参与实践并不现实，因此就要在传统课堂模式中建立适合学生创业学习的方式，即建立一种基于学生主体（student-approved）的课程实施模式。

基于学生主体的课程实施模式是对传统课程实施模式的改革。这种模式要求学习者和学习内容之间建立实质性、非人为的联系，关注学生的接受能力和需求，旨在创建让学生满意的课堂。与传统模式相比，这种模式既保留了系统传授知识的优势，又增加了学生的主动权和满意度。这种模

---

① 冯忠良、伍新春：《教育心理学》，人民教育出版社 2000 年版，第 161 页。

式下教师的角色发生变化：教师的首要任务是了解学生意愿，教师要回答的问题不是我要教什么，而是我要让学生做什么。学生获得了更多主动权，积极参与课堂讨论，并在课堂中得到老师的指导。在这种课堂里，教师是帮助者，组织、点评和分享活动，而不是传统意义上的主宰者。

（一）认知引导

创业理论是对创业过程的理性总结，可以给学生以原则和方法等的启示和指导。创业理论知识的优势在于其概括化和普适性，主要体现在：对特定情景和理想状况的学习并不适应未来复杂的创业环境；学生将要面临的创业过程和课堂中学习的内容有很大差异；创业理论是对不同创业类型的理性总结，因此适用于不同的创业情景；创业理论可以很好地解释创业过程。

1. 理论教学

在关于创业理论教学方面，菲特（Fiet）提出了7项基本假设（见表4—8）。

表4—8　　　　　　　关于创业理论教学的基本假设[1]

1. 仅仅学习成功创业者行为的假设是学生在未来会遇到的相似情况
2. 学习理想化的创业行为会让学生丧失信心
3. 因为创业失败率很高，所以应该鼓励学生不受这些失败案例的影响
4. 学习大众化的创业案例、经验法则和英勇故事等只能导致平庸
5. 大部分的研究并不能发现财富机遇
6. 创业教学的目的是教会学生成功创业，因此不需要学习非理性行为
7. 学习创业者的成功案例可能会导致一些坏结果

学习理想化的创业行为会让学生丧失信心。每个新企业的成功都包含

---

① Fiet J O. The Theoretical Side of Teaching Entrepreneurship[J]. Journal of Business Venturing, 2001, 16(1): 1—24.

了诸多因素，如基础和运气等，因此很难总结成功经验。学习成功者的案例会让学生充满无知的热情。因此，教师要引导学生进行理性分析，不可盲目热情。

学习大众化的创业案例、经验法则和英勇故事等只能导致平庸。这一假设是基于次强信息效率理论。[①]次强信息效率理论的基本观点是没有人在资讯方面掌握优势，因为大家可以在同一时间获得同样的资料。创业资料或经验，包括坊间建议、经验法则和英勇故事等中都包含了基本信息，这些信息是很容易获得的，因为它们在以很低的成本进行转化。在短期内，利用这些信息的先行者们会和那些和他们有相似野心和信息的人一起分享利益。只要有人进入市场、获得信息，他就可以分享因信息而带来的利益，直到所有人都获得了平均的回报。创业成功是极为私人或个人的成功，对他人成功经历、经验或者法则的学习只能导致平庸，因为每个人都获得了这些经验或分享，在长时间内，这就意味着优势也相对变小，每个人只获得了相对平均的优势。

在上述假设的基础上，为了培养学生的创业理论素养，菲特设计了课堂理论构建的练习。这个练习分为两个阶段：使用不同的理论解释创业问题；对理论进行评价和整合。

第一阶段主要有四个问题：创业者如何发现其他人错失的经济上有利可图的机会；创业者如何选择最具竞争力/吸引力的行业；创业者如何整合这些资源区开创一个全新的公司；创业者如何创造有竞争力的优势。学生尝试使用不同的理论对每一个问题进行解释和说明。

---

① 次强信息效率理论源于证券市场的效率性研究。次强有效率市场的效率程度要高于弱有效率市场，在次强有效率市场上，证券价格不但完全反映了所有历史信息，而且完全反映了所有公开发表的信息。在次强有效率市场上，各种信息一经公布，证券价格将迅速调整到其应有的水平上，使得任何利用这些公开信息对证券价格的未来走势所做的预测对投资者失去指导意义，从而使投资者无法利用对所有公开发表的信息的分析（主要是指对证券价格变化的基础分析）来始终如一地获取超额利润。

表4—9 创业理论构建练习 [①]

问题	相关理论
创业者如何发现其他人错失的经济上有利可图的机会?	信息经济学(informational economics)、决策理论(decision makingtheory)
创业者如何选择最具竞争力/吸引力的行业?	工业组织经济学(industrial organization economics)、奥地利经济学派理论(austrian economics)、博弈论(game theory)
创业者如何整合这些资源区开创一个全新的公司?	代理理论(agency)、程序公正性理论(procedural justice)、交易成本经济学(transaction cost economics)、社会嵌入理论(social embeddedness)
创业者如何创造有竞争力的优势?	资源基础理论(resource-basedtheory)、超强竞争理论(hypercompetition)

在某种程度上来说,社会科学领域的理论是片面的、相互矛盾的,因此,同一个问题可以使用多种理论进行解释。每一种理论都可以为学生提供对问题不同方面的认识。因此,这种理论构建练习就是让学生尝试使用不同的理论来解释创业问题,从而获得对创业的全面认识。

针对第二个问题,创业者如何选择最具竞争力/吸引力的行业?三种理论给出了不同的解释。

工业组织经济学认为关键的竞争因素是买方、供应方、替代者、潜在的新成员和竞争对手,重要的维度是互相依赖。这表明竞争者在获得高回报时必然导致其他公司获得低利润率。不同对手之间的竞争依赖性越大,就意味着创业者想获得高于一般的收益的可能性就越小。获得成功的方法就是在建立策略性的贸易壁垒之后进行联合。

奥地利经济学派的假设是创业过程中资源的异质性导致了"李嘉图租

---

① Fiet J O. The Theoretical Side of Teaching Entrepreneurship[J].Journal of Business Venturing, 2001,16(1):1—24.

金"的产生。[①] 李嘉图租金是由于短期内资源供给所带来的经济租金，是企业拥有独特资源要素的结果。这种独特资源要素往往是同时具备有价值、稀缺和不可替代三项特质。创业者可以通过将创新资本化或者利用隔离机制来垄断有竞争力的产品从而获得准租金（quasi-rents）。[②] 由于信息的不完整和不准确，创业者都会有高的不确定性，因此，创业者不可能在不增加风险成本的基础上去复制别人的策略。

博弈论主要是对竞争者们之间的游戏及规则进行分类，包括零和博弈（zero-sum）、正和博弈（positive-sum）、负和博弈（negative-sum）。[③] 在特定的行业中，游戏规则是规定好的，竞争者没有权利去修改规则。在正和博弈中，竞争者只能通过保持市场份额去总结销售量。在负和博弈中，竞争者必须通过增长市场份额来增加现有的销售。对于不同的竞争对手来说，最好的办法就是联合起来去刺激整个市场的需求。如果他们不联合起来改变游戏规则，那么就只能在制衡中取得相对优势，没有人能真正获利。

通过三种理论的解释，可以发现，每一种理论都有其解释力和适用范围，在某种程度上是正确的。在理论阐释的基础上，学生应该进一步学会对理论进行评价和整合。评价理论时，要首先评价其建立假设的依据（见表4—10）。

---

① 李嘉图租金是指由于资源异质性产生的经济租金。决定企业存在以及企业市场行为的因素，除了竞争这一既定的制度因素外，还有企业拥有的其他企业或者竞争对手没有的知识和生产要素。这些知识和生产要素又被称为"资源的异质性"。异质性说明企业的资源禀赋不同，它们决定着企业之间的不同市场状态。因而，企业经济租金就是竞争和企业的不同资源禀赋的产物。由于资源禀赋程度的不同导致资源的供给程度的不同，而这样的资源供给产生的经济租金就被称为异质性资源的"李嘉图租金"。

② 准租金是指对供给暂时不变的投入品的支付。例如，厂商的厂房在短期中是不能改变的，对它和其他不变投入品的支付就是准租金。由于厂商的生产规模在短期内不能变动，其固定生产要素对厂商来说就是固定供给：它不能从现有的用途中退出而转到收益较高的其他用途中去，也不能从其他相似的生产要素中得到补充。这些要素的服务价格在某种程度上也类似于租金，通常被称为"准租金"。

③ "零和博弈"（Zero Sum Game）是这种游戏的输赢双方的游戏总成绩永远是零；"正和博弈"（Positive Sum Game）是指赢家所得比输家所失要多，或者没有输家，结果为"双赢"或"多赢"；"负和博弈"（negative-sum）是指博弈双方虽有一方获胜但付出了惨重的代价，得不偿失，没有赢家。

表4—10　　　　　　　　创业理论构建练习：不同理论假设的基础

理论	假设的基础
代理理论	委托人和代理人有不同的利益诉求；对代理人的监管会导致有损于委托人的后果；用结合替代监管
程序公正性理论	报偿的合理分布往往不易操控，因此程序本身的公正性就成为人们首要关注的问题；程序的公正成为公正的表现形式
交易成本理论	企业在组织机制内部的成本较低，因此形成企业机制，它是人类追求经济效率所形成的组织体；企业内部的交易转化是纵向一体化
权力理论	权力来源包括金融资源、集权、非依附性、处理不确定性的能力
资源基础理论	企业掌握了稀缺性、不可再生性资源，那么这种资源会带来持续的竞争优势和超常的投资收益率
社会嵌入理论	多次重复的交易关系会使交易双方互相信任；这种信任会成为一种主导机制避免投机主义和权力终结游戏

进行理论整合时要考虑不同理论的可整合性，相似或互补时可以进行整合，如代理理论和程序公正性理论可以进行整合。在理论整合前，学生需要对不同理论的假设和前提进行分析，找出关键因素，如主要领域、关键点、分析单位、分析层次、人和环境的限制等（见表4—11）。

表4—11　　　　　创业理论构建练习：不同理论的整合基础[1]

理论	主要领域	关键点	分析单位	分析层次	人和环境的限制
代理理论	委托和代理的关系	委托和代理的关系反映信息组织的有效性和风险成本	委托人和代理人之间的契约	个人水平，但是此种关系存在于整个经济体中	利己主义（Self、interest）；有限理性（Bounded Rationality）；风险规避（Risk Aversion）

①　Fiet J O. The Theoretical Side of Teaching Entrepreneurship[J]. Journal of Business Venturing, 2001, 16(1): 1—24.

续表

理论	主要领域	关键点	分析单位	分析层次	人和环境的限制
程序公正性理论	交易关系的报偿过程	报偿的获得依赖交易过程中感受到的公正性	交易关系的多样性	个人水平，但是此种关系存在于整个经济体中	渴求公正；利己主义；有限理性
交易成本理论	市场、阶层、纵向一体化	追求经济效率是所有组织的基础	所有组织内外部的交易	职能层；商业层；公司层	有限理性；投机主义（Opportunism）；信息不对称（Information impactedness）；资产专用性（Asset Specificity）；不确定与复杂性（Uncertainty/complexity）；少数交易（Small numbers）
权力理论	权力来源	权力带来效率	权力来源	个人、职能层、商业层、公司层	利己主义；投机主义
资源基础理论	企业	企业异质性资源可以带来竞争优势	资源和能力	职能层、商业层	资源的异质性及其导致的优势和竞争力
社会嵌入理论	交易关系	重复交易关系带来信任	交易关系的重复	个人水平	人的可信任性良好的信任关系是经济有效的

2.案例教学

在理论知识的传递之外，应用案例教学培养学生的创业精神和创业意识是全校性创业教育课程实施的重要途径。

案例教学是一种强调开放、互动的教学方式。案例教学中的案例是根据真实的事件加工的，绝非捏造和杜撰。案例教学要经过事先周密的策划和准备，要使用特定的案例并指导学生提前阅读，要组织学生开展讨论或争论，形成反复的互动与交流。同时，案例教学要结合一定的理论，通过各种信息、知识、经验、观点的碰撞来达到启示理论和启迪思维的目的。

　　案例教学最早起源于哈佛大学。1870 年，为了改变传统法学教育中的"德怀特法"（Dwight method），① 时任哈佛大学法学院院长的兰德尔（C.C.Langdell）将案例教学引入法学教育中。正如兰德尔在著作《合同法案例》（《Selection of Cases on the Law of Contracts》）一书的前言中所说："被作为科学的法律是由原则和原理构成的。每一个原理都是通过逐步的演化才达到现在的地步。换句话说，这是一个漫长的、通过众多的案例取得的发展道路。这一发展经历了一系列的案例。因此，有效地掌握这些原理的最快和最好的——如果不是唯一的——途径就是学习那些包含着这些原理的案例。"② 在随后的 19 世纪 90 年代，案例教学又被引入哈佛大学医学院。由于案例教学在法学院和医学院的成功实施，在 1908 年哈佛商学院成立之时，这一方法又被引入商业教育领域。

　　哈佛商学院在企业管理教学中，使用了案例教学法。该课程邀请了 15 位商人参与授课，在第一次课中，每一位商人报告自己所遇到的问题，并解答学生的提问。在第二次上课中，学生要针对这些问题进行分析，并形成书面报告。在第三次上课中，商人和学生共同讨论这些问题及其解决方案。这就是哈佛商学院早期的案例教学法和案例来源。

　　随着这一方法的成功实施，哈佛商学院不断扩大案例库，雇佣专门的专家学者收集和编写案例。哈佛大学的案例编写不仅实现专业化，同时也实现了商业化运作，即出售案例的使用权。今天，哈佛大学的案例教学已经成为其高等教育的重要特色，在哈佛，几乎每一门课程都包括案例教学。

　　案例教学应用于全校性创业教育的优势主要有以下几个方面。

　　一是对真实情景的模拟。与培养创业者的课程不同，培养创业精神的课程多为公共课或选修课，普遍存在课时少、人数多、专业背景多样等问题，加上人力、物力资源的限制，因此，学生很少有机会参与实践。案例教学是对真实情况进行加工、提炼和概括化。通过案例学习，学生能够感受创业过程，并通过分析讨论，获得相应的创业知识和创业能力。案例教学法

---

　　①　德怀特法是以美国哥伦比亚大学教授德怀特命名，是一种"讲授、背诵材料和练习相混合的方法"。

　　②　Christopher Columbus Langdell, A Selection of Cases on the Law of Contracts, Boston [M]. Little, Brown, 1871: vi. 转引自杨光富、张宏菊《案例教学——从哈佛走向世界—案例教学发展历史研究》，《外国中小学教育》2008 年第 6 期。

可以满足创业教育的实践性要求，将知和行有机结合。

二是对传统教学方式的革新。案例教学的兴起是为了改变传统教学中的记忆、背诵，重"教"而不重"学"的弊病。案例教学的突出特点是通过案例向学生展示现实世界发生的有代表性的事件及其过程，以学生为主体，通过讨论来训练学生的创新思维和批判思维。在案例教学中，教师是案例的提供者、讨论的组织者、学习的引导者。这些角色的改变意味着教学活动从"教师本位"转向"学生本位"。同时，知识的传递变为多点多向的网状传输，同学之间、师生之间可以相互启发。这些都与创业教育的本质和要求不谋而合，是适宜于创业教育的课堂教学的。

三是制造认知冲突，培养正确合理的创业态度。案例教学中案例选取的基本要求就是包含冲突和矛盾。争议性是进行案例讨论的基础，这种争议可以启发学生思考，造成认知冲突，引起认知失调。这种认知失调可以让学生对自己的认知体系进行检验，从而培养学生正确合理的创业态度，而以培养创业精神为主的课程核心就是培养学生的创业态度。因此，案例教学适宜于此类课程教学。

案例教学应用于全校性创业教育的注意事项主要有以下几点。

一是案例选取问题。案例教学的首要环节是案例的选取问题。案例选取的基本原则包括匹配性、相关性和典型性。

匹配性是指案例选取与课堂教学目标的匹配。全校性创业教育课程有两个主要任务：一是普及创业基础知识和基本过程，进行一种启蒙教育，在学生心中播下创业的种子。虽然大多数学生并不会创业，但是他们会成为创业支持者，为建设积极的创业文化奠定基础；二是在教学过程中发现那些对创业有着浓厚兴趣并有创业潜质的学生，在后期开展深入的创业教育，进行专门培养，引导他们走上创业之路。这种目标定位要求选取的案例更具启发性和激励性，而不是着眼于具体的创业能力。

相关性是指注意所选案例要紧扣教学内容。每一个案例都会涉及创业的多个方面，可以总结出不同的创业理论和创业经验，但是与此同时，不同的案例都有其侧重点。因此，在案例选取时，要充分考虑教学内容，加强相关性设计。

典型性是指案例内容具有代表性和普遍性，具有举一反三、触类旁通的作用。案例是为教学目标服务的，因此它应该具有典型性，且应该与所对应的理论知识有直接的联系。这种典型性一定是经过深入调查研究、来源于实践，绝不能主观臆测、虚构而作。案例要注意真实的细节，让学员有身临其境之感。

二是课堂组织。案例教学的课堂形式主要是讨论，这种讨论需要分组进行。在分组方面，教师要充分考虑随机性、人数和男女比例等，分组讨论应由组长协调组织，要充分发挥各个讨论组的积极性，讨论结束后应及时安排各组展示或汇报。

课堂中教师的点评不仅仅是在讨论结束时对同学发言的要点进行总结，指出存在的问题和不足。实际上，点评可以贯穿整个讨论过程，尤其是当讨论出现争议或讨论偏离课堂教学目标时，教师应当正确引导。

案例教学法与讲授法不是完全对立的，学生在接受了系统的理论知识之后，再进行案例学习，这样可以将理论与"实践"结合，学以致用，有利于创新思维的培养。通过两种教学方法的结合，案例教学法的实践导向和创新价值被充分挖掘，理论知识传授的系统性得以体现，真正实现理论和实践并重、传承与创新并举。

三是教师角色。案例教学主要以讨论方式进行，那么在讨论中，首先是教师应该"倾听"而不是"放任"。案例教学法强调不同观点的呈现，其主要特点是不提供所谓的"标准答案"，但是不提供标准答案不代表不纠正错误观点。教师在认真倾听学生发言时，既要尊重学生的见解，也要及时纠正错误的观点和认识。

其次是"促进"而不"限定"。公共课的课堂容量大多在百人以上，短短的一节课中，学生不可能都有机会发言。那么，在这种情况下，教师要采取分组讨论的办法，选取代表进行汇报。在分组发言的基础上，教师提供自由发言的机会，供学生表达不同观点。

最后是"引导"而不"主导"。学生的课堂讨论容易偏题或跑题，那么教师的引导作用体现在时刻将讨论拉回主题，即"有方向的自由"。教师的引导不仅指明课堂教学的方向，同时也可以营造宽松自由的气氛，鼓励学生的积极参与。①

---

① 王占仁：《案例教学法与"广谱式"创业教育》，《教育发展研究》2013年第9期。

（二）体验分享

在认知引导的基础上，创业教育课程更需要创设良好的氛围和环境，为学生提供体验分享的机会。因此，课程实施可以采用体验式教学。体验式教学是指教师根据学生的认知特点和规律，有目的地创设教学情境，激发学生情感，对学生加以引导，让学生在亲历过程中理解并建构知识、发展能力、产生情感、生成意义的教学观和教学形式。

体验式教学可以增加学生学习的主动性，增强自身的创业领悟力、加快知识的内化过程。美国学者约瑟夫·派恩（Joseph Pyne）在著作《体验经济》中强调体验的重要性："通过阅读，个体可以获得10%的内容；通过倾听，个体可以获得15%的内容；通过经历和自我领悟，个体可以获得80%的内容。"[①] 这些都充分说明，在创业态度和创业精神的培养中，体验是非常重要的。

常见的体验式教学主要包括角色扮演、模拟情境等形式。

角色扮演教学是教师提供真实的、涉及价值冲突的情境，让学生扮演其中的角色，通过讨论、体会和反思等方式理解情境，树立正确的价值观念和态度。这种教学方式可以让学生真实感受人物心境、环境变化，获得独特的个人体验，将学到的知识转化为内在信念。

情景模拟式教学是指通过对事件或事物发生与发展的环境、过程的模拟或虚拟再现，让受教育者理解教学内容，进而在短时间内提高能力的一种认知方法。这种方法可以为受教育者提供参与机会，让他们在模拟活动中增长知识与才干。

这两种教学方式的共同点有以下几点。

一是主体性。两种方式都强调以学生为主体进行课堂活动设计，同时，学生也是课堂活动的主要参与者。这些都有助于调动学生的积极性和主动性；

二是实践性。与传统讲授法不同，这两种方式都强调学生亲自参与、经历和分享。这种实践性符合创业教育的本质特征；

三是交互性。这里的交互既有师生互动，也有生生互动。交互性可以培养学生的同理心（empathy），从而产生积极的情感体验。

---

① 张昊民、马君：《高校创业教育研究》，中国人民大学出版社 2012 年版，第 149 页。

1. 仿真游戏教学

将仿真游戏运用到创业教学就是通过再现创业过程，让学生获得更为直观和真实的创业体验，培养创业精神和创业能力。1998 年，欣德尔（Hindle）应邀为欧洲工商管理学院（Institut Europ é en d'Administration des Affaires，INSEAD）讲授创业课程。为了解决学生不能亲自参与创业实践的问题，欣德尔使用仿真游戏进行教学尝试，并在此基础上，以参与此门课程的学生为样本，进行有关仿真游戏教学的扎根理论研究，[①] 以期深入探讨创业课堂使用发展游戏的相关问题。

通过扎根理论，作者提出了在创业中开展仿真游戏教学的关键因素（见表 4—12）。

表 4—12　　　　　　　　创业教育仿真游戏教学的关键因素[②]

种类	特性
适当搁置怀疑	可信的、相关的、说明性的场景；适当的、可接受的复杂水平；集中的、执行性的时间分配
沟通顺畅	教学模式的基本原理阐释；学习目标与课程的相关性；游戏的规则与操作
技术的可靠性	软件；硬件；人的维度—游戏的管理者；文件编制
成本—收益的评估	对前三部分的整体评估

仿真游戏教学的开展涉及四个关键因素：适当搁置怀疑、沟通顺畅、技术的可靠性、成本—收益的评估。

适当搁置怀疑是指让学生理解游戏与真实情景的差异，接受仿真游戏中的情节和细节。当学生能够搁置怀疑时，他就会更聚焦于游戏过程，

[①]　扎根理论（Grounded Theory，GT）是一种定性研究的方式，其宗旨是在经验资料的基础上建立理论。研究者直接从实际观察入手，从原始资料中归纳出经验概括，然后上升到系统的理论。这是一种从下往上构建理论的方法，即在系统性收集资料的基础上寻找反映事物现象本质的核心概念，然后通过这些概念之间的联系建构相关的社会理论。

[②]　Hindle K. A Grounded Theory for Teaching Entrepreneurship Using Simulation Games[J]. Simulation & Gaming, 2002, 33(2): 236—241.

而不是情节和细节。在进行仿真游戏教学时，要培养学生适当搁置怀疑的能力。

沟通顺畅是指要在仿真游戏教学前，对此类教学方式做出详细说明，与学生进行良好沟通，这是教学进行的基本前提。

技术可靠性中的技术主要指游戏的组成部分和实施程序，包括软件、硬件、文件编制、技能、经验、管理者的能力等，这些都是开展教学的重要条件。在仿真游戏教学中，要对上述这些方面进行分析和测评。

成本—收益分析是指结合具体的学习目标和条件，对采取仿真游戏作为教学方式的相关成本收益的评估。这种评估不仅包括经济方面，还有时间投入、学生需要投入等相关成本的预估。

2. 经典著作教学[①]

经典著作是前人智慧的结晶，是经过时间检验而流传下来的。经典著作不仅反映了当时的社会现实，而且对我们今天的社会依然有重大意义。阅读经典著作会对人产生深远影响，对人的认知、情感等方面都有帮助。

虽然创业是 20 世纪才出现的新现象，但是创业中涉及的诸多问题却可以追溯到几百年前甚至是几千年前。因此，使用经典著作作为教材进行创业教育可以启发学生的深入思考。通过学习经典著作，学生学会理解问题、解决问题。盖瑞（Gray）教授在使用经典著作讲授创业方面进行尝试。

盖瑞教授的此项尝试是针对非商科学生进行的。他认为，非商科学生身上具有更多创业成功者的特质：创造力、创新、风险承担、敏锐的直觉等。同时，一项针对管理者的追踪研究表明：最好的管理者是文科学生，而非商科学生。这些都要求大学重视非商科学生的创业教育，并针对非商科的创业教育进行课程和教学改革。

针对创业者和创业过程中存在的问题，盖瑞教授选取了多部名著进行教学。

第一，关于自我价值。传统创业教育的课堂模式是教师讲、学生记，学生记忆大量材料，考试后全部忘记。这种教学方式脱离学生的生活实际，不能引起学生的兴趣。在这种课堂里，学生没有自我，缺乏自主性。盖瑞

---

① Benson, G. L. Teaching Entrepreneurship Through theClassics[J]. Journal of Applied Business Research (JABR), 2011, 8(4): 135—140.

将这种情况称为"奥菲莉娅综合征"（Ophelia Syndrome）。[1]

莎士比亚的著名悲剧《哈姆雷特》中的第1幕的第3个场景是波洛涅斯（Polonius）警告自己的女儿奥菲莉娅不许再与哈姆雷特王子交往，要求女儿和哈姆雷特断绝关系。软弱的奥菲莉娅决定顺从父亲。

奥菲莉娅不知道自己的真实情感，也不知道应该做什么？而她的父亲将她看作一个没有独立人格的婴儿，试图控制自己的女儿。这种关系和创业课堂中的师生关系十分相似：教师控制和主宰课堂，学生不知道自己的学习目标和任务。教师通晓和掌控一切，学生处于依附性状态。教师掌握真理，利用自己的地位、权威等控制和压抑学生。进入创业课堂的学生不知道自己的兴趣和价值所在。他们进入课堂、认真听讲、做笔记、大量记忆，以便通过考试。教师们主宰课堂，安排考试及其他一切事物，较少考虑学生的基础、兴趣和发展等。

盖瑞教授要求学生阅读《哈姆雷特》的相关情节，让他们了解所谓的"奥菲莉娅综合征"，并就此进行深入讨论。通过阅读和分析，引导学生发现自我、建立自我，将自我与创业建立联系。

第二，关于直觉（intuition）。通过多年创业教育的经验，盖瑞教授认为，成功创业者的关键特质在于他的直觉和本能。这种直觉和本能使他能够迅速发现机会，并进行高水平的资源整合，因此创业者要自觉培养自身直觉，并学会遵从自己的内心行事。

在众多经典著作中，盖瑞教授认为，拉尔夫·沃尔多·爱默生（Ralph Waldo Emerson）[2]的《论自助》（Self-Reliance）对直觉训练有重要作用。这篇文章中的观点和例证可以帮助学生了解直觉对创业的重要性，从而重新认识和发现自身直觉。

---

[1]　奥菲莉娅是莎士比亚四大悲剧之首《哈姆雷特》中仅有的两个女性角色之一。奥菲莉娅坚守欧洲封建道德，保守而软弱。她以家庭、父兄为中心，不会主动追求本可以得到的幸福。奥菲莉娅虽然爱慕哈姆雷特，相信他合乎一套理想的标准，但是在父亲和兄长卑劣地怀疑和诽谤下，遵从他们的意愿，不与哈姆雷特接近，却又在"适当"时候出现，成为刺探王子的工具。

[2]　拉尔夫·沃尔多·爱默生（1803—1882），是典型的超验主义者。超验主义强调万物本质上的统一，万物皆受"超灵"制约，而人类灵魂与"超灵"一致。这种对人之神圣的肯定使超验主义者蔑视外部的权威与传统，依赖自己的直接经验。"相信你自己"这句爱默生的名言，成为超验主义者的座右铭。这种超验主义观点强调人的主观能动性，有助于打破加尔文教的"人性恶""命定论"等教条的束缚，为热情奔放，抒发个性的浪漫主义文学奠定了思想基础。

爱默生是典型的超验主义者。超验主义认为，人可以通过自己的直觉和感应直接接触真理，强调人自身的力量。在《论自助》中，爱默生写道："相信自己的思想，相信你内心深处所确认的东西，众人也会承认——这就是天才。伟人的伟大之处就是蔑视书本教条，摆脱传统习俗。一个人应当学会发现和观察自己心灵深处那一闪即过的火花，而不应只限于仰观诗人、圣者领空里的光芒。可惜的是，人总不留意自己的思想，不知不觉就把它抛弃了，仅仅因为那是属于他自己的。"

另外一部关于直觉的名著是莎士比亚的《奥赛罗》（Othello）。这个悲剧揭示了人们放弃自己直觉的悲惨后果。在《奥赛罗》中，主人公奥赛罗在关键时刻没有遵循自己的直觉，导致了悲剧发生。

奥赛罗是威尼斯公国一员勇将。他与元老的女儿苔丝狄梦娜（Desdemona）相爱。他被自己的下属伊阿古（Iago）蒙骗。伊阿古挑拨奥赛罗与苔丝狄梦娜的感情。虽然，奥赛罗内心深处不相信妻子的背叛，但是在关键时刻，他还是信以为真，在愤怒中掐死了妻子。当他得知真相后，悔恨之余拔剑自刎，倒在了苔丝狄梦娜身边。所有一切都是因为奥赛罗在关键时刻放弃了自己的直觉，没有遵从自己的内心行事，最终酿成了悲剧。

在阅读完这些著作后，教师要积极引导学生探讨直觉和本能的重要性及其在创业及过程中的运用。

第三，关于道德伦理（ethics）。在创业过程中，道德伦理、商业伦理与管理实践的关系很难厘清。盖瑞教授选取历史上著名的苏格拉底审判，来诠释道德伦理问题。

古希腊著名哲学家苏格拉底经常针砭时弊，对社会中的腐败和罪恶进行猛烈的抨击。他的行为都激怒了当政者，他们视苏格拉底为敌人，决定铲除他。苏格拉底在雅典被处死，罪名是蛊惑雅典青年人、玷辱了神灵。在最后关头，因为担心逃亡会破坏雅典法律的权威，苏格拉底拒绝了朋友和学生要他乞求赦免和外出逃亡的建议，饮下毒堇汁自杀而死，

这个故事包含了很多意义：首先，最具有讽刺意义的是，标榜自由、民主的雅典城邦却处死了希腊历史上伟大的哲学家；其次，苏格拉底没有选择逃亡，还是平静地接受了审判。

这个故事对道德伦理问题的讨论有很大帮助。教师可以探讨专制主义、享乐主义、功利主义等不同的伦理取向及其影响。

第四，平衡和洞察力（Balance&Perspective）。失败、压力和孤独与创业过程如影随形。在这些情况下，对创业者来说，如何保持内心平衡和坚持梦想是非常重要的。

麦尔维尔（Herman Melville）的著名小说《白鲸》（Moby-Dick）深刻描述了一位船长长达 40 年的捕鲸生涯。小说的主人公是亚哈（Ahab）16岁出海捕鲸，是一位非常有能力和经验的船长。亚哈全身心地投入自己的捕鲸事业，即便是在与鲸鱼的搏斗中丧失一条腿也毫不在惜。在这个故事中，白鲨代表了大自然的神秘和复杂的力量，而亚哈则代表了一种英雄主义，战胜各种限制，与其做斗争。

与亚哈的捕鲸生涯相似的是，创业者在创业过程中也会遭遇种种挫折和失败。通过分析和讨论，学生要了解创业过程的艰难和风险，同时也要学会处理矛盾、保持内心平衡。

通过上述实践，可以发现，经典著作的寓意是极为深刻的，发人深省，可以为创业教育提供良好的素材。在创业课堂中，尤其是面向非商科学生的课堂中，使用经典作品进行教学，可以帮助学生学习、发现和理解创业中的重要原则和概念。

三   课程实施的影响因素分析

创业教育课程实施是极为复杂的，受多种因素影响。任何一种方式方法都有其适应的目标和内容，没有绝对的好坏之分。

针对创业课堂的教学方式使用，高德纳和维斯博（Gartner& Vesper）在调查研究的基础上，进行了深入分析。他们对全世界 177 所四年制大学的 445 个创业课程进行描述和分析，调查研究的对象涉及教授、教师和学生等不同群体。在调查中，被访者需要对创业课堂中使用的教学方式进行描述和评价。通过对不同被访者回答的分析，高德纳将创业教育课程实施的成败进行归纳。

表 4—13 **创业教育课程实施成功案例**[①]

成功的创业课堂使用的方式	产品商业计划书
	创业校友演讲
	企业财务计划软件的使用
	演讲者捐赠 5 千美元或设立创业捐赠
	前期描述产品的商业计划—早期反馈
	为产品做商业计划而非服务
	创业者的生动案例
	记录访谈：商业计划
	课堂中的融资模拟—竞标和商业谈判
	财务分析中使用微观数学软件
	家族企业学：培养未来的家族商业领导者
	电视课程"拥有自己的企业"
	买—卖的谈判练习
	校友会面和校友问卷调查
	学生展示自己的商业体验
	专利局之旅：发现创意
	成功校友作为有偿创业导师
	为雇主做商业计划书
	使用新的、本土化案例
	使用疯狂右脑训练法激发创造力

① Gartner W B, Vesper K H. Experiments in Entrepreneurship Education: Successes and Failures[J]. Journal of business Venturing, 1994, 9(3): 179—187.

续表

成功的创业课堂 使用的方式	使用有现金奖励的竞赛和游戏法保持注意力
	补习金融和预算领域知识的研讨会
	学生选择现有公司并做顾问咨询
	参观货币管理公司后进行真正的投融资管理
	将一个主题分为 16 个主题模块
	两周一次的学生商业计划展示
	使用个性测量工具，找出个性中的优缺点
	确定商业领域后使用导师制

表 4—14　　　　　　　　　　**创业教育课程实施失败案例** [①]

失败的创业课堂使用的方式	缺少低年级课程
	两年的计算机模拟游戏
	暑期创业课程：时间过短
	创业者访谈
	全堂课围绕一个商业计划
	新制造业公司的学期项目：工作量过大
	团队商业计划
	主题演讲：没有按照规定任务进行
	将《公司创业》作为课后阅读材料
	对学生的会计、金融和市场营销背景的乐观估计

① 　Gartner W B, Vesper K H. Experiments in Entrepreneurship Education: Successes and Failures[J]. Journal of Business Venturing, 1994, 9(3): 179—187.

续表

失败的创业课堂使用的方式	本科生教育中缺乏商业核心预备知识的要求
	通过研究，学生写作创业案例
	团队规模超过 3 人
	使用其他专业的教员作为导师
	使用教材和案例
	使用学术期刊来记录商业计划细节
	课程结束后有期末考试
	在课堂中使用量性练习
	超过 35 人的课堂，不能很好分享和参与
	随机电话、个人展示所在小组的案例分析
	电影、影像和直接的教师讲授
	学生评价其他同学的作业／工作
	竞争性活动在课业评价中占 10%
	让学生发表课程建议
	用日志方式记录商业计划细节
	学生写案例、讨论
	放弃主题演讲，由于不同演讲者的水平参差不齐
	课程结构松散
	布置演讲、金融和成本分析的作业
	案例分析 & 考试 & 商业计划书

　　上述研究成果充分证明了创业课程实施的复杂性：有的课堂使用案例和讲座进行教学取得了良好效果，而有的则失败了；团队项目设计同样存

在成功和失败两种不同的教学效果。

通过对创业课程实施的分析，可以得出以下几方面。

首先是对学生已有知识经验的评估。对学生已有知识经验的评估是所有创业教育的起点，也是课程设计要考虑的重要因素。学生已有的知识经验是客观基础，而决定课程成败的是教师对学生能力和水平的准确判断。当教师对此过于乐观时，课堂教学往往难以取得令人满意的效果，如在高德纳的研究中，当教师对学生拥有的会计、金融和市场营销知识持有乐观态度时，创业课堂教学失败了。在课堂教学中，当教师对学生的课程要求过于宽松（不要求完成创业核心领域知识的准备）时，课堂教学容易失败；当教师要求学生对金融、会计等课程进行补充性学习时，课程教学更易成功。

其次是案例教学的使用。如上文所述，案例教学是创业课堂教学中的有效方式，但是这种方式的不当使用，会导致教学失败。在案例教学中，案例的选取非常重要，如应该选取本土化，与教学目标和学生基础相适应的案例进行分析讨论。如果选取的案例偏离学生的生活实际或胡编乱造，缺乏真实性和合理性，那么教学效果往往难以保证。

再次是主题演讲的使用。邀请校外人士进行主题演讲是创业教育教学经常使用的教学方式。在实际教学中，这种方式并不一定会取得令人满意的效果。如果校外人士没有按照规定题目演讲或主讲人演讲口才不佳、缺乏演讲技能时，教学效果往往较差。由于资讯日益发达，学生在掌握最新信息方面的能力远超过教师和校外演讲者，因此邀请校外人士讲授或传播信息会变得越来越少。未来的趋势是使用校外人士担任导师和咨询者来指导学生的创业过程，如邀请杰出校友、创业家、企业家等。

最后是团队项目的人数问题。涉及人数较多的团队项目容易失败。人数过多的团队会造成分工模糊、管理真空、不易协调等问题，最终导致项目失败。在团队项目设计中，以3—6人为宜，团队内部要分工明确、优势互补，各展所长，共同完成项目。

第四节　课程评价

培养创业精神的课程以面向全体学生、普及创业意识为主要目的。针对此类课程，评价主要包括课程开设数量、学生参与率、创业影响力等方面。课程开设数量与学生参与率是客观指标，主要通过事实和数据来评价课程效果。创业影响力是指此类课程对创业教育发展、高校整体发展的积极作用，如创业型大学、创业生态系统的建立等。

一　课程开设数量与学生参与率

目前，高校的全校性创业教育发展已经初具规模。上文中提到的考夫曼基金会致力于推广全校性创业教育，已经吸引美国的很多著名高校参与，从第一期的 8 所大学发展到第二期的 30 所大学。在美国，很多大学将创业教育引入非商科学院。如 2011 年的数据显示，86% 的本科生商业教育项目、73% 的 MBA 项目、47% 的本科生工程教育项目、30% 的研究生工程教育项目以及 69% 的除商学院和工程教育之外的项目提供创业教育，全校性创业教育的影响力正在逐渐扩大。

欧盟有 53% 的高等教育机构的创业教育目标是为所有学生提供创业教育机会，有 48% 的高校的创业教育目标是将创业意识渗透进所有的课程中。英国在全校性创业教育开展方面取得了很大进展，据统计，有 16% 的高校学生参与了创业教育项目，有 40% 的创业课程是由商学院之外的其他学科提供。

参与创业教育的学生比例也在不断增长，如美国百森商学院、麻省理工学院（MIT）、康奈尔大学、斯坦福大学、宾夕法尼亚大学接受创业教育的学生比例已经分别达到了 70%、15%、20%、15% 和 10%。进入 21 世纪后，欧盟大力推进高校创业教育，强调其对每位学生的重要性，将创业精神和创业能力作为终身学习的八大能力之一。[①]

2012 年，英国国家创业教育中心（National Centre for Entrepreneurship

---

① 梅伟惠：《创业人才培养新视域：全校性创业教育理论与实践》，《教育研究》2012 年第 6 期。

in Education，NCEE）对英格兰高等教育机构的创业教育实施情况进行调查，结果显示：99%的高等教育机构支持学生的创业活动，75%的学校提供创业领域的学分制课程，90%的学校提供学生和毕业生创业类的课外活动。学生参与率（student engagement rate，SER）为18%（12%为创业教育课程，6%为创业教育课外活动），并预计这一数值将在2014年增至20%；男生参与创业教育课程为57%，女生参与率为43%；提供给本科生的课程占69%，提供给研究生的课程为31%，全日制课程占71%，兼职类课程占29%。[①]

表4—15   2012年英格兰高等教育机构创业教育开展情况

英格兰	百分比（%）
学生参与率	18
男生：女生（创业课程参与率）	57:43
本科生：研究生（创业课程参与率）	69:31
全日制学生：非全日制学生（创业课程参与率）	71:29
高校提供创业支持	99

通过2010年和2012年的对比，可以发现，学生参与率由2010年的16%上升至2012年的18%。2010年有60%的创业课程或项目是由商学院和管理学院提供，而这一比例在2012年为50%，这表明越来越多的非商科学院参与到创业教育，提供创业教育项目或课程。这些都将进一步提升创业教育的学生参与率。学生创业俱乐部的开设由67%上升至70%，越来越多的学生参与创业相关活动。

---

①   Enterprise and Entrepreneurship in Higher Education   — 2012 National Survey[EB/OL]. http://www.ncee.org.uk/publication/NCEE__2012_Mapping_Report.pdf.2013—11—10.

表4—16　　　2010年与2012年英格兰高等教育机构创业教育开展情况比较

年份	2012	2010
学生参与率（SER）	18%	16%
商学院和管理学院提供的课程	50%	60%
学生创业俱乐部	70%	67%

上述数据显示：越来越多的学生开始参与创业教育及相关课程；创业教育课程的提供主体正从商学院和管理学院向其他学院扩展，即全校性创业教育的趋势愈加明显；越来越多的高校开始为创业教育及课程、学生创业活动等方面的发展提供支持。这些都表明，全校性创业教育正在逐步推广，并获得越来越多的认可。

二　创业影响力

针对全校性创业教育而言，其影响力主要表现在两个方面：创业型大学的发展、创业生态系统的建立。

创业型大学。英国政府出台多项政策，推动创业型大学的发展。2008年起，国家创业教育中心（NCEE）在全国范围内评选创业型大学，将大学环境（Institutional Environment）、学生参与率（Student Engagement）、创新与创业师资（Innovative and Entrepreneurial Staff）、创业影响力（Entrepreneurial Impact）作为评选创业型大学的标准。[①] 依据以上标准，NCEE每年遴选出年度创业型大学，作为对其在创业教育及活动方面的肯定和鼓励。

---

① Criteria for Entrepreneurial University [EB/OL]. http://ncee.org.uk/leadership-and-management/the-entrepreneurial-university/2013—10—15.

表 4—17　　　　2008—2013 年 NCGE 英国年度创业型大学评选情况 [①]

年份	2008—2009	2009—2010	2010—2011	2011—2012	2012—2013
创业型大学的入围名单及获奖学校	诺丁汉大学 *	贝尔法斯特女王大学 *	赫特福德大学 *	考文垂大学 *	斯特莱斯克莱德大学 *
	考文垂大学	考文垂大学	布鲁内尔大学	中央兰开夏大学	切斯特大学
	贝尔法斯特女王大学	赫特福德大学	中央兰开夏大学	爱丁堡大学	林肯大学
	利兹大学	普利茅斯大学	帝国理工大学	北安普顿大学	谢菲尔德大学
	牛津大学	萨里大学	普利茅斯大学	普利茅斯大学	萨里大学
	索尔福德大学	斯特莱斯克莱德大学	提赛德大学	约克大学	提赛德大学

注：标记 * 号为当年评选中获胜的大学。

创业生态系统。培养创业精神的课程注重氛围的营造，形成创业生态体系（Entrepreneurship Ecosystem）。"创业生态系统"最早由凯瑟琳·邓恩（Katharine Dunn）于 2005 年提出。她认为，美国麻省理工学院形成了由数十个项目组织和中心共同组成的"创业生态系统"，旨在培养创业精神。邓恩没有给出创业生态系统的明确定义，但是创业生态系统有一些基本特征，如以创业型大学为基础，整合大学内与创业相关的所有资源（包括课程、技术、人力等）。麻省理工学院形成了创业教育、创业活动和学生社团之间的联动体系。在麻省理工学院，创业是学校发展的主题，多部门、多途径的参与模式保证创业在全校范围的开展。[②]

---

① The Entrepreneurial University of the Year [EB/OL].http://ncee.org.uk/leadership-and-management/the-entrepreneurial-university/2014—03—10.

② 刘林青、夏清华、周潞：《创业型大学的创业生态系统初探——以麻省理工学院为例》，《高等教育研究》2009 年第 3 期。

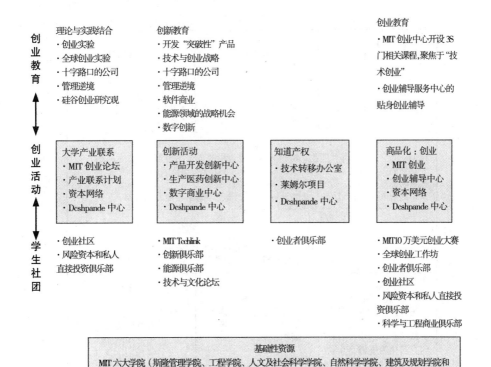

图4—7　MIT创业生态系统

　　考夫曼校园计划提出了将创业纳入校园生活、建立创业生态体系的要求。考夫曼创业生态系统建立在创业教育、创业研究和创业服务活动三大基础之上，三者相互促进、共同推动创业发展。

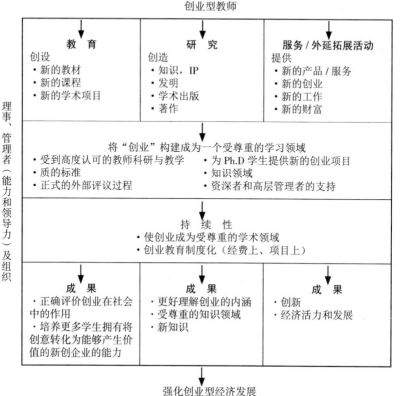

图4—8　KCI 创业生态系统①

　　不管是麻省理工学院的创业生态系统还是考夫曼创业生态系统，其共同特点是以创业教育为基点，将创业活动、创业研究等结合起来，形成一个循环圈，凝聚多种力量来发展创业。全校性创业教育模式和创业生态系统有内在的统一性：两者都强调开展多样化的创业教育活动；创业是校园文化的重要组成部分；形成校园创业氛围，培养学生创业思维方式。因此，建立创业生态系统是开展全校性创业教育，培养大学生创业精神的重要保障。

---

　　①　梅伟惠：《美国高校创业教育研究》，浙江教育出版社 2010 年版，第 175 页。

第五节　小结

　　培养创业精神的课程旨在将创业融入高校发展，以全体学生为培养对象，建立创新创业型校园文化。本章从课程目标、课程内容、课程实施、课程评价四个方面对培养创业精神的课程进行深入分析，力图揭示此类课程的运作方式和实施过程。

　　培养创业精神的课程采用广义的创业界定，将创业与创新相联系，将创业理解为一种生活方式和态度。这种界定催生了许多新概念和新现象，如创业型大学、全校性创业、社会创业、内创业者等。因此，此类课程的目标是培养积极的创业态度。

　　课程内容建立在对创业精神的理解之上，包括创新精神、合作精神、敬业精神和社会责任。在对此类课程的内容设置研究中，学者们都将企业家精神作为核心，强调学生创业品质、个性等的培养。在课程开设实践方面，美国考夫曼基金会于2003年开展的"考夫曼校园计划"致力于推进创业教育的全校性发展，为所有学生提供合适的创业教育。日本、澳大利亚等在高校中开设全校性创业教育课程，旨在培养学生创业意识和创业精神。

　　针对此类课程的特点，课程设置应该注意以下几方面：将创业融入高校的总体规划；打破学科壁垒、实现跨学科发展；吸引具有不同学科背景的教师参与课程等。

　　与积极的创业态度获得相对应，创业课程实施应该以观察学习和人本主义为理论基础，建立一种基于学生主体（student-approved）的教学模式，实现有意义的接受学习。具体的课程实施方式包括认知引导和体验分享。认知引导是教授创业基础知识，如可以采用案例法，既可以实现对真实情景的模式学习，也可以对传统教学方式进行革新。体验分享重视学生在社会交往、参与活动中获得直观感受，将个人理论转化为内在信念，强调参与、互动、情境介入。在体验式教学中，仿真游戏教学法、经典著作教学法都曾取得不错的效果。同时，创业课程实施极为复杂，受到多种因素的影响，因此，在具体实施中，要充分考虑多种因素，选择与课程目标、内容等相匹配的方式方法。

　　针对以普及创业精神为主的课程，评价标准应该包括课程开设数量、学生参与率、创业影响力等方面。越来越多的高校开始进行全校性创业教育，学生的参与率逐年增长，创业型大学和创业生态系统的建立标志着创业教育及课程的影响力不断增强。

第五章

培养创业实践者的课程

在培养创业精神的基础上，根据社会需求和实践需要，创业教育的重要目的是培养创业实践者。目前，世界上很多国家大规模地开展创业教育，其目的就在于培养创业实践者，解决失业问题、拉动经济增长。

培养创业实践者的创业教育课程包括：第一是对创业的认识。创业就是指开创新企业，创业者是具备创业素质和创业能力，能够真正从事创业实践的人。因此，课程目标就是培养学生的创业实践智慧。第二是课程内容。创业者必须具备专业技能和创业技能两大方面，相应地，课程内容主要包括创业知识和专业领域知识。第三是课程实施。与实践智慧获得相对应，此类课程实施以行动学习和建构主义为理论基础，关注学生实践能力的获得，创业实施强调以项目为中心，学生建构知识等，聚焦于从做中学、参与实践等方式。第四是课程评价。对培养创业实践者的课程进行评价，要注重将长期评价与短期评价、主观评价和客观评价相结合。

第一节　课程目标

一　厘清课程目标的基础：创业实践者特征及其影响

创业实践者是从事创业活动，把机会转化为现实，从而创造价值的个体。与前文中提到的内创业者、社会创业不同，创业实践者以市场为导向，关注营利性行为。下面以创业者特征与创业理论进行简要分析。

表 5—1　　　　　　　　　　　　创业者的共同特征 [①]

特征	表现
梦想	对未来有远见，并有能力实现梦想
决断	迅速做出决定的能力
实践	以行动为导向的能力，将创意付诸实施
决心	面对困难和障碍，从不屈服
专注	聚焦于创业，全身心投入工作
投入	对所从事事业的热爱与付出
细节	对关键性细节的把握能力
命运	自己把握命运，从不依赖他人
金钱	不是创业者的主要动机，只是一种衡量标准
分配	对权力和财富的分配能力

表 5—2　　　　　　　　　　　　创业理论及其学派 [②]

学派	代表人物	主要观点
风险学派	奈特等	企业家专注于风险管理
领导学派	萨伊、马歇尔	创业是生产过程和企业组织的领导者
创新学派	熊彼特等	创业者是创新者
认知学派	新奥地利学派	认知/思维方式影响创业
社会学派	萨克森尼安	社会环境影响创业
管理学派	德鲁克	创业是管理的一部分，可以后天习得

---

① 梅伟惠：《美国高校创业教育》，浙江教育出版社 2010 年版，第 24—25 页。
② 同上书，第 25—26 页。

续表

学派	代表人物	主要观点
战略学派	扎赫拉	创业是一种战略管理过程
机会学派	沙恩、辛格	机会识别和利用是创业的核心

从表5—1和表5—2中看出，创业实践者的最关键特征是聚焦于行动，将机会转化为商业价值的过程。因此，创业实践者不仅仅拥有创新思维和创意，更是以行动为导向的人。

二　课程目标：培养创业实践智慧

基于上述分析，培养创业实践者的课程目标是获得实践智慧。针对创业教育，尤其是培养创业实践者的课堂，仅有广博的知识远不能满足创业实践的需要。创业意味着面临大量不确定性因素、多变的社会环境，需要对情景进行分析和综合，从而灵活应对。

实践智慧的概念最早出自古希腊，苏格拉底和柏拉图认为，实践智慧是指知识和德性的统一，如苏格拉底的著名论断"美德即知识"。而后，亚里士多德对实践智慧进行了更为具体的分类研究。他不仅明确地提出了这一概念，还指出它的特征：其对象是可以改变的事物，区别于纯粹科学研究对象的必然性和永恒性；其本身就是目的，区别于技术/应用科学的外在目的性；其追求的是善，即有益的结果；针对特殊事物的智慧，而非普遍意义上的知识。[①]因此，实践智慧是指实践领域的智慧，那些对人类有益或有害的事情采取行动的真实的，伴随着理性的能力状态。

实践智慧是一种哲学概念，是从本体论视角出发的对人和人之外世界之间的联系的诠释。结合实践智慧的含义和创业这种特殊的实践活动，本研究认为，创业实践者需要获得的是问题解决能力。

问题解决是指由一定情景引起的，按照特定目标，应用各种认知活动、技能等，使问题由初始状态达到目标状态的过程。问题解决是很多学科研

---

① 洪汉鼎：《论实践智慧》，《北京社会科学》1997年第3期。

究的热点问题，如在心理学研究领域，关于问题解决有多种理论解释，如
试误说、顿悟说、信息加工理论等。现代认知主义学家们对这一问题进行
系统研究，有奥苏泊尔、格拉斯、基克等（见表5—3）。

表5—3　　　　　　　　　　问题解决过程的理论研究

代表人物	问题解决过程
奥苏泊尔	呈现问题、明确目标和条件、填补缝隙、检验
格拉斯	形成表征、制订计划、重构表征、执行计划和检验
基克	理解和表征问题、寻求解答、尝试解答、评价

　　三者的共同点在于：将问题进行分解（理解和表征的过程），寻求条
件和目标关系，建立新旧知识之间的关联，从而找到解决问题的途径。
　　针对创业来说，这种问题解决能力就是能够应用各种知识和技能，经
过一系列思维和实践操作，从而成功解决创业过程中的各种问题的能力。
不管是实践智慧，还是问题解决能力，其核心是能调动自身知识和经验解
决实际生活中的问题，并能够积极反思，形成独特的个人认知图式和知识
体系，从而更好服务于未来的实践。这就超越了单纯的知识学习，而是强
调建立在知识基础上的思考、实践等能力。

第二节　课程内容

　　课程内容的确立要建立在对创业实践者研究的基础之上，即创业实践
者需要具备哪些能力，然后，据此进行有针对性的课程内容设计。

一　设置课程内容的基础：创业能力及其构成要素

　　早期对创业者的研究聚焦于创业特质，即创业者的个性特征，如成就
动机与内控型等。此类研究试图对创业者和非创业者、成功创业者和非成
功创业者进行区分，从而总结出创业者/成功创业者的特质。随着研究的
深入，此类方法的弊端逐渐暴露。首先，创业特质的研究会推导出创业源

于天赋的结论，因为个性特质在很大程度上受遗传影响，从而否定创业教育的重要性。其次，越来越多的研究证明，创业者之间的特质差异远大于创业者与非创业者之间的特质差异。[①]这些都使创业特质说逐渐式微。随后，人们逐渐接受"创业可教"的观点，因此，创业能力的研究开始兴起（因为能力是可以通过后天的教育和培训得以提升的）。那么到底创业者需要具备哪些能力？这些能力之间有什么关系？

一般认为，能力是一种心理特征，是顺利实现某种活动的心理条件。能力主要表现在从事的各种活动中，并在活动中得到发展。[②]能力的概念包括完成活动所需的技能和心理品质，但是，这种心理品质是可以通过后天的活动进行而形成的。由能力推演至创业能力，即可以理解为，创业能力是从事创业活动所需的心理条件。

（一）已有研究分析

目前的创业研究中，与创业能力相关的概念还有创业技能和创业胜任力等。这些概念之间既有区别，也有联系。如创业技能是创业能力的下位概念；创业能力和创业胜任力是平行概念，互有交叉。

1. 创业技能

《全球创业观察》将创业技能分为五个部分：（1）发现商机的技能；（2）组织创业资源的技能；（3）创办和管理小公司的技能；（4）创办和管理高成长型公司的技能；（5）创办新公司的经验。[③]

考瑞尔斯基（Kourilsky）认为创业技能包括三种：机会识别和商业创意、资源整合和实施商业创意。机会识别是基础，包括敏锐的观察力，市场或客户的观察、创意、适应；资源整合是指在识别机会之后，对人力、物力、财力等各种资源进行调配重组，使其发挥最大效用；实施商业创意是指将创业意向付诸行动，即开创企业，包括人力资源、筹措资金、市场营销、

---

①　Luthans F, Stajkovic AD, Ibrayeva E. Environmental and Psychological Challenges Facing Entrepreneurial Development in Transition Economies[J]. Journal of WorldBusiness,2000, 35: 95—110.

②　彭聃龄：《普通心理学》，北京师范大学出版社 2001 年版，第 390 页。

③　高健、程源、李习保、姜彦福：《全球创业观察中国报告 (2007): 创业转型与就业效应》，清华大学出版社 2008 年版，第 38—42 页。

销售、质量管理等。[1]

史密斯（Smith）等将创业活动开展所需要的技能分为四类 17 项：技术技能（technical skills）、管理技能（managerial skills）、创业技能（entrepreneurial skills）和个人成熟技能（personal maturity skills）。同时，他认为这些技能是可以通过教育或者培训的方式获得的。

表 5—4　　　　　　　　　Smith 创业技能分类[2]

技能	内容
技术技能	生产产品和提高服务的技能；获得原材料的技能；办公或生产空间：满足这些需要的技能；获得厂房、设备、技术的技能
管理技能	管理：组织、规划、指导、团队合作；市场营销：识别客户、分销渠道、供应链；财务管理：管理财务资源、会计、预算；法律：组织形式、风险管理、隐私、安全；行政：人际关系；高阶能力：学习、问题处理
创业技能	商业观念：创业计划、陈述能力；抓住市场机会；保持独立与寻求帮助的平衡
个人成熟技能	自我意识、责任感、情绪控制、创造力

卢德曼（Rudmann）从专业技能、管理技能、机会技能、战略技能、合作 / 网络技能五个角度阐述了与创业活动相关的技能（见表 5—5)。同时，通过对技能之间的关系进行分析，他认为专业技能和管理技能是基本技能，机会技能、战略技能和合作 / 网络技能才是严格意义上的创业技能。

---

①　Kourilsky M L. Entrepreneurship education: Opportunity in Search of Curriculum [EB/OL]. Kauffman Center for Entrepreneurial Leadership, 1995.

②　William L. Smith, Ken Schallenkamp, Douglas E. Eichholz. Entrepreneurial Skills Assessment: An Exploratory Study[J]. International Journal of Management and Enterprise Development 2007—Vol. 4, No.2 : 179 - 201.

表 5—5　　　　　　　　　　**Rudmann 创业技能要素**[①]

专业技能	特定专业的技能、技术技能
管理技能	财务管理和行政管理、顾客管理、人力资源管理、总体规划
机会技能	识别创业机会、市场和顾客导向、威胁意识、创新、风险管理
战略技能	获得和利用反馈的技能、反思、监控和评估、概念技能、战略规划、战略决策、目标设定
合作 / 网络技能	合作技能、构建网络技能、团队合作技能、领导力

徐小洲等将创业技能定义为"个体在已有创业知识和创业经验的基础上，通过教育、培训、练习、体验等途径形成的，促进创业活动顺利实现的认知和操作活动的稳定方式"。这一概念重点突出了创业技能的可培养性及认知操作性，并使之与能力、知识及个人特质相区分。同时，按照过程角度将创业技能分为创业操作技能和创业认知技能两种，重视创业认知技能的获得（见图 5—1）。

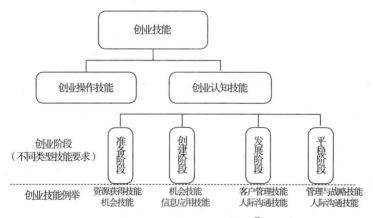

图 5—1　**创业技能模型**[②]

---

① Rudmann C. Entrepreneurial Skills and Their Role in Enhancing the Relative Independence of Farmers[M]. Forschungsinstitut f ü r biologischen Landbau (FiBL), 2008.

② 徐小洲等：《大学生创业技能发展战略研究》，浙江大学出版社 2014 年版，第 39 页。

曾尔雷在文献回顾和专家访谈的基础上，结合大学生群体的创业特征，提出了大学生创业技能的二维结构框架，即涵盖应用层面的功能性技能和发展层面的行为性技能两大类共 20 余种技能要素（见图 5—2）。

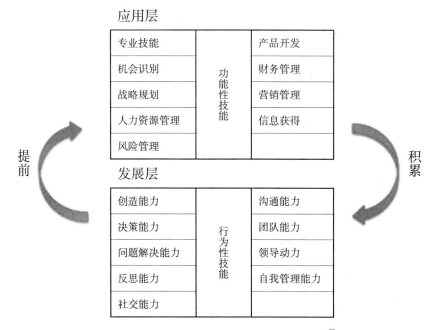

图 5—2　大学生创业技能二维结构框架[①]

2. 创业胜任力

胜任力是指在人们所具备的能够胜任工作岗位要求的知识、能力和特质的综合。传统的智力测验没有取得令人满意的结果，由此，胜任力作为一种新的衡量标准开始受到关注。"胜任力"一词最早是由哈佛大学麦克利兰教授（McClelland）在《测量胜任力而非智力》（《*Testing Competency Rather Than Intelligence*》）一书中提出的，其目的在于用胜任力取代智力来评估人们从事工作的能力。胜任力一词融合智力、经验和心理品质等，可

---

① 曾尔雷：《基于二维结构的大学生创业技能提升的创业教育策略》，《教育发展研究》2013年第 11 期。

以更好地预测人们从事工作的能力。在管理学和人力资源领域，关于胜任力的研究成果颇丰，包括胜任力模型的构建、胜任力与绩效的关系等。

钱德勒（Chandler）和汉克斯（Hanks）首先使用了创业胜任力这一概念，并将其定义为"识别、预见和利用机会的能力"。国内学者冯华、杜红在已有研究基础上提出了创业胜任力的概念内涵，即在企业创业过程中，一个绩效优秀的创业主体所具备的能够胜任企业创业任务并取得高的创业绩效所要求的知识、技能、能力和特质，集中表现为在创业过程中能够识别、追求机会，获取和整合资源的综合能力，其构成包括机会胜任力、组织胜任力、关系胜任力、战略胜任力、承诺胜任力、概念胜任力、情绪胜任力和学习胜任力等方面（见表5—6）。

表5—6 **创业胜任力维度及特征表现**[①]

创业胜任力维度	特征表现
机会能力	通过各种手段捕捉和孕育市场机会的能力
关系能力	人与人之间或人与组织之间互动的能力，包括凭借契约或社会关系、沟通说服能力和人际技巧等建立合作和信任的周边环境
概念能力	反映创业主体行为的概念化能力，包括决策技能、借鉴分析和掌握复杂信息、风险承担和创新性
组织能力	组织企业内外资源（人、财、物和技术资源），团队建设、领导下属，培训和监控技能
战略能力	设置、评估和实施公司战略的能力
承诺能力	驱使企业家永续经营的能力
情绪能力	熟知个人情绪特点，并在与他人相处或压力情境中有效管理个人情绪的能力
学习能力	从以往自己或他人经历、关键事件中，主动学习并改变自己行为的能力

---

① 冯华、杜红：《创业胜任力特征与创业绩效的关系分析》，《技术经济与管理研究》2006年第6期。

木志荣通过对大学生的访谈调查，提出创业胜任力包括创业素质和创业技能两个维度。其中，社会交往能力、组织协调能力、个性特征、心理素质、洞察力、团队意识、创新力、意志力、战略眼光和决策能力、知识结构、价值观、风险和不确定性承受力等构成创业素质维度；识别商机、创意激发能力、资金筹集和运作能力、市场营销能力、管理能力、团队建设能力等构成创业技能维度。[①]

3. 创业能力

继创业特质说和创业行为说之后，从认知主义视角研究创业成为学界的热点。认知主义学者认为，创业者和非创业者的最大不同是他们的思维方式，即创业者拥有能够帮助他们做出评估、判断和决策的认知结构。这些认知结构体现在风险管理、机会识别，对未知和失败的处理等方面，与非创业者比较，成功创业者在这些方面展示出更好的管理和掌控能力。具体而言，创业者需要具备的能力包括机会识别能力、设计能力、风险管理能力、韧性/坚持能力、实现能力。[②]

欧洲议会和理事会于 2006 年 12 月发布了《关于终身学习所要求的关键技能的建议》，将"首创性和创业精神"列为终身学习的八大关键能力之一，其核心要素包括：（1）发展具有创业意识和行为的个人特质和技能（创造力、主动性、冒风险、自主性、自信心、领导力、团队精神等）；（2）提升学生将自我雇佣和创业作为职业选择的意识；（3）从事具体的创业项目和活动；（4）提供如何创业和如何成功运行企业的专门商业技能和知识。事实上，这种分类方式将创业技能分为两种，一种是和个人特质结合在一起的能力；另一种是从事具体创业活动的能力。同时，这种分类提炼出职业选择意识，从"创办事业"而非"创办企业"来理解创业概念。[③]

唐靖和姜彦福结合文献综述、理论分析与实证检验，重新构建创业能力概念的维度。创业能力包含机会识别与开发能力，运营管理能力的两阶

① 木志荣：《大学生创业胜任力研究》，厦门大学出版社 2008 年版，第 123—124 页。

② Duening T N. Five Minds for the Entrepreneurial Future Cognitive Skills as the Intellectual Foundation for Next Generation Entrepreneurship Curricula[J]. Journal of Entrepreneurship, 2010, 19(1):1—22.

③ European Commission. Entrepreneurship in Higher Education, Especially within Non-business Studies[EB/OL].http://ec.europa.eu/enterprise/policies/sme/files/support_measures/training_education/entr_highed_en.pdf, 2008.10, 7, 10. 转引自梅伟《欧盟高校创业教育政策分析》，《教育发展研究》2010 年第 9 期。

六维度概念，即机会识别与开发能力可细分为机会识别能力、机会开发能力两个二阶维度。运营管理能力分为组织管理能力、战略能力、关系能力和承诺能力四个二阶维度。他们首先将创业能力分为机会能力与运营管理能力两个一阶维度，然后在这两个一阶维度的基础上，设置了六个二阶维度，即在机会能力维度下设置机会识别能力和机会开发能力两个二阶维度，而在运营管理能力维度下设置了组织管理能力、战略能力、关系能力和承诺能力四个二阶维度。[①]

表 5—7 创业能力维度及其定义

维度	维度定义
机会识别能力	识别市场机会的手段和方法
机会开发能力	将识别出的机会落实的能力
组织管理能力	组织多种内外部人、物、资金和技术资源等的能力
战略能力	制定、评价和执行企业战略的能力
关系能力	建立个体间、个体与群体的良好互动关系
承诺能力	实现对供应商、客户、员工、风投商的利益承诺

在对一般的创业能力进行研究的同时，有学者从工程创业能力的角度进行定义：具有拥有工程或技术的相关背景知识的个人或团队，从事与工程和技术的开发、生产和服务等相关领域创业活动的意向和能力。具体而言，工程创业能力包括创业动机与自我激励能力；团队管理能力、技术管理能力和市场管理能力。团队管理能力包括组建团队、团队合作、激励团队成员、处理团队人际关系等。技术管理能力是指处理与创业相关的各种工程和技术方面的问题的能力，包括关于技术领域的前瞻能力和判断能力、技术创意、产品设计、产品开发、产品的制造或服务、产品改进等。市场

[①] 唐靖、姜彦福：《创业能力概念的理论构建及实证检验》，《科学学与科学技术管理》2008年第 8 期。

管理能力包括机会识别、客户需求分析、市场营销、客户管理、融资、处理公共关系等。[①]

（二）本书关于创业能力的分析

通过对文献的分析，可以看出，学者们对创业能力及相关概念的研究多是从自身学科背景出发进行维度划分和界定。这些研究中存在共识，如所有学者的研究中都包括机会识别、资源管理、团队合作等能力。结合已有研究成果，笔者提出创业能力的四个维度：机会能力、资源能力、管理能力和专业能力（见表5—8）。作为大学生群体，利用自身的知识和技术优势进行高水平创业是高校创业教育的基本理念。所以，将专业能力单列一个维度进行分析可以更好地实现基于专业能力的高水平创业目标的实现。

表5—8 本书关于创业能力的分析

能力	能力要素
机会能力	发现机会、识别机会
资源能力	组织资源、整合资源
管理能力	团队管理、战略管理、财务行政管理、自我管理
专业能力	特定行业的技术能力

1. 机会能力

在所有关于创业能力的研究中，机会能力是最为重要和关键的能力。识别、开发和利用机会是创业的起点和核心，也是创业活动区别于其他活动的主要特征。那么创业机会是什么？谢恩（Shane）的定义较为常用，即新商品、新原材料、新服务、新组织方法和新市场等的引入并可能以高于

---

① 高树昱、邹晓东、陈汉聪：《工程创业能力：概念框架、影响因素及提升策略》，《高等工程教育研究》2013年第4期。

生产成本的价格卖出的一种情景。[1] 有的学者则认为，机会只有在新企业创办之后才能称为"创业机会"。也有学者从营利性角度去定义创业机会，强调机会是通过有市场价值的产品和服务获得利润的事业。

通过对已有概念的分析，可以得出，界定"创业机会"的核心是途径和结果，即通过什么方式获得什么结果／潜在结果。基于此，本研究认为，创业机会是创业者准确把握分析信息，带来新事物的出现（新产品、新服务、新技术、新理念、新的生产过程、新的要素组织方式等），从而获得盈利的情景／潜在情景。

关于机会识别的学说主要有两种：机会发现说和机会创造说（见表5—9）。

表5—9 **创业机会识别理论**[2]

理论	主要观点	代表	机会识别过程
机会发现	创业机会独立于创业者之外，机会是人们发现的	新古典经济学派奥地利学派	特定条件下不同创业者可以发现相同机会信息的异质性导致创业者感知机会的差异
机会创造	创业机会是基于创业者对外界环境的主观认识	创生理论	创业机会是人脑对外界事物的主观加工过程

机会发现说认为，创业机会是客观存在的，独立于创业者而存在。这种观点强调创业者对信息的掌握，信息的异质性导致人们对不同机会的敏感性差异。由此，创业者的认知能力影响机会识别。机会创造说认为，虽然环境是客观存在的，但是不同创业者眼中的环境是异质的，因为任何一个机会识别都是由创业者对外部环境关系的主观解读构成，是主体自主建

---

[1] Shane S, Venkataraman S. The Promise of Entrepreneurship as A Field of Research[J]. Academy of ManagementReview, 2000, 25(1): 217—226.

[2] 陈燕妮：《创业机会识别的整合视角》，《科技进步与对策》2013年第30期。

构的世界。这种观念强调阐释、人际交互和先前经验的重要性。

从信息加工的视角来看,两种学说有共同之处,可以进行整合(如表5—10所示)。[①]

表5—10 　　　　　　　　**机会发现说和机会创造说的整合视角**

机会识别机制	信息加工机制	机会识别过程
机会发现说	算法式加工	以规范方式表征现实;创业者根据环境信息和以往经验尽可能塑造逼近现实的模型;信息是明确的、可编码的和正式的
机会创造说	启发式加工	以释意方式处理信息;通过内部建构来形成事实;通过外部的外显信息和内部的内隐信息产生创业机会

创业机会识别包括识别和评估两个阶段:识别是信息加工过程;评估是一种价值判断过程。任何一个机会的识别都包括对客观信息的认识和主观价值的判断,最终确定这一机会是否适合进一步开发。那么机会来自哪里呢?关于机会来源有两种解释:柯兹纳(Kirzner)认为,机会存在于人们拥有信息的异质性,即人们根据自己的信息去判断市场情况,从而做出不同的决策;熊彼特(Schumpeter)认为,机会来自外部条件的变化,如技术革新、政治和行政变革、社会人口变化。这些变化产生新的需求,从而带来潜在的市场。

如果将机会识别作为一个过程来看,那么这一过程是怎么发生的呢?谢恩(Shane)和巴隆(Baron)将机会识别过程分为优越的信息获取渠道和有效使用信息(见图5—3)。

---

① 陈燕妮:《创业机会识别的整合视角》,《科技进步与对策》2013年第30期。

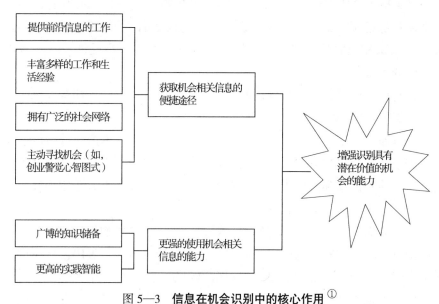

图 5—3　**信息在机会识别中的核心作用** [①]

优越的信息获取渠道依靠自身的已有经验和广泛的人际网络。当人们长期从事某一行业，就会获得其他人难以获得的信息，即对行业的深入思考和理解，发现外行人难以发现的问题和机遇。这些都使其更易识别存在或潜在的机会。加格里奥（Gaglio）和卡茨（Katz）提出了创业警觉的心智图式，即一种内在的心智结构，可以帮助创业者将新经验和已有经验建立联系，对机会保持警觉并识别。有效使用信息是指对信息的解释和利用能力。[②] 创业者发现信息后，将大量信息以良好的方式进行组织和管理，更易形成战略或计划。这一过程受到创业者知识储备和实践智能的影响。

综上所述，机会识别的关键因素就是知识、经验和智能。知识是基础，是机会识别的基本要素。掌握一定量的知识是识别机会的前提。经验是知识的存储方式，影响知识的获取。现代建构主义学派认为，任何知识都是主动建构的过程，受学习者已有经验的影响，同时任何习得的

---

　　①　［美］Baron,R.A Shane,S.A：《创业管理：基于过程的观点》，张玉利等译，机械工业出版社2005 年版，第 54 页。

　　②　［美］同上书，第 53 页。

知识又会成为个人经验,影响下一次的知识获取。智能是识别的高级阶段,是个体熟练运用知识和经验去认识事物,建构新旧事物之间联系的能力。智能是知识和经验的升华,是个体对外界环境的适应和反馈,决定着机会识别的质量。

针对机会识别,大学生群体的优势是其处于学习阶段,拥有大量的知识。他们的劣势是缺乏经验和智能。

一方面,大学生长期处于校园中,接触社会较少,不擅于分析市场变化和需求,从而很难发现机会。尤其是我国大学生,长期以来,应试教育将学生束缚于课本和教室中,学生缺乏实践锻炼机会,没有形成很好的实践能力,这些都不利于机会识别。

另一方面,大学生的心智发育不够成熟,对很多事物的认识和理解还不够深刻。将知识转化为能力,需要对已有知识进行加工编码,从而形成智能图式,在面临不确定环境时迅速做出判断。这些都要求大学生学会思考、能够发现事物之间的联系,从而形成自身能力。将知识和经验转化为智能是机会识别的关键步骤,因为静态的知识和零散的经验不能帮助人们对外界环境变化做出准确判断和自身调整。因此,将知识转化为个人经验,升华为智能,是大学生创业群体需要解决的重要问题。

2. 资源能力

识别机会之后,如何整合资源成为创业者最重要的问题。这里的资源包括人(团队)、信息、资金等方面。

人是资源中最为重要的要素,因为人是这些资源中唯一能动的要素。事和物要靠人或者团队获取、整合和运用。

在组建创业团队时,很多人会选择与自己经历、背景、兴趣等相似的人合作。与自己相似的人相处更易引发共鸣,实现有效沟通,但是这种选择模式会产生负面作用。一个团队中,相似成员越多,其成员间的知识、技能、习性和倾向性的重叠程度会越来越大,如工程师组建的团队都擅长技术领域,思维模式趋于一致。这就不利于发挥不同成员之间的互补优势。

一个团队中需要技术、营销、财务、管理等多方面的人才。这就涉及互补性问题,不同背景和阅历的人拥有不同的社交资源和人脉网络,不同背景的人思考习惯、社交网络、优势领域都有较大差异。这种模式才能保证团队成员实现优势互补,形成各方能力均衡的局面。因此,组建团队时要充分考虑相似性和互补性问题，如成员要在动机、个性特征方面相似（进取心强、自信、主动、高成就动机等），而在技术、管理、市场营销等方面互补。这种团队模式才能保证人员间最大限度地发挥自身优势，形成合力。

对大学生群体而言，和同学朋友一起创业是普遍现象。由于大学生的交际面较窄，朝夕相处的往往都是同学，甚至是同一学院、专业的同学。据调研数据分析，58.8％的大学生创业者其团队成员主要来自高中或大学本班同学，23.5％的创业者团队成员来自本校外系同学，从社会上有经验的熟人中寻求创业合作的有23.5％。所有创业者中均未选择志同道合的陌生人。①

这种模式在创业初期比较常见，成员间彼此了解，可以迅速融入，便于沟通交流，但是其弊端也会随着创业的深入出现凸显，由于大家都是朋友，没有高下之分，往往使得团队缺乏核心人物和决策力，结构过于松散，缺乏稳定性，在后期由于利益分配、战略思路、过程决策等方面的分歧，最终走向解散。这种例子在同学创业团队中经常发生，因此，在创业团队成员选取时，一定要明确成员间的地位和作用，建立决策机制、协调平衡成员间的关系，最终实现人员的有效整合。

信息是创业过程的重要资源。对信息的收集、判断和利用决定创业的成败。创业过程涉及的信息很多，主要包括市场信息、政策信息和法律法规。

在创建新企业之前，准确的市场信息是关键。市场信息包括潜在客户的偏好和需求、市场发展状况等。市场调研包括充分收集市场信息，对客户需求做出准确判断，并据此改进技术、产品或服务。这一过程往往不是一次完成的，要经过多次反复的修改和调整。在客户之外，对市场整体走向的把握、人们生活变革的理解、客户群体心理的分析也是信息整合的组成部分。这些都需要有多种技术互相印证和纠错，使用系统分析方法等来确保信息的准确性和科学性。

对创业者来说，熟知和预测政策信息是重要能力，尤其是在一些集权制国家，政策对企业的影响较大。一项政策的制定既会带来无限商机，也会导致一类企业的萎缩。准确了解国家对新创企业的优惠政策和扶持力度

---

① 　木志荣：《大学生创业胜任力研究》，厦门大学出版社2008年版，第92页。

等都有助于创业成功，尤其是对大学生而言，及时了解国家或地方政府对不同行业的税收优惠和准入制度可以更快成立企业，实现盈利。如国家对新兴产业、农业类创业的扶持政策等。利用政策优势尽快创建企业也是创业者的信息能力整合的表现。

法律法规涉及创业程序、运作规则和权益权力等。在美国，联邦政府涉及企业和创业的法规汇编超过 65000 页的新修订文本，这些法规由 52 个独立的政府机构管理，其雇员超过 120000 人。[①] 这一数据证明了创业者了解法律法规的重要性。如何开创一家新企业？如何实现合法化运营？如何维护自身权益？是创业者必须考虑的问题，尤其是在法制化国家，依法从业、合法操作都是公民的基本义务。这里涉及企业或行业伦理化问题，如行业道德准则等。对大学生群体来说，了解法律常识是创业的基础。

对于新创企业来说，由于资源、规模的限度，任何一个小的错误决策都有可能断送创业前程。准确整合利用信息显得尤为关键。而在现实生活中，人们的思考、判断和决策往往受到错误和偏见的影响。

谢恩（Shane）将这些可能导致错误的因素归结为：接受早期偏好、群体极化、群体思维和忽略未共享信息。[②] 这四种因素是群体决策经常遇到的问题。

接受早期偏好是指人们往往趋向于早期提出的解释和决策，对后期提出的往往质疑，而且会不断使用新材料证明早期解释的正确性；群体极化是指人们在群体中的一种很强的趋向，即支持群体早期的决定和认识；群体思维是指群体之间的高凝聚力会导致其成员拥护并笃信群体价值观和利益，忽视客观现实和外部意见；忽略未共享信息是指群体决策时，趋向于大多数人共用的信息而忽视个人拥有的信息，认为大多数人共用的信息是有用的。创业者应该采取措施，避免这些潜在的决策危害，如采取第三方人员介入决策等方式。

资金是创业过程中遭遇的另一重要资源问题。创新企业融资会遭遇很多困难。一方面是创业者拥有的信息量远远大于投资者的信息，双方处于

---

① ［美］Baron,R.A Shane,S.A：《创业管理：基于过程的观点》，张玉利等译，机械工业出版社 2005 年版，第 73 页。

② ［美］同上书，第 76—78 页。

信息不对称情形。创业者要说服信息量远低于自己的投资者注资。另一方面是新产品、新服务或新技术还处于创意阶段，未来的市场前景存在大量不确定因素，这些都会导致新创企业融资困难。对大学生创业者而言，资金是最缺乏的，经常成为创业"瓶颈"。据广东省高校就业指导中心和华南师范大学联合发布的《2005年大学生择业状况即心态调查报告》显示，62.6%的大学生认为创业最缺乏的是资金。[1]

对大多数创业者来说，面对创业资金，首先要问自己：我需要多少资金？我应该从哪些渠道获得这些资金？第一是关于资金量的问题，据美国调查局的数据显示，60%的新创企业只用了不到5000美金进行创建，只有3%的新创企业的创业资金超过10万美金。[2]第二是资金渠道。新企业有许多筹资渠道：存款、朋友和家人、天使投资者、风险投资家、银行等。

对大学生来说，由于其没有独立的经济来源，主要依靠家庭资助、个人存款等方式融资，因此资金数量相当有限。同时，银行贷款则需要提供资产抵押等，大学生群体并不具备这种资产和信用额度。家人朋友、天使投资者和风险投资家是大学生的主要筹资渠道。

随着中国市场经济的推进，天使投资和风险投资的概念逐渐被人们熟知。创业计划大赛开始吸引天使投资人和风投家们的参与，如2002年第三届"挑战杯"大学生创业计划竞赛开赛前就吸引了部分风险投资，金额达10400万元，决赛期间正式签约项目4件，金额达5760万元。2006年第五届"挑战杯"大学生创业计划竞赛赛前共有13个参赛项目与25家企业达成投资意向，获得了5921.35万元的风险投资，在终审决赛期间共有3个项目与4家企业正式签约，风险投资达2225万元。[3]

3. 管理能力

如果说机会识别和资源获取是关乎创业前期阶段，那么企业管理则要贯穿企业发展的始终。管理涉及人员、资源、风险等多方面的内容，与传统企业的管理相比，新创企业的管理范围更广，除了传统企业管理之外，

---

[1]　木志荣：《大学生创业胜任力研究》，厦门大学出版社2008年版，第89页。

[2]　[美] Baron,R.A Shane,S.A：《创业管理：基于过程的观点》，张玉利等译，机械工业出版社2005年版，第113页。

[3]　"挑战杯"中国大学生创业计划竞赛历届回顾 [EB/OL]. http://www.tiaozhanbei.net/review2. 2013—10—19。

新创企业管理还涉及风险管理、压力管理和实现能力等。鉴于传统管理学对企业常规管理论述较多，此处只就新创企业管理的特殊之处进行分析，包括风险管理和压力管理。

风险管理能力对新创企业来说十分重要。与传统企业相比，新创企业面临更多的不确定因素，因此，风险管理更为重要。风险管理能力就是将企业风险降到最小化的能力。

第一是合理预测风险。新企业创立有自身不可规避的风险，在创业前对企业可能遭遇的风险进行合理预测是关键。这种合理预测包括对自身和团队优劣势的正确认识、市场信息的准确把握和社会环境的趋势分析等。第二是制订风险预案。风险预案是针对潜在的或可能发生的风险而事先制订的应急处置方案。预案的制订可以积极调动资源，采用适宜方法解决问题。第三是风险管理效果评价，即分析、比较已实施的风险管理方法的结果与预期目标的契合程度，以此来评判管理方案的科学性、适应性和收益性。

大学生创业中往往对风险管理不太重视，缺乏这方面的意识和能力。因此，高校创业教育应将此部分作为创业管理中的重要环节进行内容安排，使学生意识到风险管理的作用，并掌握科学合理的方法来降低创业风险。

压力管理是指对存在的压力做出正确积极的反应。在现代社会的快节奏生活中，压力无处不在。据案例研究和数据分析显示，与其他行业相比，创业者面临的压力接近最高水平。[①] 因此，压力管理是创业者要解决的重要问题。

4.专业能力

如前所述，创业机会存在的形式包括：新产品和新服务、新组织方法、新生产方式、新原材料和新市场。这些机会的发掘都需要有一定的专业知识和能力。任何一项创业都是基于一定的专业领域，包括新的产品 / 服务，对已有产品 / 技术的改进，这些都需要专业知识和技能。

对大学生群体而言，利用自己的专业能力进行创业成为趋势。由于工程技术类产品更易转化为生产力，故理工科类创业发展相对成熟。在历

---

①　[美] Baron,R.A Shane,S.A：《创业管理：基于过程的观点》，张玉利等译，机械工业出版社2005年版，第244页。

届"挑战杯"创业计划竞赛中，大学生们利用自身专业技能进行发明创造。表 5—11 和表 5—12 展示了第八届"挑战杯"创业计划大赛中大学生的创业作品。

表 5—11　　　　第八届"挑战杯"大学生创业计划竞赛科技类作品 [①]

名称	简介
自闭症智能诊断与辅助治疗系统	以国际领先的脑—机接口研究成果为基础，以完全自主研发的神经信号精密传感和智能处理两项技术为核心，针对自闭症患者提供专业的自闭症智能诊断与辅助治疗全方位解决方案
深达便携式多波束地形地貌探测系统	国内首个自主研制的多波束探测系统，研发获得国家科技部"863"计划支持，是一种军民两用的高新技术产品。技术达到国际先进、国内领先水平，具有国家专利，获得多项国家科学技术奖励及中国专利奖
地震应急床	地震应急床是一种既能够让人舒适地休息，又能在地震发生时有效地保护休息者人身安全的新型机械产品
太阳能电池科技	第三代新型太阳能电池—染料敏化太阳能电池 (DSSC) 具有柔性、可吸收光波长范围广、弱光可吸收、可制成透明产品、使用寿命长五大优势
水性硬脂酸盐	利用纳米插层技术成功使硬脂酸锌、镁、钙、铝、酰胺实现水化，并改进企业生产工艺，避免了粉体硬脂酸盐需二次加工带来的不便，降低企业生产成本。同时，产品无毒、无味，符合环保要求
智能常温干燥系统推广项目	核心部件采用两项国家专利设计，系统综合能耗仅为同质产品的 10%，可大幅降低生产企业能耗需求及环境污染。本干燥系统对物料在品相和有效成分方面有很强的保护作用，部分中药材的有效成分提升达 6 倍

---

①　挑战杯创业计划大赛 [EB/OL]. http://www.tiaozhanbei.net/project/search/?category=&pro_type=pro12&province_id=&keyword=&small_categor y=2013—10—21。

随着创业的不断发展，创业活动正在迅速向外围扩展，很多人文社会科学领域的创业者逐渐涌现（见表5—12）。人文社会科学领域大学生创业更多体现在理念创新、商业模式的革新，如教育、金融、文化产业、咨询服务、创意设计、商务活动、专业中介等方面。

表5—12　　第八届"挑战杯"大学生创业计划竞赛社会服务类作品[①]

名称	简介
点滴文化传媒	秉承弘扬传统文化的信念，开发设计了以汉代婚礼、成人礼为主的特色服务，以汉代饮食为主的基础服务，以汉文化创意产品为主的增值服务。注重服务项目的参与性和互动性，形成了观光、体验、娱乐、购物一体化的运营模式
德馨白族文化传习馆	以"驻足艺术 步履辉煌"为宗旨，将德馨白族文化传习馆打造成滇西文化窗口，培养优秀文艺人才的摇篮，与中国甚至世界，共同切磋艺术，共同交流学术。同时，要将非物质文化遗产传承，在传承的基础上创新
服务100即时网购	消费与配送无间隔的网上购物。商业模式由购物网+分布式仓储+自建终端配送+连锁经营组成。即时网购在目标顾客集聚点，十五分钟配送圈内建立分布式小型仓储点，仓储点到消费者由自建物流系统配送，将"网购配送最快6小时"缩短至"最快十五分钟配送上门"
云课堂 Notemate	专注于提升主讲人与听众交互体验、全面覆盖课内外学习过程、集成满足用户终身学习需求的综合性的教育信息化工具。触控式的教学体验，让教师授课更自如；信息化的师生互动，让讨论反馈更高效；学习过程"云端"全程记录，让学习随时随地；提供优质价廉产品的教育商店，让课下学习更丰富
For.S服饰	为残疾人特殊群体的专业服装企业，为残疾人提供美观、便利、功能性的特殊服装。以轮椅服为核心产品，依托某高校残疾人服装研究工作室，自主研发，原创设计，满足残疾人对服装的特殊需求

---

① 挑战杯创业计划大赛 [EB/OL].http://www.tiaozhanbei.net/project/search/?category=&pro_type=pro12&province_id=&keyword=&small_categor y=2013—10—21。

续表

名称	简介
在聊网	以英语在线教学和留学咨询为切入点，对接美国本土大学生和中国学生，以服务时间为产品的第三产业服务电子商务平台。"在聊网"的主要服务模式为在线视频教学，辅助服务模式为视频录像咨询。"在聊网"已经注册公司并且独立运行 6 个月，已获得 25 万元种子基金和 150 万元天使投资

以专业能力为依托进行高技术、新理念创业是大学生创业的趋势所在。打破传统意义上的简单的"低买高卖"的盈利模式，依靠技术、理念和服务的革新是未来创业发展的必然趋势。因此，在大学生创业能力中，专业能力是重要方面。

二　设置课程内容

（一）理论研究

在对创业实践者需要具备的能力进行分析之后，如何培养这些能力成为课程设置的中心环节。学者们从不同视角和背景对创业教育课程内容设置进行研究。

布瑞加（Briga）将创业教育课程内容界定为：创业定义、内创业、创新、新产品开发、创意产生、市场研究、创意可行性、财务、产品、规程、人力资源管理、团队合作、商业、市场营销、管理。[1] 后期，他又将这个模型应用于信息与通信技术领域（information and communications technology，ICT）的创业教育，对原有内容进行补偿和调整，包括 ICT、创业内容、商业内容、法律内容、胜任力 / 软技能发展、人际交往技能等（如表 5—13 所示）。[2]

---

[1]　Hynes B. Entrepreneurship Education and Training-introducing Entrepreneurship into Non-business Disciplines[J]. Journal of European Industrial Training, 1996, 20(8): 10—17.

[2]　Richardson I, Hynes B. Entrepreneurship Education: Towards an Industry Sector Approach[J]. Education+ Training, 2008, 50(3): 188—198.

表 5—13　　　　　　　　**Briga 创业教育内容设计** [①]

1996 年	2008 年
创业定义、内创业、创新、新产品开发、创意产生、市场研究、创意可行性、财务、产品、规程、人力资源管理、团队合作、商业、市场营销、管理	ICT（科学、数学、项目、TCI 设计、发展过程）； 创业内容（企业家精神、创新、新产品开发、创意产生、研究和发展）； 商业内容（市场营销、会计金融、人力资源）； 法律内容（知识产权、雇佣法、保险）； 胜任力 / 软技能发展； 人际交往技能（沟通、展示、写作）

　　盖瑞（Gray）教授根据自身多年的教学和理论研究经验，并结合对美国几十所高校的创业教育课程调研，提出了本科生、创业证书项目和 MBA 等不同层次的创业教育课程内容设置模型。[②]

　　模型包括：本科生的创业教育课程和学时安排（见表 5—14）；MBA 的创业教育课程、学时和修习方式（见表 5—15）；非学分、非学位的创业证书项目课程（见表 5—16）。

表 5—14　　　　　　　　　　**本科生创业课程**

课程名称	*创业入门	小企业咨询	公司内创业
	*融资新业务风险	小企业生存与发展	创业专题研究
	*创业策略：新企业开创	创业讲座系列	创业实习
	创业策略：金融学	创业的独立研究	
课程名称	*创业入门	小企业咨询	公司内创业
	*融资新业务风险	小企业生存与发展	创业专题研究
	*创业策略：新企业开创	创业讲座系列	创业实习
	创业策略：金融学	创业的独立研究	

　　注：* 为必修课程，每门课 3 个学时。

---

　　① 1996 年模型是概括化创业教育模型，而 2008 年模型是从 ICT 角度出发构建的创业教育模型。

　　②　Benson G L. Thoughts of an Entrepreneurship Chairholder Model Entrepreneurship Curriculum[J]. Journal of Applied Business Research (JABR), 2011, 9(1): 140—146.

表 5—15　　　　　　　　　　**MBA 创业课程**

课程名称	* 入门：创业与小企业管理
	* 风险投资和资本形成
	创业策略
	企业内创业
	创业的专题研究领域

注：* 为必修课，每门课是 3 个学时。

表 5—16　　　　　**非学分、非学位的创业证书项目课程**

课程名称	界定范围：创业是什么	新企业组建
	评估创业潜力	新企业融资
	发现、发展和评价好的产品和商业创意	创业者与法律
	保护商业和产品创意	新企业开创
	写商业计划书	企业收购
		购买和发展特许经营
		企业内部创业
		新企业管理

　　麦克马伦（McMullan）等批判了传统商学院和工程学院中的创业教育课程，认为这些课程是面对大中型企业的，如营销、金融学、财会和人事管理等，并不适用于中小型企业。整个课程范式是针对商业教育，而非创业教育。他认为，创业教育课程应该按照企业开设和发展的阶段设立：机会识别；市场可行性分析；新企业规划、新企业融资、产品的设计和组织；新市场开发，规范化操作；扩张战略；中层管理人员职业化；制度化创新。在这些课程之外，创业教育还应该包括一些技能类课程，如谈判技巧、营

销术、领导力和创造性思维等。[①]

　　作为"创业教育之父"，蒂蒙斯的创业教育课程体系一直是美国乃至世界创业教育的框架和标准（见表5—17）。蒂蒙斯的《创业学》是创业管理领域公认的权威书籍，被哈佛商学院、斯坦福大学与杜克大学等近千所高校作为创业学课程的核心教材。

表5—17　　　　　　　　　　　蒂蒙斯的创业教育课程体系[②]

名称	内容
创业者	创业者应该具备的素质，分析团队在新企业创办中的重要作用，以及如何处理一些关键问题
战略与商业机会	识别机会，促成高发展潜力企业的创建，如何充分发掘自己的创造性，如何制订个人创业计划，如何模仿成功创业者的行动、态度、习惯和战略
资源需求与商业计划	成功创业者如何制订商业计划、寻找资金来源、发展战略联盟、获得商业运营许可证等创业知识
创业企业融资	新企业融资的各种关键问题，如债务资本市场的新现实情况；如何部署融资和筹资战略；如何寻找股权投资者并与其打交道；如何在资本市场中获取债务融资源等
新企业成长	新建的风险企业在成长过程中会遇到的具体问题和危机，解释风险企业所经历的发展阶段及其独特性；避免及摆脱困境的方法；创业型风险企业在领导和管理上的突破性方法的特征

　　这五部分按照创业过程进行编排。从对创业者的理解开始，由机会识别、商业计划书、融资到企业发展。这种编排可以帮助学生厘清创业过程和每一个过程中可能遇到的问题，并提供相应的解决方案。

　　上述课程内容是学者们依据自身经验和理论偏好提出的，包括创业知

---

① McMullan W, Long W A. Entrepreneurship Education in theNineties[J]. Journal of Business Venturing, 1987, 2(3): 261—275.

② ［美］杰弗里·蒂蒙斯：《蒂蒙斯创业学丛书》，华夏出版社1999年版，第1—6页。

识、商业知识、管理知识、软技能（领导力、人际交往、口才等）[①] 四个方面。

（二）课程实践

在实施创业教育的高校中，创业教育课程内容包括哪些内容？重点是什么？

美国创业教育联盟（the Consortium for Entrepreneurship Education）在 2004 年发布了《创业教育的国家内容标准》（National Content Standards for Entrepreneurship Education，以下简称"国家标准"）。国家标准是一个基于终身学习过程的内容总括，包括从 K—12 到高等教育乃至成人教育的整个过程。国家标准是由多方力量参与制定的，包括各类企业代表、各级各类学校和社会其他力量等。国家标准主要包括三大部分、十五类标准及具体的表现性指标（见表 5—18）。

表 5—18　　　　　　　　　　**美国创业教育国家标准** [②]

三大部分	十五类	具体指标
创业能力	创业过程 创业特质 商业基础 沟通与人际交往 能力	发现、概念发展、资源整合、实现、收获 领导力、个人评价、人事管理 商业观念、商业活动 沟通原则、职员交际、伦理规范、团队合作、冲突处理
准备能力	数字化能力 经济学知识 财务能力 专业发展能力 财务管理 人力资源管理 信息管理	计算机基本技能、计算机应用 基本概念、成本与利润关系、经济指标/趋势、经济体系、国际概念 货币基础、金融服务、个人理财 个人规划、求职技巧 会计、金融、理财能力 组织、人事、培训/发展、信念/动机、评价 记录保存、技术、信息获取

[①]　"软技能"由一系列能够反映个人特质的要素组成，这些要素包括一个人的人格特质、社交能力、与人沟通的能力、语言能力、个人行为。

[②]　美国创业教育国家标准 [EB/OL]. http://www.entre-ed.org/_what/natstandards.html, 2013—06—10。

续表

三大部分	十五类	具体指标
商业能力	市场营销	产品/服务、销售信息管理、促销、定价、销售
	运营	商业系统、渠道管理、采购、日常运营
	风险管理	商业风险、合法化
	战略管理	计划、控制

其中，15大类标准是对整体创业能力的描述。为了具体展示各项知识和能力的要求，每一类标准又被分为若干个表现指标，如创业能力部分的创业过程中的"发现"包括8个具体指标：解释创业发现的必要性、讨论创业发现过程、评价全球趋势和机会、确定新企业开创的计划、评估新企业开创的计划、描述创意产生的方法、产生新创意、确定创意的可行性。

乔治·华盛顿大学的研究者们利用邮件采访形式对2004—2005学年的高等教育机构（包括两年制学院和四年制大学）的创业教育课程调查研究发现，最受欢迎的课程是：创业、小企业管理、新企业创立、小企业融资、小企业咨询、创业营销、新产品开发、风险资本等（见图5—4）。[①]

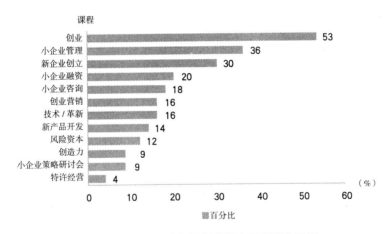

图5—4　最受欢迎的创业教育课程调查数据

---

① Solomon G. An Examination of Entrepreneurship Education in the United States[J]. Journal of Small Business and Enterprise Development, 2007, 14(2): 168—182.

芬克尔（Finkle）关于全美创业中心的调查显示，最主要的本科生创业课程包括：创业入门、创业计划发展、创业融资、小企业管理等。最主要的研究生创业课程包括：创业计划发展、创业入门、创业融资等。[①]

有学者对 18 份创业课程大纲进行分析发现，这些课程的共有主题包括策略 / 竞争力分析、管理增长、识别 / 创意产生、风险与理性、融资（主要是天使投资）。[②]

可以看出，高校创业教育课程主要包括创业类知识（创业入门、创意、新企业开创等）、商业类知识（融资、财会、营销等）、管理类知识（资源管理、风险管理、战略等）三个方面。

通过对理论与实践两方面的分析，学者们认为课程内容应该包括创业知识、商业知识、管理知识、软技能。高校的课程内容主要有创业类知识、商业类知识、管理类知识。前三类知识（创业知识、商业知识、管理知识）得到重视，成为课程的主要内容。针对软技能，学者们给予了关注，而高校并未将其作为课程的重要领域。软技能是个人素质的主要组成部分，对创业过程起着重要作用，因此，高校应该将其纳入创业教育课程中。

结合对创业能力、创业教育课程理论与实践的归纳，本书认为：以培养创业者为主的课程内容应该包括创业知识、商业知识、管理知识、专业知识、软技能等。创业知识是以机会识别为核心的一系列关于创业过程的知识的总和。商业知识主要包括金融、财会等与商业运作相关的知识。管理知识涉及资源管理、风险管理、企业日常管理等方面。专业知识是以理论和技术为基础的学科知识。软技能包括领导力、团队合作、沟通交流、人际交往、语言表达等。

三　设置课程内容的方式

专业知识和技能既是大学生群体的优势，也是未来创业发展的基本立足点。因此，以培养创业实践者为主的课程内容设置要遵循以专业知识为

---

① Finkle, T. A., Kuratko, D. F.& Goldsby, M. G. An Examination of Entrepreneurship Centers in the United States: A National Survey[J]. Journal of Small Business Management, 2006, 44 (2): 184—206.

② Fiet J O. The Theoretical Side of Teaching Entrepreneurship[J].Journal of Business Venturing, 2001, 16(1): 1—24.

基础的创业能力培养的基本思路。

（一）基于专业的课程内容设置

基于专业的课程内容设计是指将创业教育与专业教育相结合，实现以专业知识为依托的高水平、高技能、新理念的创业。

实现两者的结合有两种方式。一种是嵌入式，即在专业课程教学过程中渗透创业内容，通过在专业课程教学内容中增加创业元素和优化课程体系结构来培养学生基于专业知识的创业素养。如在人文社科专业中，穿插创业精神、创业政策、创业基本规律的讲授；在工科类专业中，结合专业知识对国际创新技术和衍生公司开展等进行案例教学，鼓励学生将技术转化为市场需求，获得社会和经济的双重效益。

谢菲尔德大学、约克大学和利兹大学三所英国知名高校合作成立的白玫瑰创业教与学优异中心（WRCE）在创业教育和专业教育的结合上取得成功。白玫瑰创业教与学优异中心将科学、工程学科融入创业教育体系，引导科学和工程院系教师在课程教学中渗透创业知识，并将创业知识纳入学院教学内容。[①]

另一种是融合式，即增加专业创业类课程。此种模式打破已有的课程体系，设计和开发新课程，实现专业教育与创业教育的有机结合。此类模式在发展中有两大问题：教材编写和教师素养。教材编写要建立在对不同学科深入理解的基础上，绝非是将两门知识进行简单拼盘。这就要求打破学科壁垒，找出不同学科之间的内在逻辑和联系，从而实现教材编写的合理性、科学性。教师素养是决定课程成败的关键因素。高校教师往往专注于某一领域，而此类课程模式要求教师能够在不同领域间都有所专长，并兼具理论与实践两个方面的知识和能力。这些都是对教师的极大考验。

美国高校很早就开始在非商科专业中整合创业课程，如工程学、农业、艺术、环境科学、护理学等专业。这种形式被认为是创业教育获得最佳实践的条件之一。以康奈尔大学为例，截至 2010 年 12 月，中小型企业咨询、房地产、酒店 / 餐饮、科技类产业、设计 / 艺术行业、医疗保健产业、健康与护理产业、能源行业、兽医与动物产品以及游戏产业等多个专业领域

---

① Handscombe R D, Rodriguez-Falcon E, Patterson E A. Embedding Enterprise in Science and Engineering Departments[J]. Education+ Training, 2008, 50(7): 615—625.

增设了创业教育新课程，开设的课程有《小型企业与法律》《创业学和化学企业》《设计者创业学》。[①]

（二）典型案例分析：工程创业与艺术创业

针对基于专业的课程设计，本节选取工程专业和艺术专业为例，对专业类创业教育课程设计进行分析。

1. 工程类创业教育课程设置

由于工程类知识与市场结合紧密，更易转化为生产力，所以工程类创业教育发展较为成熟。华中科技大学高等工程教育研究中心课题组提出创业型工程人才培养模式（E—CDIO）。E 代表创业（Entrepreneurship）；CDIO 代表构思（Conceive）、设计（Design）、实现（Implement）和运作（Operate），涵盖了从产品研发到产品运行的整个生命周期，让学生以主动的、实践的、课程之间有机联系的方式学习工程。E—CDIO 是在 CDIO 这种工程教育模式上加入创业元素。CDIO 培养大纲将工程毕业生的能力分为工程基础知识、个人能力、人际团队能力和工程系统能力四个层面，大纲要求以综合的培养方式使学生在这四个层面达到预定目标。[②]

CDIO 工程教育理念是由美国工程院院士克劳利（Ed. Crawley）教授为首的团队和瑞典皇家工学院等 3 所大学从 2000 年起组成跨国研究探索创立的。CDIO 的基本理念是"做中学"和"基于项目的教育和学习"。[③]

华中科技大学课题组在 CDIO 模式的基础上加入创业元素，提出创业型工程人才的一体化课程体系，即以项目训练为主要教学路径，集项目训练、课程学习、企业实习于一体的综合性课程体系。它以项目为载体来关联课程和相关知识，旨在通过基于项目学习的全面工程创业训练来实现学生实践知识和实践能力的培养与强化。[④]

一体化课程体系的学习与第二课堂活动相结合，如创业计划大赛、拓展训练、创业训练营、创业俱乐部和具有光电专业特色的企业家论坛、光

① Deborah H.Streeter, Johnp.JaquetteJr.,KathrynHovis. University—wide Entrepreneurship Education:Alternative Models and Current Trends[J]Southern Rural Sciology2004 Vol.20: 41—71.

② CDIO[EB/OL]. http://baike.baidu.com/link?url=Yay39afs5IS53KtMfj1—Tb7uByPXso4pP20qmYgP2JXvgHCDaY2Imy3snXzeDCLWeKevrabqN8YPpjS3ZxrsVq.2013—10—26.

③ 查建中：《论"做中学"战略下的 CDIO 模式》，《高等工程教育研究》2008 年第 3 期。

④ 白逸仙：《高校培养创业型工程人才的方式研究》，博士学位论文，华中科技大学，2011 年。

电论坛等。第二课堂的活动与一体化课程体系的课程内容相结合，形成良好的创业教育生态系统，从而丰富学生的学习经历和实践经验，促进创业型工程人才的培养。表5—19展现了一体化课程体系在本科四年的具体进程。

表5—19　　　　　　　　　E—CDIO 的一体化课程体系[①]

	一年级		二年级		三年级		四年级	
	上学期	下学期	上学期	下学期	上学期	下学期	上学期	下学期
项目训练	初级项目训练 虚拟系统设计		中级项目训练 真实项目Ⅰ（参与） 光学课程设计、 光器件课程设计		高级项目训练 真实项目Ⅱ（主导） 光电器件综合设计		毕业设计	
课程学习	工程基础大类 课程 工程导论		工程专业基础课 课程设计Ⅰ 应用实验Ⅰ		工程专业 核心课 课程设计Ⅱ 应用实验Ⅱ		工程专业特色选修课 综合实验 创新实验	
	创业基础入门课		创业拓展课		创业实践课			
	通识教育基础课（数理基础课、人文社科课）							
企业实习	认知实习		生产实习		综合实习			
其他	拓展训练		创业训练营		创业家论坛、光电论坛			
	创业计划大赛、创业俱乐部等							

　　一体化课程体系设计的基本原则是：（1）采用基于项目的教学方式，将工程创业项目的整个流程全部纳入教学中，强调知识、能力、职业意识的教、学、做过程的整体性；（2）将课程体系的设计与培养目标和产业对学生素质能力的要求逐项具体挂钩；（3）打破学科界限，建立课程

① 白逸仙：《高校培养创业型工程人才的方式研究》，博士学位论文，华中科技大学，2011年版。

之间的联系，共同促进培养目标的实现；（4）课程设置中的项目群，包括不同类型和层次的项目，如基础层次和高级层次等；（5）培养学生以设计创新为主线的综合能力，集成化教学过程使专业知识与相关多学科知识相结合；（6）建立多元化的能力评价体系，针对学生个体在此培养模式中获得的学习效果做具体衡量。[①]

E—CDIO 模式将创业与工程相结合，注重学生理论与实践的结合。与传统方式相比，E—CDIO 模式追求专业知识的系统性、能力训练的深度综合、职业意识的整体发展。课程设计遵循一体化原则，集项目训练、课程学习、企业实习于一体。

2. 艺术类创业教育课程设置

针对艺术类教育，贝克曼（Beckman）提出"基于情景"的课程设计（见图 5—5）。[②]

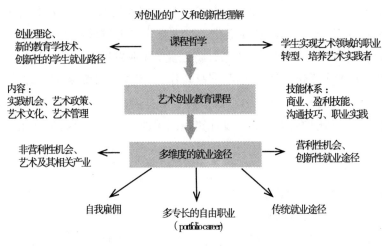

图 5—5　"基于情景"的课程设计

课程设置包括课程哲学、课程内容和多维度的就业途径。课程哲学是

---

① 白逸仙：《高校培养创业型工程人才的方式研究》，博士学位论文，华中科技大学，2011 年。
② Beckman G D. "Adventuring" Arts Entrepreneurship Curricula in Higher Education: An Examination of Present Efforts, Obstacles, and Best Practices[J]. The Journal of Arts Management, Law, and Society, 2007, 37(2): 87—112.

指课程设置的指导思想、基本理念和原则。艺术教育应该与社会经济文化的发展变化紧密相连，并将新思想、新理念引入教育教学中，如对创业的广义理解、艺术实践者的理念、艺术类职业发展规划的新趋势等。课程内容包括技能体系（盈利和非盈利技巧、基本的商业和沟通素养、特殊的职业发展路径）和情景化知识（艺术实践、艺术政策、艺术文化、艺术管理）。此类内容是将艺术类课程与创新创业、社会变革等进行融合，开发新的课程体系。与传统艺术毕业生相比，接受过这些课程的学生有多样的职业发展途径，如进行艺术创业、多专长的自由职业等。

"基于情景"的课程在具体实施中需要注意六点：一是课程理念，对创业的广义和创新性理解、将商业技能融入艺术类背景、重新思考艺术学价值、引入艺术实践者的理念、惠及全体学生；二是课程提供，满足艺术学生的需要，整合多方面知识，鼓励其他学科创业实践的参与，建立以技能创新性应用为中心的整体性课程，鼓励学生自我评价；三是管理问题，课程管理涉及跨学科师资团队、获得行政管理人员的认可、对外部因素的有效管控（如资金）；四是规范化，建立艺术创业领域的项目、学位、证书和辅修等不同形式的课程体系，将创业/职业发展融入学位计划和课程结构中，开展多样化的创业项目；五是合作，加强艺术学院和商学院在课程、项目、人才交流等方面的合作，建立校内合作网络和平台；六是实践机会，让学生参与实践并从中受益，设计实践课程加强学校与社区的联系，服务社区。

四　设置课程内容的原则

（一）模块化课程设计

模块化课程在大学教育中被广泛使用，其基本理念是将不同的知识内容按照一定的逻辑或规则进行设计安排，从而形成新的具有自身体系的课程系统。与传统课程相比，模块化课程以能力培养为中心，注重不同学科知识之间的关联，适宜于培养学生基于专业的创业能力。

模块化课程设置主要包括专业课程模块和综合课程模块。

专业课程模块是在专业领域内开设的课程体系，主要包括专业知识和专业技能。通过专业的知识与技能的学习，学生掌握本专业的核心概念、理论和方法，从而具备从事该领域的基本能力。此类课程以问题为导向引领学生学习知识、掌握技能，以英国诺丁汉大学的创业学理学硕士核心课程模块为例进行分析（如表5—20所示）。

表5—20　　　　　　　　　**创业学理学硕士核心课程模块** [①]

模块名称	模块内容
创业与创造力	识别创业理论、在实践中加深对创业的认识
创业项目设计	创业过程的内容、一般过程和规律
创业金融财会	创业者如何融资、吸引投资者、财务管理技能
创新与技术转移	技术转移的政策、应用
创新管理	构建创新网络、将创意付诸实践
营销学	营销技能与理论
社会创业	社会创业的价值、意义
创业管理	新企业的管理、战略学

　　上表中，"创业与创造力"模块用于提升学生对创业的认识，理解创新与创业的关系，从而开发自身的创业潜能。"社会创业"模块是针对新的创业形式进行的课程安排，让学生积极思考社会创业的价值和意义，改变传统创业的思路，从而更好地适应社会发展变化。

　　综合课程模块是将不同学科的知识进行融合，如将工程与创业进行结合。与专业模块相比，综合课程模块要求打破学科界限，实现不同类型知识的有机融合，旨在培养复合型人才。综合课程模块的高级阶段往往采取以项目为中心的学习方式。学生可以根据实践中遇到的问题进行学习，更

---

① 胡瑞：《新工党执政时期英国高校创业教育研究》，高等教育出版社2013年版，第111—112页。

有针对性。作为工程教育的翘楚，美国欧林工学院实现了大规模的模块化课程。欧林工学院的模块化课程包括两门交叉的学科课程（相当于四门，因为每一门都融合了两门学科知识）和一个项目，因此一个模块化课程中既包括基础知识的学习，也有将知识应用到实际项目的要求：[1] 如第一学期的模块化课程包括微积分 & 差分方程、机械 & 电子系统两门和一个相关项目；第二学期的模块化课程包括线性代数 & 概率统计、机械 & 电子系统两门和一个相关项目；第三学期的模块化课程包括三个，分别是生物 &AHS（人文艺术）、材料科学 &AHS 和信号系统 & 商业基础。[2]

在模块化课程设置中，不仅要重视模块内部的内容安排和逻辑体系，还要注意不同模块之间的合理衔接。首先，要将学生的课程学习进行统一规划，将模块按照基础、专业和高级等不同类别进行编排。这种编排方式可以保证学习内容的连贯性和一致性。其次，同一门课程可以出现在不同模块中，但是要根据该课程在不同模块中的作用来安排内容，以机会识别为例，基础模块中主要以介绍机会识别的基本理论为主；专业模块中要对机会识别的不同理论进行辨别，进行机会识别的应用与实践教学；高级模块中要将不同专业与机会识别相结合，如在工程专业中识别创业机会，在艺术专业中寻求商机等。

（二）加大选修课的比重

设立选修课是针对学生的个别差异进行因材施教，从而满足学生不同的学习需求。在创业教育课程中加大选修课的比重可以满足学生对课程学习的不同需要，发挥其特长。长期以来，伦敦商学院聚焦于创业教育，并以开展大量创业选修课的形式推动创业教育的发展。2009—2010 年，伦敦商学院围绕创业领域（Entrepreneurship Subject Area）开设了 8 类创业选修课程，表 5—21 对创业选修课程模块的目标和内容进行了分析。

---

① The Structure of Olin curricula [EB/OL].http://www.olin.edu/academics/olin_history/cdmb_report.html.2013—10—26.

② Basic Foundation Description[EB/OL]. http://www.olin.edu/academics/olin_history/cdmb_report.html.2013—10—26.

表 5—21　　　　　　　　　　**伦敦商学院创业选修课程模块**[①]

创业课程模块	课程目标	课程内容
创业夏令营	机会识别、创业意识、可行性商业模式	机会评估、创业者素质评价、商业模式的可行性分析、消费群体分析、法律和资金问题、沟通表达能力
创业企业融资	掌握企业融资基本知识、分析判断融资过程的问题	对可利用技术和方法的评估、权益资本问题、融资定价及结构、多轮融资及资产权益、风险投资、商业销售、非金融影响因素的评估
企业成长管理	熟悉成长性企业的发展框架、了解成长性企业的发展阶段和问题	成长性企业发展策略与障碍、企业利益相关者问题、成长性企业组织架构、成长性企业适应性、演变和管理变迁
新创造性企业	增进对具有较强创造性企业的了解、理解创新性创业者面临的问题、学会将创意应用于商业实际中	创造性企业的认识、新创造性企业的商业计划书、创造性企业的财政与管理、知识产权保护
新技术企业	学会将技术转化为商业产品、构建技术创业方面的核心竞争力、掌握新技术企业的发展问题与解决方案	评价新技术产品、商业生态，合作竞争与伙伴关系、技术初创公司的营销、知识产权的保护、创造与评价策略选择
新企业成长	了解新企业创建的相关过程与挑战、撰写商业计划、识别新企业所需资源、为从事创业生涯做准备	商业计划的撰写、利用金融形式筹集资本、开办新企业的过程与困境、新企业的管理和运营
新革命：21世纪的社会创业	了解社会创业主要构成和基本过程、理解社会创业创造价值的过程与纯商业价值区别、改进对创业的传统认知	社会创业的目的、社会创业的主要内容、社会创业者以及他们将面临的领导力挑战、社会创业的可持续性财政模型、企业金融机构以及政府的角色定位
创业管理	依据市场变化开发新产品和发展策略的能力、测评企业发展与管理的能力	新企业的资助及商业计划、新企业的支持与成长、适应新工业背景条件下的有关问题

[①]　胡瑞：《新工党执政时期英国高校创业教育研究》，高等教育出版社 2013 年版，第 165—167 页。

对创业实践者来说，选修课是其进一步拓展自身知识和视野的重要途径，如伦敦商学院的选修课《新革命：21世纪的社会创业》就是向学生讲授"社会创业"这种新理念及其对创业的影响，引导学生关注社会发展变化。

开设选修课要注意三个方面问题：首先是选修课与必修课的关系。两者要建立在互补的基础上；其次是以学生的学习需要为中心设置课程；最后是师资配备。选修课的性质、内容都与必修课有很大区别，因此，选配合适的师资是开设选修课的重要问题。

（三）以项目为中心

当前高等教育中普遍存在理论知识和实践能力脱节的问题。以项目为中心的课程设置原则是让学生围绕项目，将理论知识运用到实践中，同时在实践中加深对理论知识的理解。这种方式可以有效地解决理论知识和实践能力脱节的问题。

以项目为中心的课程设置的优势体现在：一是将知识应用作为首要目标。在以项目为中心的课程中，知识是按照项目需要进行编排的。学生亲自参与项目实践，学习项目所需的各类知识和技能，同时还可以将学到的知识应用到项目中。与传统课程学习相比，这种课程设计是以知识应用为目的的，解决大学生中普遍存在的"理论与实践脱离"问题。

二是强调实践能力。以项目为中心的课程要求学生进入真实的职业场景，亲自动手规划和设计项目。在项目过程中，学生的知识和技能会得到进一步加强。经过项目训练，学生会对基于专业的创业过程有完整的体验和感受，学生的行为规范、综合能力和职业意识都会有所增强。

三是重视团队合作。项目是要由团队共同完成的，需要团队成员之间的交流合作，最终借助群体智慧来实现。那么在以项目为中心的课程中，学生要组建自己的团队，发挥成员间的优势共同完成项目任务。在这个过程中，学生不仅锻炼了实践能力，更学会与他人相处、尊重共赢。正如上文中指出的，团队管理是创业过程中的重要环节，关乎创业成败。因此，团队合作能力在创业过程中扮演着非常重要的角色。

以项目为中心的课程设置要满足五个关键特征：①每个项目单元必须围绕一个有意义的、可行的、有研究价值而又具有驱动作用的问题来组织；②项目必须以调查研究的形式展开，其中学生要解决真实世界中的问题，包括提出问题、提出假设、设计实验、收集和分析资料、给出推论等；③学生要对项目做出研究结论，从而反映他们对项目和相关领域的深入理解；④项目要包含同伴、教师及校外专家之间的合作；⑤教师需要考虑各种技术性工具的使用，以便帮助学生探讨真实的问题，达到深度理解。①

同时，项目设计要注重层次性，保证学生参与实践的连续性和阶段化。如初期的项目可采用模拟化、虚拟项目，主要目的在于使学生熟悉流程、了解基本常识；中期项目要让学生参与项目的不同环节，感受真实的职业场景；后期项目要求学生参与到现实生活中的企业中去，解决真实情景中的问题，注重知识的综合运用。

以欧林工学院的项目学习为例进行分析。在欧林，项目学习贯穿大学四年，每一阶段都安排了不同的项目学习内容，如工程高级实战项目（Senior Capstone Program in Engineering，SCOPE）。实战项目是由企业给出具体项目要求，提供资金赞助，学生自行组成5—7人的跨学科团队来完成。这种方式既满足了企业的需求，也给学生提供了很好的实战机会，将知识转化为商业价值。

实战项目的主要特点包括：一是问题情境的真实性。学生要解决的不是课堂上经过精雕细琢的结构良好问题，而是现实世界中存在的，涉及多方面挑战的结构不良问题。传统教学中提供的多是真空状态下存在的、在理论上成立的问题，而实战项目中问题才是学生未来职业生涯中面临的主要问题。二是将创业与工程结合。在项目过程中，学生既要考虑工程的设计原理和方法，也要具备商业化思维、考虑市场需要。将创业与工程结合既能实现企业诉求，也可以达到实战项目的目标。三是工程设施和技术支持。为了满足学生的设计需要，欧林工学院提供最先进的软硬件设施、必要的技术支持和专家指导，并有专门的教师跟踪整个项目进度并提供帮助。由于学生在SCOPE中的优异表现，越来越多的知名企业加入其中，如美国波音公司、微软、IBM和美国陆军研究实验室等。②

---

① 皮连生、刘杰主编：《现代教学设计》，首都师范大学出版社2010年版，第28页。转引自白逸仙《高校培养创业型工程人才的方式研究》，博士学位论文，华中科技大学，2011年。

② 徐小洲、臧玲玲：《创业教育与工程教育的融合：美国欧林工学院教育模式探析》，《高等工程教育研究》2014年第1期。

（四）兼顾学科课程和课外活动

创业的特殊性决定了创业教育不仅要关注课堂内的事情，更要重视课外活动，培养学生的创业能力。学科课程与课外活动的结合可以为学生提供更多自我展示的平台，将知识运用于实际创业中，锻炼自身能力。创业计划大赛、俱乐部和企业家论坛是较为常见的创业课外活动。英国大学提供了多样化的创业活动供学生选择（如图5—6所示）。

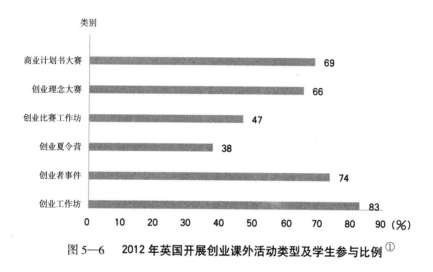

图5—6　　2012年英国开展创业课外活动类型及学生参与比例①

创业讲座、研讨会形式的活动在英国大学中开展较多。这些活动易于组织和长期开展，同时还发挥高校的优势，在学生中广受好评。创业竞赛活动是英国大学主流创业活动，依据2010年大学生创业委员会面向127所高校的一项调查研究，68％的大学开展了商业计划大赛、59％的大学开展了意向竞赛。创业竞赛以其独特的吸引力成为大学创业活动的重要形式。英国大学所采取的竞赛形式推广创业活动的方式较为多样，如利物浦大学科学创业中心、泰恩河畔纽卡斯尔大学等均设有不同类型的商业计划大赛，经费资助、创业课程、研讨会和咨询指导等是常见的创业

①　Enterprise and Entrepreneurship in Higher Education　— 2012 National Survey[EB/OL]. http://www.ncee.org.uk/publication/NCEE_2012_Mapping_Report.pdf.2013—11—10.

竞赛支持方式。[①]

在印度，与企业家互动的"创业课堂"深受学生欢迎。印度创业发展学院的企业家互动是指定期邀请来自不同行业的杰出企业家，与学生分享创业经验。Microma 的创始人之一维卡斯·简（Vikas Jain）先生、Net Matrix Solutions 的创办人潘卡吉·麦哈马什瓦尼（Pankaj Mahemahshwari）先生、Chipmonk 创始人之一迪帕克·瓦戴先生（Deepak Vardey）等创业人士都曾参与印度创业发展学院举办的"企业家互动"活动。他们进入创业课堂，讲述自身的创业之旅，与学生分享创业经验。[②]

体验式学习是印度创业发展学院创业教育的实践环节，包括暑期实习和具体项目。暑期实习是在第一年学习结束后，学生需要完成 8—10 周的工作实习实践。通过暑期实习，学生学会企业管理及其具体应用。印度创业发展学院设置了实习安置中心，该中心的工作重心是推动学生和行业间的互动。一般来说，实习安置中心会参考学生的专业或兴趣，将其安置在较为合适的工作机构中。实习安置中心的工作单位会首先考虑中小型企业。这点与印度政府所倾向的满足中小型企业人才和实际需要相关，也是印度高校创业教育课程发展历史脉络中不容忽视的部分。

印度高校体验式学习的另一种表现形式是项目参与体验。在印度创业发展学院，这类项目是指由学院发起的"详细项目投资报告"和"五年远景规划报告"的体验项目。

在参与项目的过程中，参与者在进行周密的市场调研和 IT 应用程序二级数据的基础研究后，需要准备"详细项目投资报告"，最终通过项目评估（项目报告评估组由教师、行业专家和银行家组成）获得结业。对家族企业管理专业的学生，参与者需要准备"五年远景规划报告"，涉及家族企业的成长。值得一提的是，上述两类报告将有可能提交给 IDBI 银行有限公司及印度小型工业发展银行，作为未来企业运营资金及短期贷款的参考报告。与其他形式相比，项目体验式学习更受学生欢迎，尤其是对那些具有强烈创业意愿的学生群体。对创业者来说，获取投资资金的来源是实现企业未来顺利发展的重要保障之一。

---

① 胡瑞：《新工党执政时期英国高校创业教育研究》，高等教育出版社 2013 年版，第 144 页。
② 李娜：《印度创业教育研究》，博士学位论文，浙江大学，2013 年。

第三节　课程实施

一　课程实施的理论基础：行动学习理论和建构主义理论

上文中提到培养创业实践者的课程目标是形成实践智慧。这种实践智慧的获得以实践知识为核心，结合创业教育的特殊性，创业实践知识有实践性、情境性和个体化等特点。

（一）创业实践知识的特点

1. 实践性

认识论经历了从唯心主义向唯物主义的转变，在马克思哲学中，实践成为核心概念，用来解释人的认识路径。辩证唯物主义认识论指出，认识过程是在实践基础上由感性认识上升到理性认识，再由理性认识到实践，即实践、认识、再实践、再认识，循环往复，可以简称为"从实践中来到实践中去"的路径。

针对目前学校教育中存在的实践缺失，或者是简单的"理论—实践"路线等问题，创业学习可以采用"实践—理论—实践"的方式，如机会识别的学习。学生可以先通过亲身经验去体会机会识别的重要性和方法，然后进行理论学习，将实践中的困惑和理论要点相结合，最后形成实践知识。与单纯的理论知识相比，这种方式获得的知识更能指导学生未来的创业实践。

2. 情景化

情景化是指实践知识与具体情境密切关联，意味着实践知识是复杂的、动态的、因情境变化而改变的。相应地，创业实践知识也是与具体创业情境相关联的、涉及多重因素的共同作用，如人、时间和空间等。任何一个小的改变都可能引起整个过程的变化，因此，创业学习需要与具体的环境相匹配，创业者能够灵活运用知识，并能够在多重背景下，从整体观出发进行有效协调。

在创业过程中，每个人所面临的环境都不相同，每个创业成功者都是各种因素共同作用的结果。这种成功是依赖当时当地情境的，不可复制。因此，学生在创业学习过程中，要学会分析社会背景和行业、企业环境的关系，对主客观条件及其相互关系进行分析，了解在整个过程中，各个因素是如何交互产生作用的，并将其运用在未来的创业实践中。

3. 个体化

个体化是指知识学习依赖个人的内化，不仅是通过个人经验进行再加工，同时以个人方式进行存储和编码，从而形成自身的实践知识体系。在这种个体化特征中，反思是关键环节，可以促进学生对理论知识和实践场景进行联系和重新整合，并获得新的更具实践指导意义的知识系统。当然，反思不是一劳永逸的，而是不断进行和重构的，因为实践总是在不断变化，个体要不断调整自己的认识体系与实践进行交互，从而成功解决实践中的问题。

反思对实践知识的影响主要有：只有经过个人反思的过程，实践知识才能以极具个人特征的方法进行存储；只有这种经过反思的知识才能真正成为个人知识。在创业学习中，学生学到的实践知识要建立在自身积极反思的基础之上。反思应该成为一种学习习惯，即不断打破已有认识的局限，扩展个人实践知识体系。

（二）行动学习理论与建构主义理论

"从做中学"、体验和尝试错误等已经成为培养创业实践者的重要方式。与传统方式不同，这些方式更适应创业的特点，可以促进学生创业实践能力的发展。行动学习理论与建构主义理论兼具以下几种特征。

1. 行动学习理论

行动学习产生于英国，最早由雷格·瑞文斯（Reg Revans）提出。行动学习是一个持续的、高度集中的小组学习过程。在小组学习的过程中，小组成员依靠相互帮助解决当前面临的实际问题，并从中获得知识和能力。学习的主要来源是学习者试图解决生活和工作中遇到的实际问题的持续的行动，以及对这些行动所进行的反思。这与传统的学习形成了鲜明的对比，传统的学习是汇集大量日后可能会有用的知识和材料，在行动学习中，学习者以小组为单位，通过共同解决问题、相互支持和协作，从行动、反思中获得学习。[①]

行动学习的主要特征有四个：首先，它的本质是"从做中学"。解决

---

① 行动学习 [EB/OL]. http://wiki.mbalib.com/wiki/ 行动学习 .2013—11—02。

问题的过程就是学习的过程。解决问题需要成员间的意见交流和实际行动等，在这个过程中，学习已经发生。其次是问题的性质。在行动学习中要解决的问题是存在于实际生活、工作中的问题，而不是假设的理论性问题。这与创业过程中遇到的问题相一致，都是实际存在的问题，都是极其依赖情境的具体化的问题。再次是团队。行动学习中的小组一般包括4—6人，小组成员具有不同的背景。与小组成员之间的合作和共处是学习的一部分。最后是反思。行动学习不是简单地在做中获得知识和能力，更关注对已有经验的反思，强调在反思中获得经验的提升，即在"思考中学习"。

行动学习的过程一般包括四个步骤。一是组建团队。由团队成员对问题进行明确，合理分工，初步形成团队内部的合作意识。二是分析问题。发挥各自优势和特长，从不同角度分析问题，寻求解决方案。三是付诸实施。按照既定计划逐步实施，建立有效的反馈机制，并在实践中及时修正和调整。四是检验和反思。成功解决问题后，还要对整个过程进行积极反思，总结经验，并在小组内形成较为一致的共识。

2. 建构主义理论

建构主义是兴起于20世纪末的一种认知理论，可以追溯到皮亚杰的理论。建构主义不仅吸收了皮亚杰的发生认知论，也融合了"维列鲁"学派的基本思想，尤其是维果斯基的"文化—历史"发展理论。

建构主义强调人的认知发展是在与外界环境交互中形成的，并在这一过程中不断寻求平衡，最终实现认知水平的提升。建构主义关注人的经验，将其作为人认识和理解外部世界的基础，同时强调学习的主动性、社会性和情境性。主动性是指学习是个人主动建构的过程，学生不是简单被动地接收信息，而是主动地建构知识的意义；社会性是指在主动建构知识的过程中，学生要积极与他人互动，如老师或同学等，在交流合作中进行学习；情境性是学习者在一定的情境即社会文化背景下进行的学习，这种背景必须有利于学习者对所学内容的意义建构。

与建构主义相一致的创业学习方式主要有三种：自主学习、合作学习、探究学习。

自主学习是指学生是学习的主体，学习是学生自主建构的过程。与被动学习相比，自主学习让学生更加理解学习的主题和使命，增加他们的参与热情。在这个过程中，教师扮演帮助者和支持者的角色，在必要时候给予有效指导。

合作学习是指建立学习共同体、促进学生之间的合作，重视学习者之间的交流互动。由于每个人都是以自己的方式去理解外部世界，所以交流合作可以使人们的理解更加丰富和全面。相对于个体学习而言，合作学习更易激发学习兴趣、创造灵感，还可以培养学生的合作意识。

探究学习是指让学生暴露在真实问题中，积极寻求解决方案，从而养成勤于思考、擅于探索的能力。相对于接受学习，探究学习强调问题性、实践性、参与性和开放性。

（三）案例分析：杜伦大学"基于行动学习"的创业教育项目

行动学习和建构主义学习强调实践、自主、合作和反思等方面，这些都适宜于创业学习。那么这些方法如何应用于创业学习实践中呢？有哪些需要注意的地方？有哪些因素会影响创业学习过程？下面就以英国杜伦大学的创业学习为例进行深入分析。

为了提升学生的创业能力，使他们能够在未来激烈的职业竞争中获得商业和创业技能，英国杜伦大学在生物学领域设计了基于行动学习的创业教育项目，其核心概念就是创业者的生活世界（the life-world of the entrepreneurial owner-manager）。这一项目获得了 2001 年第一届国家创业教学奖。

创业者的生活世界就是创业学习者未来所要面临的环境。让学生在学习中深入了解创业者生活世界的构成和相关问题，可以使他们更好地应对未来的创业实践和创业过程。对创业者来说，创业环境充满不确定性、复杂性和多重性，如任务结构的复杂性（多种多样的活动，包括销售、成本核算、生产、组织和调动积极性）、不确定性（与竞争者、供应商、客户、银行、法定机构和环境的不断改变）。这些都需要创业者积极回应，以行动为导向解决问题。[①]

此类创业学习的主要特征就是在压力下的行动和决策，同时获得来自多种渠道的反馈（见表 5—22）。

---

① Hartshorn C, Hannon P D. Paradoxes in Entrepreneurship Education: Chalk and Talk or Chalk and Cheese?:A Case Approach[J].Education+ Training, 2005, 47(8/9): 616—627.

表5—22 **创业学习的特征** [①]

问题解决	犯错误	直觉
做	客户反馈	同伴交流
抓住机遇	借款	人际交往

创业环境是可以刺激创业者不断学习创业技能，提高创业行为有效性的环境，因此，杜伦大学在创设学习模块的时候，尽可能整合创业环境中的因素。杜伦大学使用项目管理作为学习工具，通过对真实创业情境下创业者处理问题的模拟，使学生获得真实的创业体验，能够从创业者的角度看问题、解决问题。

学生要在不确定情境中完成所有的项目任务、建构项目的分析框架、协调各种人际关系，主要包括四个阶段：启动（自我审查）；产生创意和评估；计划和整合资源；实施（如图5—7所示）。

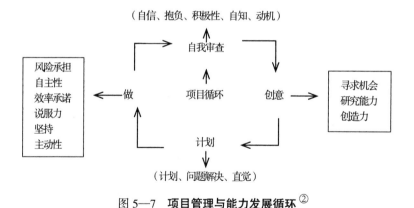

图5—7 **项目管理与能力发展循环** [②]

① Gibb A A. Enterprise Culture and Education Understanding Enterprise Education and Its Links with Small Business, Entrepreneurship and Wider Educational Goals[J]. International Small Business Journal,1993,11(3): 11—34.

② Gibb A A. Enterprise Culture and Education Understanding Enterprise Education and Its Links with Small Business,Entrepreneurship and Wider Educational Goals[J]. International Small Business Journal,1993,11(3): 23.

通过这四个阶段的循环练习，学生的创业技能和特质得到发展。从图5—7中看出，模块的内容和知识都和学生未来的创业历程密切相关，鼓励学生自主学习，获得个人发展。

对高科技创业来说，小组合作非常重要，因为很少有人可以独立完成整个创业过程。这个项目强调小组学习，使学生获得最为丰富的学习经验，同时也加强与校外的联系，如中小型企业、风险投资者、银行家和商业管理者。每个小组有两位指导者，分别是校内人员和校外成员。这些校外人士可能是未来潜在的客户和供应商，他们的经验能够帮助学生理解创业过程及可能遇到的问题。学生在与利益相关者（来自商业社群的人）进行互动时，可以修正自身知识，加强对创业/商业的认识。

在这个项目中，学生可以学到多方面知识，如对开创新公司的计划，新公司开创时所面临的挑战，如何战胜这些挑战，发展他们的创业技能、行为和个性特质。虽然学生主要是在生物学科背景下进行学习，但是这种模式下学习到的技能是可转化的，可以迁移到其他领域中。

学习中期和末期都会有正式的考核和反馈。在学习结束时，学生需要展示自己的商业计划和创意，获得风险投资者、银行家、商业管理者和创业者等的反馈。对个人来说，学生要对自己的学习过程积极进行反思，总结经验。

这个项目的主要特点是创设一个创业环境，将创业学习与创业者们的经验联系起来。在实施过程中，该项目要在多方面进行调控（如表5—23所示）。创业指导者的创业素养对学生发展起到非常重要的作用，因此创业指导者的遴选十分关键。在校内选拔的基础上，要增强他们的创业教育教学经验，如加强他们对经验学习背景下的创业概念的理解，与基金会有经验的人员合作教学。

表 5—23　　　　　　　　"基于行动学习"的创业教育项目要素

创业教育的关键成分	生物创业的案例
提供所有权	学生自行组成团队、产生创意
允许控制	学生给出个人和小组分析的工具

续表

创业教育的关键成分	生物创业的案例
责任	学生做出市场方案
整体管理	学生在完成其他课程的同时，进行任务管理
允许学生自己看待问题	学生为项目周期中的每一个环节负责
不确定性的介绍	在规定时间内进行市场调研，并获得相应结果
非正式交流	邀请成功的生物创业者进行主题演讲
允许犯错	预设的挑战、压力的反复
提供灵活的学习情景	给予真实挑战的行动学习
给予自由	学生决定评价、在课堂外进行、集体选择展示方式
压力	对于任务和正式项目的时间期限、完成高质量任务的同辈群体压力

通过该项目学习，学生不仅能够将他们的专业知识运用到商业／创业环境中，还锻炼了沟通交流和人际交往等方面的能力，极大地增加了个人自信。这些对学生认识他人、认识社会、认识自我都有极大的帮助。

二　课程实施途径

针对培养创业实践者的课程实施途径，很多学者都进行了相关论述。

蒂蒙斯（Timmons）认为，创业教育属于终身教育的范畴，最好的实施方法是将学校学习与校外实践相结合。他认为，分析能力、会计、金融、市场营销与信息管理能力等可以通过学校教育获得，但是，判断力、耐性和责任等方面的能力则不能通过学校教育直接培养，而是需要在实际生活中获得。[①]

戴维斯（Davies）认为传统教育教学方法使用的说教、关注理论，不

---

① Timmons J A, Stevenson H H. Entrepreneurship Education in the 1980s: What Do Entrepreneurs Say?[M]. Division of Research, Harvard Business School,1984.

适用于创业教育。①

通过调查加拿大卡尔加里大学的 MBA 对创业课堂中案例教学法和项目教学法的看法，麦克马伦（McMullan）发现，案例法可以有效促进学生的分析和综合能力；项目法可以加强学生对学科的理解，增强评价能力。②

法约尔（Fayolle）认为，任何一种教学方法的有效性都依赖目标、受众和内容等多方面因素的共同作用，所以教学方法只有适宜性与否，没有对错之分。为了使创业教育从技艺走向科学，创业教学方法必须有其合理性依据。根据不同的目的和内容，选择适宜的教学方法才是关键。对创业教学模式进行分类才能达到预期教学效果。在实际创业教学中，要依据学生学习内容的不同对教学模式做出相应调整，才能够收到良好效果。③

在目前的创业课程实施中，既有传统方法，如商业计划书、案例研究、讲座、创业咨询、行为模拟等，也有新颖方法，如与创业者的面谈、环境扫描、实地考察、使用影像等。学者们就不同教学方法之间的异同进行深入探讨。

（一）不同创业教学方法的比较

创业教育源于商学院，其教学方法也沿用了商学院的传统模式。但是由于创业教育自身的独特性，传统商学院的方法受到批判（如表5—24所示）。

表 5—24　　　　　　**传统教学方法和创业教学方法的比较**④

传统教学方法	创业教学方法
关注内容	关注过程
教师主导	学生主导

①　Davies L, Gibb A. Recent Research in Entrepreneurship: the Third International EIASM Workshop[M]. Avebury,1991.

②　McMullan C A, Boberg A L. The Relative Effectiveness of Projects in Teaching Entrepreneurship[J]. Journal of Small Business & Entrepreneurship,1991,9(1): 14—24.

③　Fayolle, A., & Gailly, B. From Craft to Science: Teaching Models and Learning Processes in Entrepreneurship Education[J]. Journal of European Industrial Training, 2008,32(7): 569—593.

④　Cooney, T. M., & Murrayy, T. M. Entrepreneurship education in the Third–level Sector in Ireland[R]. Institute for Minority Entrepreneurship Reports,2008: 28.

续表

传统教学方法	创业教学方法
传授确定性知识	教师作为引导者
强调内容	强调做和谁来做
学生被动接受知识	学生主动发现知识
确定性目标	灵活性目标
强调理论	强调实践
聚焦学科	聚焦问题
严格的时间安排	根据需要，灵活性调整

从上表中看出，与传统教学方法相比，创业教学方法更注重过程，强调以学习者为主导，以问题为中心，以实践能力培养为目标，这些都与创业教育的自身属性密切相关。

盖比（Gibb）通过对创业课堂和真实创业环境的比较发现，商学院的课堂教学更关注过去，重视信息理解、反馈和分析，而在现实世界中，创业者更关注现在，重视实践、交往。传统商学院课堂教学的依据是学术权威的观点，即"专家的逻辑"，而在实际生活中，创业者主要依赖自身知识和个人价值判断。表5—25分析了两者的区别。

表5—25　　　　　　　　　**课堂教学与真实创业情景的比较**[①]

大学 / 商学院——课堂教学	创业——现实世界
在分析大量数据后的判断	在有限信息下的直觉决策
认识和回忆信息	对信息传输和过滤的价值理解

---

① Gibb, A. A. Enterprise Culture–Its Meaning and Implications for Education and Training[J]. Journal of European Industrial Training,1987,11(2): 2—38.

续表

大学/商学院——课堂教学	创业——现实世界
假定目标	识别多样的目标
通过研究信息来确认事实	通过对人的能力和信任做出决定
在理论意义上理解社会原则	通过现实社会原则应用和调试
寻求正确的答案并实施	在压力环境下找出最合适的解决方案
在课堂中学习	边做边学
通过专家和权威人士的资源进一步查漏补缺	通过任何可能的途径对信息查漏补缺
通过书面反馈进行评价	通过对人和事的直接反馈进行评价
通过基于知识的测试评价成败	通过解决问题和从失败中学习评价成败

因此，创业教学方法应该根据时间和地点的不同而更加灵活，鼓励学生通过参与实践理解问题、通过自己的思考解决问题、通过失败学习借鉴。学生要依靠自己，而不是外部信息、资源和专家建议。

作为一种新型理论，建构主义被认为是重建创业教育体系的最好范式。它可以改变传统范式的弊端，给创业教育注入新能量。教育不应该仅是经过精心设计的技术，更是涉及训练、教导、学习、素养等多方面的集合体。教育一词来源于拉丁语，意思是导出，意味着引导学生自己探索、发现。

建构主义理论包括四个核心概念：（1）知识。知识不仅是由现象和事件的观察而导出的事实、原则和理论，还包括使用信息的能力，如思想、感受和解释。知识是一种对事件和现象的不断解释的过程；（2）认知目的。认知不是发现真相、发现事实，而是积极适应，包括应该用技能去积极回应外部世界的变化。（3）学习者的角色。学生不是消极的接受者，而是积极地建构新的意义。（4）教师的角色。教师不是呈现知识、纠正学生的错误观念、展示技能，而是帮助学生获得新的思考方式（见表5—26）。

表5—26　　　　　　　传统方法和建构主义方法的比较 [①]

项目 ＼ 类型	传统方法	建构主义方法
知识	好的传递	建构过程的结束
信息	好的	过程
教	传递知识	支持学习
教育目的	广播的知识	自主、自我管理的能力
学习者角色	消极的消费者	积极的生产者
教师角色	内容的传递者	学习的帮助者
测试任务	测试学习者	测试教师
信息的来源	教师、教科书	所有可用的来源
获得知识的诱因	教师	学生的需求
谁掌控学习过程	教师	学生
与谁交互	教师、学生	学生
活动	听、阅读	做、思考、交谈

（二）创业教学方法的趋势

在目前的创业课堂中，多样化的教学方法正在被广泛使用，既包括传统的讲授法、讲座和案例分析法，也有个人展示、视频、小组讨论、角色扮演、实践训练和项目学习等方法。

乔治·华盛顿大学的研究者们利用邮件采访的形式对2004—2005学年的两年制学院和四年制大学的教学方法进行调研（如图5—8所示）。常用的创业教学方法有：案例研究、创建商业计划、企业家讲座、讨论、计

---

① 　Löbler H. Learning Entrepreneurship From a Constructivist Perspective[J].Technology Analysis & Strategic Management,2006,18(1): 19—38.

算机模拟、嘉宾演讲、小企业研究、项目研究、可行性研究、见习、实地参观小企业／新创企业、课堂练习。

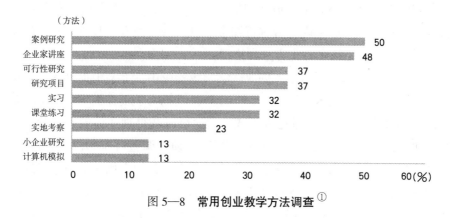

图5—8　常用创业教学方法调查 ①

创业教育中网络的使用比例（如图5—9）。结果显示：在创业教育中，计算机和现代技术正在大量使用。超过50％的大学都在使用互联网作为教学辅助工具，通过在线课程或提供网络信息资源供学生学习。网络正在创业教育中扮演重要角色，而且这种趋势将会持续下去。

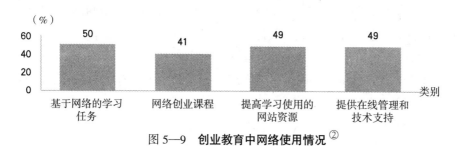

图5—9　创业教育中网络使用情况 ②

总的来说，创业教学方法发展的趋势有：第一，传统方式和现代方法的结合使用。虽然很多学者提倡在创业教学中使用现代方法，如行为模

---

① Solomon G. An Examination of Entrepreneurship Education in the United States[J].Journal of Small Business and Enterprise Development, 2007,14(2): 168—182.

② Solomon G. An Examination of Entrepreneurship Education in the United States[J].Journal of Small Business and Enterprise Development,2007,14(2): 168—182.

拟、项目练习等，但是也有学者在为传统教学方法进行辩护，如谢波德（Shepherd）认为创业课堂中传统教学方法正在式微，这种趋势只会促进学生逻辑性的发展，不利于创造性和创业思维的产生。[①] 教学方法的使用要根据具体目标、人群和内容等进行综合考量，每一种方法都有其特定的使用背景，因此要坚持多样化方法的使用。

第二，新技术与新理论在创业教学领域的应用。上文中提到的计算机辅助教学，就是新技术应用的例证。计算机模拟为学生提供了"模拟新企业决策的多重经验"，通过这种方式，学生可以获得创业体验和经验，在复杂决策的制定中发展能力，并获得即时反馈来调整自身的认知和行为。新理论带来的认知取向的变化也会影响教学方法，如现代科学中兴起的复杂性理论、权变理论等。这些理论强调不确定、适时变化策略以及多重因素作用机制等，与创业环境、创业过程有很大的相似性。因此，这些理论适宜于创业教育教学，可以促进让学生在复杂、充满风险和压力的氛围中进行学习，真实感受创业场景。

第三，教学维度日益多元化。在创业教学中，使用多类型案例、增加国际化向度、关注策略形成和实施正在成为新的发展点。这种趋势可以增加教育教学的灵活性，提供不同类型的学习方式。在创业教育的发展中，起关键作用的是新方法、新技术和新材料的质量，而不是数量和类型，所以，在实际的教育教学中，要始终关注教学质量，不可一味求新求异。

（三）用建构主义理论设计教学活动

考斯基（Kourilsky）通过研究发现，幼儿园学生中有25%的比例展现了重要的创业特质，而在高中生里这一比例仅为3%。这一研究认为，传统／正规教育在某种程度上阻碍了创业能力的发展。

其实，对传统教育阻碍创业发展的批评早已屡见不鲜。很多学者都认为，商学院提供的结构化知识、过于分化的学科体系和教学方式影响创业人才的培养。在商学院中，教学活动由教师及教学大纲掌控，如"今天要讲授的是什么"是常见的课堂套路，但是在创业教育中，这种方法受到质疑和挑战。

---

① Shepherd D A, Douglas E J. Is Management Education Developing, or Killing, the Entrepreneurial Spirit[C]//Proceedings of the 1997 USASBE Annual National Conference Entrepreneurship: The Engine of Global Economic Development, San Francisco, California.1997.

让学生掌握主动才是关键和最为有效的办法，建立以学生为中心的模式才能真正促进学生的兴趣。当然，这并不是说完全把课堂交给学生，让学生掌控一切，而是说教师要考虑学生的需要和感受，让学生主动接受。

因此，在创业教育中引入建构主义的视角和教学方法非常重要，因为两者都是强调主动性、主体性。在这种背景下，教师的角色转变为指导者和帮助者，而非传统的掌控者，学生主宰自己的学习过程。

建构主义是一种有别于传统的范式，其基本观点是每个人都依据自身已有的经验去学习和形成知识结构。我们只能按照自己所生活的世界去看待和认知事物，所有的经历和体验都是主观的，没有绝对的客观性。

建构主义挑战了主流价值中的知识获取机制，即客观主义/客观性。客观性成立的依据是现实中存在独立的观察者，能够通过一系列的系统化步骤来获得关于外部世界的可检验的事实。客观主义导致了教与学的行为主义观点，而建构主义将知识看作个人的主观建构，是人对思想和精神的建构。

在教学活动中，除了课堂，学生的校外学习也是其重要组成部分。校外学习可以发展自我组织能力、终身学习能力，和同辈群体的交往等社会技能，这些对创业者来说非常重要（如表5—27所示）。

表5—27　　　　　　　　**学校学习和校外学习的比较** [1]

项目＼类型	校内学习	校外学习
知识	好的传递	建构过程的结束
信息	好的	不断持续的过程
教	传递知识	自主学习
教育目的	广播的知识	在娱乐中形成自主、自我管理的能力
学习者角色	消极的消费者	积极的生产者

---

[1]　Löbler H. Learning Entrepreneurship from a Constructivist Perspective[J].Technology Analysis & Strategic Management,2006,18(1): 32.

续表

类型 项目	校内学习	校外学习
教师角色	内容的传递者	学习的帮助者
测试任务	测试学习者	没有测试，只有真实生活
信息的来源	教师、教科书	所有可用的来源
获得知识的诱因	课程	学生的需求
谁掌控学习过程	教师	学生
与谁交互	教师、学生	学生
活动	听、阅读	做、思考、交谈

创业教育、建构主义和校外学习有内在的一致性。建构主义范式作为创业教育的理论基础，校外学习环境确保了创业教育走向实践（如表5—28所示）。

表5—28　　　**创业教育、建构主义和校外学习的比较** [①]

类型 项目	创业教育	建构主义方法	校外学习
知识	过程	不断持续的建构过程	不断持续的建构过程
教	支持学习者	支持学习者	支持学习者
教育目的	学会生存，自主、自我管理	自主、自我管理能力	自主、在娱乐中获得自我管理能力
学习者角色	积极的生产者	积极的生产者	积极的生产者
教师角色	学习的帮助者	学习的帮助者	学习的帮助者

---

① Löbler H. Learning Entrepreneurship from a Constructivist Perspective[J]. Technology Analysis & Strategic Management,2006,18(1): 33.

续表

类型 项目	创业教育	建构主义方法	校外学习
信息的来源	所有可用的来源	所有可用的来源	所有可用的来源
获得知识的诱因	学生的需求	学生的需求	学生的需求
谁掌控学习过程	学生	学生	学生
与谁交互	学生	学生	学生
活动	做、思考、交谈	做、思考、交谈	做、思考、交谈

用建构主义理论设计创业教学活动，目的是帮助学生获得自主、独立思考和自我管理能力等，应遵循以下十项原则。

一是提供实践机会。创业能力是在实践中不断养成的，而不仅仅是阅读、听讲座等方式。在建构主义理念的教学活动中，经验/经历至关重要，因此，学生要不断参与实践，在实践中反思、成长。参与活动是进行反思、获得经验的开始。在参与实践的过程中，学生会遇很多问题，通过自身的尝试、共同交流和讨论，学生会不断反思、总结经验，最终获得新知识。在这个过程中，教师的作用不是直接给予学生解决方案，而是启发引导学生自己探寻答案。参与实践就是让学生掌控学习过程，通过实践—反思，最终获得知识—经过思考和加工的知识。

二是让学生自己制定学习目标，教师给予支持。自我管理的学习过程必然包括目标制定和自我实现。如果学生自定目标，他们会更积极、主动，更有兴趣，对目标更有责任感。学生在多方面的发展并不成熟，因此，在制定学习目标和实施的过程中，教师要给予适时帮助和支持。这样，学习目标才能在学习过程中不断完善和发展。

三是确保学习内容与学生需要相匹配。学习内容的确定要以学生的需要与兴趣为基础。如果内容能够满足学生的学习需求，那么学生的学习兴趣、自觉性会大大提高。建构主义要求学生主动建构知识，那么在内容选择上，就要充分考虑学生的实际情况。

四是改变传统的考核测试方法。与建构主义的原则和方法相一致，考核方式也要随之转变。传统的测试方式既不能测出学生真实水平，还容易造成学生的厌学情绪，因此要设计出更灵活、生动、富有意义的考核形式。这种测试的目的在于加强师生之间、生生之间的合作、共赢，而不是制造竞争和对抗的氛围。

五是活动设计要体现交互性、设置认知冲突。交互性是强调团队合作、小组学习等方式。通过沟通交流、分工协作，学生能够更好地发挥各自特长，实现自身发展。设置认知冲突是为了让学生深入思考不同人的观点，通过辩论、争论去进一步明确自己的想法，最终建构属于自己的知识。

六是确保信息渠道畅通。在创业教学中，各种有关于教学的信息都应该是公开、透明的。畅通的信息渠道能够创设一个和谐、公正的环境，保证教学效果。

七是信息的重组和使用。在创业教育教学中，机会识别是最为重要的内容。机会不仅存在于新事物中，而且存在于常见事物中。对信息进行重组往往会有意外的发现和收获，能够产生新的解决思路和方案。教师要引导学生保持对信息的敏感度，不断尝试用新的方式理解事物，组织学生进行头脑风暴训练，这些都有益于产生新想法和新思路。

八是教师不要给予对错的评判。在学生讨论、分享中，教师不要展示问题的解决过程，不要对答案做出对或错的判断，而是让学生自己探索，学会从不同角度看待问题。在这个过程中，对与错并不重要，重要的是让学生学会思考和解决问题的能力。教师的作用就是启发学生从不同角度思考，甚至是让学生在陈述中不断质疑，让学生不断反思。

九是自主性，自主是一种自我管理的能力。自主的人更能从道德意义上去思考和行动，而不是被现实社会的奖惩所操控。因此，创业教育教学要培养学生的自主性，启发他们的社会责任意识。

十是强调寓教于乐。愉悦的氛围对创业教育非常重要。在教学活动的设计中，教师要充分考虑知识性和趣味性的结合。学会学习就是要求学生不仅收获知识和能力，也要享受学习过程，改变传统教学和学习过程中的枯燥和乏味。[①]

---

① Löbler H. Learning Entrepreneurship from a Constructivist Perspective[J]. Technology Analysis & Strategic Management, 2006,18(1): 32—36.

三　课程实施的案例分析：以商业计划书为例

商业计划书是创业教育课程的重要组成部分。在 2004 年世界新闻报公布的前 100 所大学中，有 78 所大学提供这门课程。本节以商业计划书为例，对课程实施的相关问题进行深入探讨。

创业教育中对商业计划书的重视起源于战略学。战略学认为，增强组织和环境管理中的科学性和必然性分析，可以消除事件的偶然性及其带来的负面效应。很多大学都对商业计划大赛十分重视，以学生在全国乃至国际商业计划书大赛中的成功为荣。与大学中广泛开设此类课程形成鲜明对比的是，此门课程的内容和教学方法等缺乏相应的理论和实证研究。

（一）传统商业计划书教育

商业计划书被认为是一种文本写作，描述现状和假设的未来状况。这门课程旨在帮助学生对未来的不确定性和复杂环境进行清晰的认识和把握。商业计划书包括新产品或服务的介绍、组织管理和经济发展规划等。在传统商学院教育中，教育者认为计划书极为重要，因为学生要对自己的整个思路进行归纳和总结，并对结果进行预测。同时，商业计划书意味着创业者对整个过程的了解，它是创业的开始，在传统创业教育中处于中心地位（见图 5—10）。

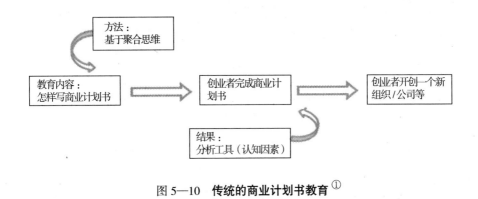

图 5—10　**传统的商业计划书教育** [①]

①　Honig B. Entrepreneurship Education: Toward a Model of Contingency-based Business Planning [J]. Academy of Management Learning & Education,2004,3(3): 261.

在学者们对商业计划书大力推崇的同时，也有研究者认为商业计划书会限制创业活动。如拜德（Bhide）发现，在被调查的500家公司中，仅有28%的公司完成了计划书，只有4%的公司系统地执行了计划书内容，有63%的公司只执行了几个月，坚持超过一年的只有9%。[①] 霍尼格（Honig）利用制度理论对商业计划书进行实证研究，认为很多早期创业者的计划书都是形式主义、模仿、强迫性和趋于同质化的。[②] 风险投资者和天使投资人在投资之前都会要求被投资者出具一份商业计划书，但是数据显示，投资人的决策与商业计划书并没有必然关系。这些研究结论对传统教育中商业计划书的必要性和有效性提出质疑。

传统教育和创业教育在很多方面存在冲突，如传统教育重视知识的传授，关注对抽象问题的重复分析、纸笔测验；创业教育关注知识获得的情境性、应用知识的途径和方式。传统商业计划书教学方式的基本假设是外界环境的稳定性、因素的单一性，强调线性思维。这些都导致传统教育中的商业计划书与创业教育的性质和特点不符合，不能很好地满足创业教育的需求。因此，对传统商业计划书课程的改革势在必行。

（二）商业计划书的教学革新

针对传统商业计划书教学中存在的问题，新的商业计划书教学进行了多方面改革，主要包括两种：一是经验性教学；二是基于权变理论（Contingency Theory）[③] 的教学。

经验性教学是指学生通过经验性学习，如模仿和练习等获得创业能力（见图5—11）。创业实践者要获得的是实践知识，这种知识是通过实践/做中学产生的。学生不断尝试、错误，最终学会解决问题的能力。经历失败，从失败中学习对创业者来说非常重要，因为对失败的感受和处理能够增强他们解决问题的能力。这种失败是创设一种知识的不平衡状态，促使学生

①   Bhide A. The Origin and Evolution of New Businesses[M]. Oxford University Press,2000.

②   Honig, B.,& Karlsson, T. 2004. Institutional Forces and the Written Business Plan[J]. Journal of Management. 30:29—48.

③   权变理论是20世纪60年代末70年代初在经验主义学派基础上进一步发展起来的管理理论，是西方组织管理学中以具体情况及具体对策的应变思想为基础而形成的一种管理理论。权变理论认为，每个组织的内在要素和外在环境条件都各不相同，因而在管理活动中不存在适用于任何情景的原则和方法，即在管理实践中要根据组织所处的环境和内部条件的发展变化随机应变，没有什么一成不变的、普适的管理方法。

感受失败、挑战自我，战胜失败、获得成功。

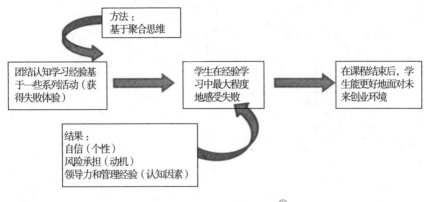

图 5—11 **经验性教学** [①]

这种教学方式对教师和学生的要求都很高。对教师来说，要重新设计课程内容，并组织实施。对学生来说，要保持这种动机，这个情景就必须不断更新，才能保持最大学习效果，否则就会变得毫无意义。

基于权变理论教学是以权变理论为基础。权变理论认为，不存在适合于任何情景的原则和方法，要依据组织所处的环境和内部条件的发展变化而随时调整方法和策略。这与创业活动的要求一致。创业活动面临大量的未知因素、不确定和模糊性，是一个完全开放的体系，有很多变量需要去不断认识、重新评估。这些都要求教育教学活动教会学生不断根据环境和外部情景变化去做出调整和改变，不是传统意义上的在静态环境下的预测和重复性分析与总结（见图 5—12）。

① Honig B. Entrepreneurship Education: Toward a Model of Contingency-based Business Planning [J]. Academy of Management Learning & Education, 2004, 3(3): 264.

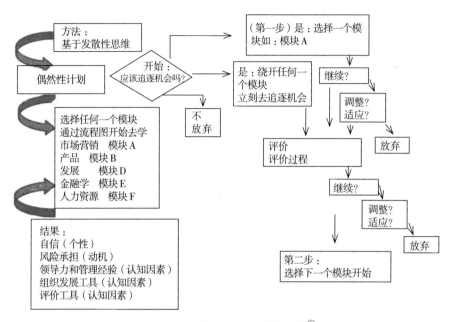

图 5—12　基于权变理论的教学 [①]

这种教学方式最大的特点是开放性。每一步骤的先后与否并不重要，没有基于对检索、分析和决策先验性顺序的假设。每一个模块都是相对独立的、可以自由选择，不断循环，即不断加入新的认识、知识和外界反馈，不断完善和整合模块内的其他方面。这个过程是完全开放的，能够从任何一个点开始。学生可以根据不同的目标、情境和个人倾向性随机选取不同的时间进行相关的模块内容学习，在教师、同学的帮助下完成。这种方式是根据真实的商业环境进行设置的，强调情境的不可预测、不断变化，是一种非线性发展思维。

这两种方式都利用了皮亚杰的认知发展理论中的"平衡"概念。在皮亚杰的理论中，认识发展经历图式、同化、顺应，最终到平衡，而且平衡是一个动态的过程。这就意味着认识是不断发展的，因为人时刻在与外界

①　Honig B. Entrepreneurship Education: Toward a Model of Contingency-based Business Planning [J]. Academy of Management Learning & Education,2004,3(3): 267.

环境进行接触,就会不断接受新事物去调整自己的认知。皮亚杰使用"平衡"来描述人是如何在自身现有状况和不断变化的环境之间取得平衡的。当环境发生变化时,我们会积极回应这个变化,叫作同化机制,就是一种小的量变的过程,当我们真正掌握或熟悉这个新环境之后,就是一种顺应机制,即质变的过程,形成我们自己的新经验来回应外界环境的变化。在同化和顺应发生之后,个体就达到一种相对平衡的状态,但是这种平衡并非静止的,而是不断向高阶段发展的。

在这两种教学方式中,学生有机会不断接触新事物,从而创设一种认知的不平衡状态,即个人知识和外界要求的差异,然后通过学习,最终学会应用,达到平衡状态。但是这种平衡会被新刺激打破,从而重复经历上述过程。任何一个新的平衡的建立都标志着认识进入更高的水平和阶段。这些都区别于传统教育模式的封闭和静止,符合创业活动的特点。

当然,这两种方式存在很大差别,经验性教学是提供情景模拟去帮助学生培养动机和能力。基于权变的教学是开放的、不断循环的,提供反馈,让学生不断反思、调整。同时,经验性教学关注聚合思维,基于权变的教学关注发散思维。聚合思维是要求唯一、精确的答案,而发散思维则是鼓励不同的答案和多样化想法。为了培养发散思维能力,基于权变的教学不要求学生在创业活动开始前对学习进程做出规划,在过程中不断探索、寻求符合自身认知和行为规律的方式方法。创业过程强调快速反应和实践创新,根据市场变化随时进行调整,这些都需要培养学生的发散思维。当然,在创业过程中,聚合思维是必不可少的,如在评估、总结阶段就需要聚合思维发挥作用。

第四节　课程评价

针对培养创业实践者的课程特点而言,评价应该采用长期指标和短期指标、主观指标和客观指标相结合的方式进行。首先,创业教育课程的效果存在滞后性,即学生在接受创业教育之后,需要一段时间的积累才能真正从事创业实践,成为自主创业者;其次,创业意向与创业行为之间并不是直接关联的,要受到多种因素的影响,如资金、环境等。高的创业意向和创业能力只是开展创业活动的基础。因此,在课程评价中,既要注重对课业本身的评价，也要注重对学生后期的追踪评价；既要使用创业意向、满意度等主观指标，也要使用创业比率，创业成功率等客观指标。

一　评价标准的理论研究

学术界提出了多样化的创业教育及课程的评价标准，其中较为著名的有杰克和安德森（Jack and Anderson）的评价框架（见表5—29）、法约尔（Fayolle）的基于计划行为理论的评价体系。

表5—29　　　　　　　　　　　　创业教育评价框架[①]

时间	评价指标
课程 / 项目实施中	学生的注册率；课程的类型和数量；创业兴趣；创业认识
课程 / 项目实施后	创业意图；知识获得；学习和能力的自我认识
课程 / 项目实施后的 0—5 年	新创公司的类型和数量；购并数量；寻找和获得创业定位
课程 / 项目实施后的 3—10 年	新公司的生存状况和声誉；已建立公司的声望和创新水平
课程 / 项目实施的 10 年之后	对社会和经济的贡献；公司的运作；职业满意度；个人的自我实现和心理成功

法约尔（Fayolle）以计划行为理论（Theory of planned behavior，TPB）为基础，建立了系统化的评价指标（见图5—13）。随着时间的推移，该体系综合评价了创业教育的多方面影响。

---

① Jack S L, Anderson A R. Entrepreneurship Education within the Condition of Entreprenology[C]// Proceedings of the Conference on Enterprise and Learning,1998.

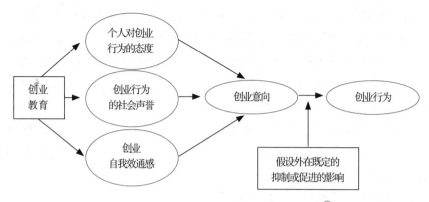

图 5—13　**基于计划行为理论的评价体系** [①]

法约尔认为，创业教育首先可以激发学生的学习兴趣，从而获得创业的社会声誉，即社会对创业的认可和评价。学生拥有了创业知识和技能，有了充足的创业信心，最终实施创业行为。因此，个人对创业行为的态度，创业行为的社会声誉及创业自我效能感的相互作用，使学生产生创业意向，最终实施创业行为。创业教育对以上五个方面的影响就构成了测度创业教育效果的系统化指标。

二　评价的实践分析

2012 年，欧盟创业理事会选取欧洲 9 所大学和欧洲青年企业家联盟（JADE）[②] 的毕业生为调研对象对欧洲高校创业教育效果进行评价。这九所大学分别是瑞典的查尔姆斯理工大学（Chalmers University of Technology）、爱尔兰的都柏林理工学院（Dublin Institute of Technology）、奥地利的林茨大学（Johannes Kepler University of Linz）、克罗地亚的奥格斯堡大学（Strossmayer University of Osijek）、英国的贝尔法斯特女王大学（Queen's University of Belfast）、芬兰的土尔库大学（University of Turku）、西班牙的巴伦西亚大学

---

① 沈超红、谭平：《国外创业教育效果评价的有效性分析》，《创新与创业教育》2010 年第 1 期。
② 欧洲青年企业家联盟（European confederation of junior enterprises），在法国青年企业家联盟（CNJE）的推动下，创立于 1992 年。成立的会员有荷兰（FNJE）、葡萄牙（JEP）、意大利（CIJE）、瑞士（USJE）和法国（CNJE），该联盟是一个完全由学生组织的非营利性质的组织。

（University of Valencia）、德国的慕尼黑工业大学（Technische Universitaet München）、荷兰的乌得勒支艺术学院（Utrecht School of the Arts）。[①] 这些大学中既有获得过多次英国年度创业型大学奖提名的贝尔法斯特女王大学，也有被联合国教科文组织授予创业教育教席的奥格斯堡大学，它们都在创业教育领域有所建树。

调查对象包括实验组成员 1139 名（参与过创业教育的毕业生，有 288 名 JADE 毕业生）和控制组成员 1443 名（未参与创业教育的毕业生）。此项研究选取创业能力、创业意向、个体就业力，对社会与经济的影响四个维度对创业教育影响进行了问卷调查。

一是创业能力，分为创业态度、创业技能、创业知识三个方面。三组成员在不同维度上的表现结果如表 5—30 所示。

表 5—30　　　　　高校毕业生创业能力的对比分析[②]

维度	毕业生类型	实验组	JADE 毕业生	控制组
创业态度	主动意识（Sense of Initiative）	***	**	*
	冒险倾向（Risk Propensity）	**	***	*
	自我效能感（Self-efficacy）	=	=	=
	成就需求（Need for Achievement）	**	**	***
	结构行为（Structural Behavior）	**	*	**
创业技能	创造力（Creativity）	**	**	*
	分析（Analysis）	**	***	*
	动机（Motivation）	**	***	*

① European Commission. Effects and Impact of Entrepreneurship Programmes in Higher Education[EB/OL].http://ec.europa.eu/enterprise/policies/sme/promoting-entrepreneurship/files/education/effects_impact_high_edu_final_report_en.pdf.2014—02—10.

② European Commission. Effects and Impact of Entrepreneurship Programmes inHigher Education[EB/OL].http://ec.europa.eu/enterprise/policies/sme/promoting-entrepreneurship/files/education/effects_impact_high_edu_final_report_en.pdf.2014—02—10.

续表

维度	毕业生类型	实验组	JADE 毕业生	控制组
创业技能	交流（Networking）	**	***	*
	适应性（Adaptability）	**	***	*
创业知识	理解创业者角色	***	**	*
	创业知识	**	***	*

注：*** 是最高，** 是中等，* 是最低，= 是等同。

从表 5—30 中看出，接受过创业教育的毕业生在各维度上的得分普遍高于未参与过创业教育的毕业生。

二是创业意向，分为创业自我认知（self-perception）和职业倾向（employment preference）。针对创业自我认知，调查者给出了两组问题。第一组是：我已经为成为一名创业者做好了充分准备、我的职业生涯目标是成为一名自主创业者、我没有开公司的打算、我没有创业打算。分析结果见图 5—14。

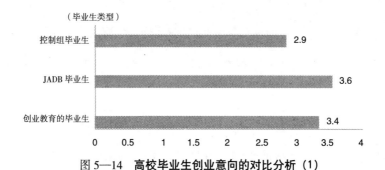

图 5—14 **高校毕业生创业意向的对比分析（1）**

注：采用 5 点计分法，1（非常不同意）—5（非常同意）。

另一组问题是：创业者这个职业很吸引我、创业能够给我带来大的满足感、我愿意在多种选项中选择创业、我对创业持否定评价，分析结果见图 5—15。

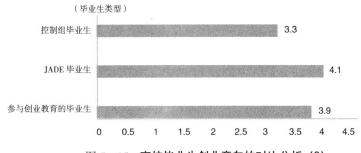

图 5—15 高校毕业生创业意向的对比分析（2）

注：采用 5 点计分法，1（非常不同意）—5（非常同意）。

三是个体就业力。在自主创业的比例方面，参与过创业教育的毕业生中有 16% 选择了自主创业，而未参与过创业教育的毕业生中自主创业的比例是 10%；在被雇佣方面，参与过创业教育的毕业生中有 71% 选择了被雇佣，而未参与过创业教育的毕业生中被雇佣的比例是 77%（见图 5—16）。

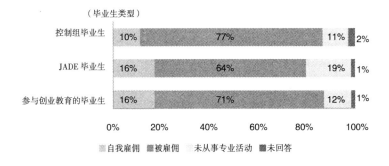

图 5—16 高校毕业生个体就业力的对比分析

四是对社会与经济的影响。首先是对社会的影响，包括志愿者工作（Volunteer Work）和非商业活动（Non-commercial）。组间差异和性别差异如表 5—31。

表 5—31 高校毕业生社会影响的对比分析 [①]

	类别			性别	
	实验组	JADE 毕业生	控制组	男性	女性
志愿工作	39%	53%	38%	43%	36%
非商业活动	49%	58%	38%	48%	38%

其次是对经济发展的影响，主要是指自主创业的行业类别。在选择自我雇佣的创业毕业生中，有 8% 是企业家（entrepreneur），有 8% 是自由职业者（liberal professionals and freelancers），这一比例在 JADE 毕业生中，分别是 9% 和 7%，而在控制组毕业生中是 3% 和 7%（见表 5—32 所示）。

表 5—32 高校毕业生自我雇佣类型的对比分析

类别	实验组	JADE 毕业生	控制组
自我雇佣	16%	16%	10%
企业家	8%	9%	3%
自由职业者	8%	7%	7%

（毕业生类型）

上表中的企业家这一群体又包括两类人：开创公司和手工艺人。如果只将开创公司作为自主创业，那么人数就从原来的 324 人下降为 133 人，其中有 65 名创业毕业生、25 名 JADE 毕业生和 43 名控制组毕业生。他们从事的行业见图 5—17 所示。

---

① European Commission. Effects and Impact of Entrepreneurship Programmes in Higher Education[EB/OL].http://ec.europa.eu/enterprise/policies/sme/promoting−entrepreneurship/files/education/effects_impact_high_edu_final_report_en.pdf.2014—02—10.

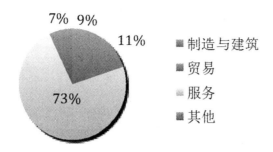

图 5—17 高校毕业生自主创业的行业类别分析 ①

第五节 典型案例分析：美国欧林工学院

在对培养创业实践者的课程目标、课程内容、学习机制和教学活动进行分析之后，本节使用案例法对高校创业教育课程的具体实施进行探讨。案例选取基于两点考虑：第一是此种专业类创业教育较为成熟；第二是该校在此类教育中处于世界领先地位。创业教育与工程教育的结合出现较早，发展相对成熟，两者的融合发展更为完善，这其中，欧林工学院更是工程类创业教育的翘楚。因此，本节选择欧林工学院进行研究。

一 欧林工学院：工程创业教育的典范

欧林工学院的出现是为了应对美国传统工程教育危机。它试图以全新的理念重新定义 21 世纪的工程教育，并成为全美乃至全世界工程教育的典范。

（一）传统工程教育的危机

在美国，传统工程教育一直广受诟病，工程师的地位也一直较低。据美国社会职业调查结果显示：工程师在被调查的 22 种职业中位列第 10，

① European Commission. Effects andImpact of Entrepreneurship Programmes in Higher Education[EB/OL].http://ec.europa.eu/enterprise/policies/sme/promoting-entrepreneurship/files/education/effects_impact_high_edu_final_report_en.pdf.2014—02—10.

而医生、科学家和教师分别位列第 2、第 4 和第 5 位。[1]这些都与传统工程教育的培养质量不佳密切相关，主要表现在以下几个方面。

第一，"工程"教育异化为"理工"教育。在美国，传统工程教育的基本假设是工程师的知识基础应为自然科学和数学，这与 20 世纪自然科学和数学领域所取得的斐然成就相关。这一假设导致工程教育在招生遴选中关注学生上述两方面的学业表现，[2]从而使得培养目标在实践中也由"工程师"变异为"科学家"和"技术专家"：工程类学生参与的多是科学与技术的研究，而非工程实践；毕业生大都将科学探究和技术发明作为职业生涯的目标。这种模式培养出了科学家和技术专家，而非优秀的工程师。

第二，工程教育培养中缺乏对人文艺术素养的重视。虽然美国高等工程教育的基本知识包括工程经验、自然科学技术、人文艺术科学三大部分，但是在实际教育过程中，由于受狭义工程定义的影响，人文艺术科学并未受到重视。其直接后果是学生缺乏对工程社会背景的理解，在设计中不能很好地考虑社会中人和环境的因素。这些都使工程师成为技术的工具，不符合现代社会中对科技和人文结合的要求。

第三，工程教育内容与市场脱节。由于受冷战思维影响，传统工程教育多是为国防政治和军事领域培养人才，与市场关系并不密切。而在 20世纪后半叶，中小型企业在美国经济中扮演着愈加重要的地位，成为美国经济的支柱。如在美国，有 2000 多万个中小型企业，占全国企业总数的 98.8％，创造了全国 50％以上的国内生产总值，提供的就业机会占到服务业的 60％，制造业的 50％和工业的 70％，产品出口额也占到出口额的30％。[3]这要求工程师具备市场意识，养成商业思维，而传统工程教育并没有很好地回应这些变化。

（二）欧林工学院的建立

针对工程教育的弊病，美国工程教育界实施了一系列改革措施，但是收效甚微。1997 年，美国欧林基金会（F.W. Olin Foundation）不满足对工

---

[1]　王孙禺、曾开富：《针对理工教育模式的一场改革》，《高等工程教育研究》2011 年第 4 期。

[2]　同上。

[3]　中华人民共和国教育部高等教育司：《创业教育在中国：试点与实践》，高等教育出版社2006 年版，第 5 页。

程教育的修修补补，决定打破常规，建立一所不受传统思维禁锢、有极大颠覆性和革新性的全新的工程学院——欧林工学院，致力于工程教育的改革，最重要的是提供全新的工程课程设计，建立一个新的工程教育范式，从而实现美国国家科学基金会（National Science Foundation，NSF）提出的工程教育改革目标：从学科思维到跨学科思维；增加团队的合作技能；更多地考虑社会环境商业和政治背景；增加学生终身学习的能力；通过课程来加强工程实践和设计。①

为了实现独特的工程教育理念，在建校之初，欧林工学院就发起了一个"创新2000"计划。这个计划持续两年，主要是重新思考工程教育和大学运营，涉及大学生活的方方面面，从校园建设、师资、课程到学生的日常生活，② 其目的是提供最好的本科工程教育。

首先，在校园建设，欧林工学院的校园设计采用目前最为先进的理念和最为顶级的科技手段构建了学术、管理和居住的空间。欧林工学院占地70英亩，建筑面积为30万平方米，主要由后现代建筑师佩里设计完成。同时，欧林工学院位于马萨诸塞州的尼德海姆镇，毗邻百森商学院（商业教育的领军者）和威尔斯利学院（文理教育的翘楚）。这一选址也是美国欧林基金会的新意所在，上述两所大学都是各自领域的佼佼者，与其毗邻可以为欧林工学院提供合作机会和资源。

其次，师资招聘。秉承其追求卓越的理念，欧林工学院的师资水平也达到了一流。在2000—2002年学院组建阶段，选聘了20名教员（从2000份申请中选聘）。很多人都是放弃了美国著名高校（MIT，伯克利等）终身教职的职位，加入欧林工学院。其中既有前美国宇航局太空的科学主任，也有为人类基因工程做出卓越贡献组的专家。他们在各自研究领域都有着极高的学术声誉和斐然的学术成果，他们的加入保证了高质量的教育教学。

最后，课程设计。虽然有极具权威的专家加入，但是欧林工学院的课程并非他们全部包揽。作为一所真正以学生为中心的大学，学生的反馈和帮助也至关重要。学校招募了一些学生合作者（partners）来和教员一起协

① Welcome to the Olin Curriculum in ACT ONE [EB/OL]. http://www.olin.edu/academics/olin_history/cdmb_report.html.2013—04—10.

② Olin History[EB/OL].http://www.olin.edu/about_olin/history/olin_history_detail.aspx.2013—04—20.

助课程设计。这些学生合作者都是学业优异、极具创新精神和进取精神的。他们中的很多人已经收到来自美国其他名校（如哈佛大学、MIT 和加州理工学院）等的录取，但是毅然选择了欧林工学院——一个全新的、没有任何排名资质的学校，目的就是能够在一个新的大学中和学校一起成长，用自己的行动创造奇迹。正如一个学生所说，其他大学可以提供一个很好的平台，但在这里我们可以创造历史。[①]

二　欧林工学院的教育理念："欧林三角"

欧林工学院（以下简称为"欧林"）的教育理念是建立在对工程和创业两个概念重新界定的基础之上的。欧林将"工程"定义为结合技术制造、市场分析和社会影响等多方面的创新活动，具体包括：考虑人和社会需求；对工程系统的创新性设计；通过创业和慈善途径来实现价值。整个过程包括从对工程的社会背景分析到产品制造，再到投入市场获取效益（见图5—18）。

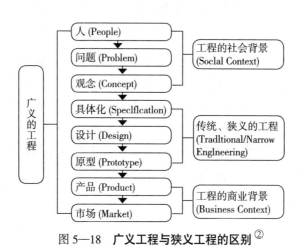

图 5—18　**广义工程与狭义工程的区别**[②]

这一定义改变了人们对工程的狭义理解，在"具体化、设计和原型"的基础上加入了社会背景和商业背景。

---

① Olin History [EB/OL].http://www.olin.edu/about_olin/history/olin_history_detail.aspx.2013—04—20.
② 王孙禺、曾开富：《"工程创新人才"培养模式的大胆探索》，《高等工程教育研究》2011年第5期。

欧林理念认为，创业是通过一系列的冒险精神和创新活动来创造"财富"，其中"财富"包括了精神财富和精神力量，是指一种对社会价值的影响和引导。这一看法拓宽了人们对创业的狭隘认识。[①]

在以上定义的基础上，为了实现其培养综合型人才的目标，欧林提出了工程教育的三角理念，称为"欧林三角"，即在工程教育的基础上，融入创业教育和人文社会艺术教育（见图5—19）。

图5—19　"欧林三角"的教育理念[②]

在这个三角中，传统的工程教育处于顶端，是工程师培养的核心；创业教育和人文社会艺术教育是工程师培养的两翼。其中，创业教育旨在培养学生的企业家精神和创业能力，使他们具备企业家的眼光和胸襟，能洞悉市场变化，认识产品的市场需求。

可见，欧林工学院提倡的创业教育不仅是工程教育的补充或点缀，而成为教育目标的重要组成部分。这种做法从根本上保障了创业理念的普及和创业教育的实施。

①　Fredholm, S., Krejcarek, J., Krumholz, S., Linquist, D., Munson, S., Schiffman, S., & Bourne, J.,Designing an Engineering Entrepreneurship Curriculum for Olin College[J].In Proceedings,American Society of Engineering Education,2002:6.

②　The Olin College Curriculum[EB/OL]. http://www.olin.edu/academics/olin_history/cdmb_report. html.2013—04—16.

三　欧林工学院的课程模式

（一）融合性的设计理念

该校在传统工程教育内容的基础上，增加了人文社会艺术和创业两大门类知识。人文社会艺术知识培养学生的人文素养，对社会环境、人类发展及工程教育所涉及的道德伦理问题的认识。创业教育培养学生敏锐的洞察力、商业判断力和创新精神，在知识经济背景下将工程与创新创业相结合。将三者结合作为培养新型工程师的做法，是欧林工学院改变传统工程教育缺乏人文素养、脱离市场的主要举措。

当然，课程中的三者并非简单的并列和叠加，而是实现了融合。创业和人文艺术课程都不再是原有知识体系的呈现，其内容都是经过筛选和重新设计的，着力突出的是如何在工程背景下运用此类知识。

"新技术公司"是向学生展示如何开创一个高新技术公司。[①] 与传统创业教育的"新企业创办"只给出开创企业的一般流程相比，"新技术公司"更有针对性，即面向工程类技术创业的学生，展现高新技术公司创立的流程和可能遇到的诸多实践问题。这就很好地将工程与创业密切结合，实现两者的内在结合，为学生的创业实践提供更多的帮助。

"人类工程学"是一门融合工程、创业和人文三类知识的课程，旨在教会学生在产品研发中理解和考虑不同客户的需求，从而实现产品价值。[②] 该课的任务是为独居的老年人设计日常生活用品，要求学生不仅掌握产品研发的工程技能，还要充分考虑对象的特殊性。学生课程学习要结合对老年人的市场调查，从参与者视角去理解他们的需要。同时，为了更好地理解这一特殊群体，学生需要学习社会学知识，如老龄化社会等。这种以解决实际问题为中心的课程编排将不同知识有机结合在一起，真正实现了融合性理念。

欧林课程的融合性也体现在其模块化课程。为了实现学生综合能力的

---

① Olin College of Engineering // 2012—13 Course Catalog[EB/OL]. http://wikis.olin.edu/coursecatalog/doku.php?id=course_listings:ahs.2013—05—07.

② Olin College of Engineering // 2012—13 Course Catalog[EB/OL]. http://wikis.olin.edu/coursecatalog/doku.php?id=course_listings:ahs.2013—05—07.

培养，欧林工学院的课程都是以模块化进行结合，强调交叉知识。一个模块化课程包括两门交叉的学科课程（相当于四门，因为每一门都是融合两门课程）和一个项目。如第一学期模块化课程包括微积分 & 差分方程、机械 & 电子系统两门和一个相关项目；第二学期模块化课程包括线性代数 & 概率统计、机械 & 电子系统两门和一个相关项目。第三学期的模块化课程包括三个，分别是生物 &AHS（人文艺术）、材料科学 &AHS 和信号系统 & 商业基础。[①] 在将不同学科知识进行融合的同时，课程模块中的实操项目有助于学生将学到的理论知识运用于实践，培养学生的动手能力。帮助学生建立工程与现实世界的联系是培养面向实践的工程师的主要途径。

融合不是简单叠加，而是按照不同学科的内在联系进行重组和改造。交叉课程可以更好地衔接工程与社会，激发学生的学习兴趣，同时也可以将严格的学术课程与实践课程相结合。学生可以将理论用到实践中，学会在社会背景下考虑工程问题，发展创业能力、团队合作和人际沟通、终身学习能力等。

（二）严格的课程内容选择和要求

欧林工学院课程是经过严格选择和精心设计的。从 2000 年开始，欧林工学院花了两年时间调研了全世界各国的大学。作为课程设计的基础，他们先后造访了超过 50 个大学和科研机构，既有小型的本科生工程大学，也有新型的文理学院、商学院、研究型大学（拥有很强的本科生项目的革新性大学）和世界其他国家拥有创新项目的大学（丹麦的奥尔堡大学）。[②] 欧林工学院课程设计的很多灵感来自上述大学改革创新的经验。同时，课程设计者包括了教员、行政人员和本校学生。其中 2001 年的 30 名学生和 2002 年秋季入学的 45 名学生（75 名中遴选出 30 名）作为欧林合作者（Olin Partners）参与欧林第一版课程的设计和测试。

该校每学年都有严格过关测试（Gate），来检测学生是否达到了学习目标。每个学期结束后的五天作为测试时间。与融合性课程和面向实践的理

---

① Basic Foundation Description[EB/OL]. http://www.olin.edu/academics/olin_history/cdmb_report. html.2013—05—12.

② Somerville M, Anderson D, Berbeco H, et al.The Olin curriculum: Thinking toward the future[J]. Education, IEEE Transactions on, 2005,48(1):198—205.

念相对应，欧林工学院的 Gate 有别于传统方式，是一种综合性考试，考察不同领域知识的应用，分别为笔试、口试和实操评估等多种形式。口试是考察学生的语言表达和人际沟通等技能；实操性评估是考察学生的实际应用能力。较之传统考试，这些新颖的方式需要学生对一年内学习的知识进行综合性展示，对教员和学生的要求较高。

Gate 的目的有两个：一是确定教学目标是否完成，并据此进行教学的改进；二是提供了学生的学业表现以供学生进行自我评定。Gate 对每一个学生的学业进行严格测评，以确定需要补习的部分。一旦确定需要补习的领域，学生将和指导老师共同制订假期补习计划。这些学生在来年的 8 月份（秋季入学前）被要求参加一个新的 Gate。如果还是没有通过，那么就要参加一个针对其个人学业的个案分析，并找出原因。大一主要测试课程模块内容，形式有口试、笔试和真实性评估，大二在大一的基础上加入了项目设计（大二的迷你项目设计）。大三加入了实战项目计划（为大四的毕业实战项目做准备），大四是针对毕业实战项目（capstone）的考评。[①]这种测试方式不仅对学生能力有更为综合的要求，同时，对教师的能力要求也很高，因为 Gate 的内容和方法都需要经过严格挑选和严密论证。

（三）灵活的提供方式

灵活的提供方式是课程能够满足学生不同的学习需求和兴趣的关键所在。这种灵活性体现在以下几个方面。

首先，根据学生的不同需求，提供不同层次的创业课程。学生的需求有三种：第一种是想在工程和创业两方面都占据优势的学生。他们可以在专业学位课程学习之外将创业作为主修方向进行学习；第二种是想在工程领域拔尖的同时，掌握一些创业技能的学生。他们可以在学习主修课程的同时，将创业作为选修课程进行学习，并取得创业资格证书；第三种是仅仅将创业作为个人兴趣的学生。他们可以选择学习基础性创业课程，掌握创业的背景性知识。[②]

其次，对个人兴趣的重视。图 5—20 展示了欧林工学院的课程体系，

---

① About Gates[EB/OL].http://www.olin.edu/academics/olin_history/cdmb_report.html.2013—05—07.

② Fredholm S, Krejcarek J, Krumholz S, et al. Designing an Engineering Entrepreneurship Curriculum for Olin College[C]//Proceedings, American Society of Engineering Education. 2002.

在课程表的最右侧一栏是个人兴趣（学生根据自身兴趣选择课程）。

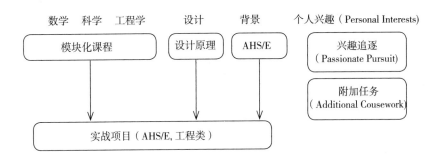

图 5—20　欧林工学院的课程体系 [①]

　　"人只有在自己感兴趣的领域才能取得成就，才能在面临困难时勇于克服，并将它和自己的生活联系起来。"与传统工程教育不同，欧林工学院将兴趣作为重要领域而非仅仅是消遣。为了保证学生有充足时间去发展自己的兴趣，该校规定一周的必修课程不超过 48 小时，当然学校也会监测学生实际的学习任务量，并根据不同情况适时调整。学校提供给学生感兴趣方面的课程和经费支持，虽然这些都是没有学分的，但是会在成绩单上显示参与的活动和学习情况，成为学生未来择业时的重要参考。学生想要在个人兴趣领域获得课程和经费支持，必须要提交计划书，得到 3 个学员的批准和认可才能进行。教员要评估这个项目是否有价值或根据学生能力评估其最后能否取得成绩。[②]

　　最后，课程模块选择的灵活性。学生可以根据自身兴趣和所进行的项目需要对课程模块进行自由选择。如第三学期的模块化课程包括三个，分别是生物 &AHS（人文艺术）、材料科学 &AHS 和信号系统 & 商业基础。学生可以选择其中一个模块如生物 &AHS，然后在模块之外选择商业基础和信号系统，并在下学期选修生物课程。同时，学生也可以选择材料科学

　　①　Somerville M, Anderson D, Berbeco H, et al. The Olin Curriculum: Thinking Toward the Future[J]. Education, IEEE Transactions on, 2005, 48(1):198—205.

　　②　Passionate Pursuits at Olin[EB/OL].http://www.olin.edu/academics/olin_history/cdmb_report.html.2013—05—10.

&AHS，在模块之外选择商业基础和信号系统，并在下学期选修材料科学课程。这种灵活性使学生可以自主规划课程和发展路径，从而激发他们的学习兴趣和动机，培养其创造力。

（四）不断调试的发展机制

欧林工学院的课程是在调试中不断发展的，并非一成不变的。该校的创立就是对传统工程教育的颠覆，打破陈旧和僵化，实现动态发展，这也体现在其课程中。欧林课程的发展性主要体现在其对已有课程的调整和改进（见图5—21）。

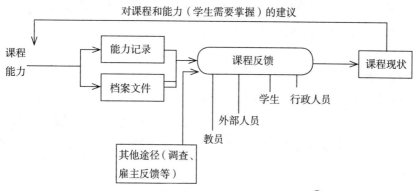

图 5—21　**欧林工学院的课程发展机制** [1]

从图5—21中看出，欧林课程的调试机制是一个不断循环往复的过程：通过学生的能力表现、档案记录和调查、雇主反馈等途径获得课程的实施情况，然后由教员、行政人员、学生和外部人员共同参与，从不同的视角来建立共同督查机制，从而对课程现状提出改革建议，最终形成新的课程和对学生新的能力要求。这一过程反映了课程改进机制的开放性、多样化和发展性，是课程的动力所在。其中，档案文件是由学校建立的一份关于学生学业表现、雇主反馈和其他在校表现的信息记录。档案文件既是学校委员会在评定学生是否符合毕业要求和对学生做出相关能力判断的主要依

① Somerville, M., Anderson, D., Berbeco, H., Bourne, J. R., Crisman, J., Dabby, D., ... & Zastavker.,Y. The Olin Curriculum: Thinking Toward the Future. Education[J]. IEEE Transactions on, 2005,48(1): 198—204.

据，也为课程改进提供了参照。同时，这一文件也是为学生提出学业建议的依据，档案中记录学生在不同学期的课业表现和项目参与信息。这份纵向追踪记录会显示学生的学业进步与否，需要改进的方面，因此，校方会根据学生的实际情况给出下学期或学年的学业建议。

这一机制反映了该校课程的动态发展。课程是在不断发展和完善中，根据学生、教师和雇主等多方面需求不断调试，与传统以学科导向为主的课程开发机制相比，此类课程开发更能跟进社会发展需求，使工程教育不脱离社会背景和工程实践。同时，这一机制也是对以学生为本的理念的最好诠释，对学生课业发展的追踪和学业建议都是将学生作为教育的主体，把他们的需要作为教育的动力和目的。这些都是欧林工学院课程模式的独特之处，是其实现培养目标的关键。

四　反思与启示

欧林工学院正以其独创性的课程模式定义着21世纪的工程教育，成为工程教育改革的一面旗帜。那么其经验是否可以复制？其难点在哪些方面？我们在借鉴时如何因地制宜地结合自身实践？这些都是值得反思的问题。

（一）小班化教学

首先，欧林工学院的成功得益于其少而精的学生规模。秉承少而精的原则，2002年秋季的第一届招生人数为30人，直到今日，该校的在校生总数为346人，其生师比为9∶1。[1]据统计，其班级容量限制在50人之内，其中57.1%的班级人数少于20人。[2]小班化教学保证了学生和教师之间的互动，也保证了学生参与实践的机会。同时，超过460亿美元的经费投入使每个学生都有机会接触高科技的设备和顶级的实验环境，并获得充足的实习和交流合作机会。这些都是其能够开展充分的面向实践的课程和项目的关键。而在我国，大多数工程院校和专业的生师比都比欧林工学院高，没有如此多的经费投入，因此，结合自身现状对欧林

---

① 　Olin at a Glance[EB/OL].http://www.olin.edu/about_olin/default.aspx.2013—05—12.

② 　吴婧姗、邹晓东：《回归工程实践欧林工学院改革模式初探》，《高等工程教育研究》2013年第1期。

模式进行学习和借鉴是关键。

（二）课程融合性设计

欧林工学院课程的最大特色就是其融合性的设计理念，将不同学科的知识进行组合形成模块。融合性设计不是将两门或多门课程的简单拼加，而是充分考虑其内在逻辑关系，挖掘不同类型知识的深层联系，打破学科既有界限，找到融合点所在。融合性课程的设计要遵照适切性、简洁性和关联性等原则进行。为了实现学生高效的交叉学习，同时又可避免过多的知识融合引起的协调代价，欧林工学院选择了小的课程模块（两门课程内容的融合）。融合性课程的设计要充分考虑学生的水平层次、接受能力、教师的能力素养和学校的整体实力等多方面因素，绝非想当然地拼加不同的课程内容。融合性课程设计绝非欧林工学院的独创，世界各地的院校大都在进行此类课程设计。不同的学校有不同的融合理念，也有学校选择多门课程（超过两门）进行融合。任何一种设计都是基于已有条件和课程内容本身的可融合性进行的。欧林工学院的课程融合设计理念是充分考虑各方面因素、征求多方意见和结合自身实际以后确定的，并非放之四海而皆准的模式。如何在综合不同院校融合理念的基础上结合实际情况进行课程融合性设计才是精髓所在。

（三）对教师能力的要求

任何一门课程，无论如何精巧的设计和安排，能否取得好的效果都要取决于教师的知识水平和教学能力。通过对上述课程模式的分析，可以发现，欧林工学院从课程的设计、实施，甚至过关测评都对教师提出了极高的要求。为了实现其培养目标，该校有着强大的创业、人文社会科学和工科教师团队进行有效的跨学科合作。他们与工商业界有着密切的联系，从而为工程类教育面向实践提供了很好的渠道。欧林工学院的课程模式固然新颖独特，但其最终实施还是依靠一支高水平的教师队伍来完成。如何在引入课程模式的同时，建立一支能够胜任高融合性、强实践性和开放性课程的教师队伍才是保障课程实施的关键。在上述分析中可以发现，该校的行政人员也是课程建设的积极参与者，从早期的课程开发到现在的课程调试，都有他们的贡献，因此，调动不同力量共同参与学校建设是发展的趋势。

（四）课程模式的发展性

作为一所只有10多年建校历史的学校，欧林工学院的课程处在不断的调试中。同时，其课程模式之所以能够引起关注就在其打破固定和僵化，保持新鲜血液的注入，时刻处于发展中。正如一句名言所说"现在并不是结束，甚至不是结束的开始。现在可能只是开始的结束"。这也是欧林人对自己的要求：一直在路上。欧林工学院的课程没有最终版本，一切都处于发展中，因而对该校的很多方面都值得深入研究和进一步探讨，对其学习和借鉴要建立在审慎的基础上。

第六节　小结

　　培养创业实践者的课程是在创业精神普及的基础上，选取更具创业实践潜质的学生，进行有针对性的培养。本章从课程目标、课程内容、课程实施、课程评价四个方面对培养创业实践者的课程进行了深入分析，力图揭示此类课程模式的运作方式和实施过程。

　　此类课程以培养创业实践者为主，即培养具备创业素质和创业能力，能够真正从事创业实践的人。这一目标是建立在狭义的创业界定基础上，创业即创办新企业。因此，课程目标是培养学生的实践智慧。

　　在课程内容的设置上，首先，考察了创业能力的定义和基本因素。通过对已有研究的梳理和分析，将创业实践者的创业能力总结为机会能力（发现机会、识别机会），资源能力（组织资源、整合资源），管理能力（团队管理、战略管理、财务行政管理、自我管理），专业能力（特定行业的技术能力）。

　　其次，对此类课程的理论与实践进行分析。综合理论建构与课程实践，本研究认为，培养创业实践者的高校创业教育课程内容应该包括创业知识、商业知识、管理知识、专业知识、软技能。

　　再次，课程设置方式与原则。在基于专业的课程设置中，本节选取了工程类创业课程（E—CDIO 模式）和艺术类创业课程（基于情境的设置模式）为例，对课程设置理念、内容、方式进行分析。在此基础上，提出了模块化课程设置，加大选修课的比重，以项目为中心，兼顾学科课程和课外活动等四项原则。

　　在课程实施方面，此类课程目标是获得实践智慧，即问题解决能力。与实践智慧相对应，课程实施应该以行动学习与建构主义为理论基础。在培养创业实践者的课程实施中，传统方式和现代方法的结合使用较为普遍。新技术与新理论在该领域的应用，如复杂性理论、权变理论等。教学维度日益多元化，如多类型案例的使用、国际化向度的增加、对策略形成和实施的关注等。基于建构主义理论对教学活动进行设计，主要有提供实践机会、确保学习内容与学生需要相匹配、改变传统的考核测试方法、体现交互性等原则。

在课程实施的案例分析中，本节选取商业计划书这门创业教育的核心课程为例，展示了经验性教学和基于权变理论教学两种模式的特点和设计方式，并使用皮亚杰的"平衡"概念对两者进行分析，揭示了两种模式对认知发展的作用。

在课程评价方面，针对培养创业实践者的课程特点，评价应该采用长期指标和短期指标，主观指标和客观指标相结合的方式。如杰克和安德森（Jack and Anderson）的评价框架、法约尔（Fayolle）的基于计划行为理论的评价体系都可以作为此类课程评价的理论基础。欧盟创业理事会选取欧洲 9 所大学的 2582 名高校毕业生进行调查研究，结果显示，参与过创业教育及课程的毕业生在创业能力、创业意向、个体就业力以及对社会与经济的影响四个维度的得分明显高于未参与创业教育及课程的毕业生。因此，创业教育及课程在提升学生创业能力、自主创业等方面有显著成效。

最后，为了具体展现高校创业教育课程的实施过程，本文选取美国欧林工学院作为典型案例，深入分析该学院的成立背景、课程理念、课程模式，对创业型工程人才培养的课程模式提出思考。

第六章

培养创业学者的课程

创业学者的培养主要依托创业学博士项目（Ph.D in entrepreneurship）进行。作为一个新兴项目，创业学博士项目从无到有，并在发展过程中，形成了区别于传统创业者培养的课程类型：目标上，关注学习者创业教育和教学能力；内容上，聚焦于创业理论知识、研究方法和多学科交叉知识的应用；方法上，采用自我指导的主动学习、研讨会和学术讲座等；评价上，创业学博士项目不断增多，学生可获得的创业学习机会不断增长，创业学博士促进了创业学的专业化发展。

第一节　课程目标

一　厘定课程目标的基础：创业学学科发展与创业实践需求

培养创业学者是创业教育发展到一定阶段的必然要求，既是创业教育取得自身合法地位的内在要求，也可以解决创业教育师资短缺问题。

（一）创业教育合法性危机

在过去的几十年，创业教育为学生提供了大量的课程，增强了他们的创业意识和创业技能，为创业实践活动的开展提供了帮助。但同时，创业教育也遭遇了合法性危机。创业教育遭受了质疑和批评：创业教育有宽度、没深度；创业学研究借用了经济学、心理学、市场营销、战略等其他领域的理论和框架；没有明确的边界以及独特的内容，创业学不可能发展为独立的领域。

卡茨（Katz）通过对美国创业教育的历史发展进行梳理，认为创业教育的合法性危机在于，创业教育的学术期刊质量较低，导致创业领域的优秀学者多在管理类期刊发表学术成果，更多的进行一些跨学科的研究，忽视了创业领域本身的独特性。[①] 创业教育要想获得学科地位，只能通过研究的质量和深度，凸显其独特性。

要解决自身的合法性危机，创业教育必须加强理论研究，建立学科框架，并形成自身的研究优势和合法性地位，需要更多原创性成果问世，为现实问题和实践发展提供更多指导。开展创业博士项目，培养创业博士是开展理论研究的基础。只有通过博士生项目的开展，创业学才能作为严格的学科被接受，获得其学科地位和合法性。

（二）创业教育师资短缺

从 1947 年哈佛大学提供第一门创业课程开始，美国创业教育经过半个多世纪的发展，形成了相对完善的体系：在横向上，美国有 1800 多所大学开设创业课程、150 多个创业教育中心推动各种创业项目；在纵向上，也形成了贯穿于小学、初中、高中、大学本科、研究生的创业教育体系。但是，随着创业教育的深入开展，师资问题成为制约美国创业教育发展的重要因素。目前，美国的创业教育师资主要由高校捐赠席位的教授和兼职教师组成，而真正接受过专业培养的创业教育教师比例很少。这些教师大都是其他领域的专家和学者，他们并没有接受过创业教育方面的专门训练，无法保证教育教学的质量，而大量的兼职教师也存在类似情况。布什（Brush）通过研究发现，在创业教育本科生和硕士生的课程中，教师的比例极不均衡，大多是由兼职教师来完成，而专业的创业博士只占到极小的比例。[②] 芬克尔（Finkle）通过对美国的创业领域教师申请数和职位数的对比发现，申请数量远低于已设置的职位数，创业教育领域的教师极为缺乏。

---

① Katz, J. A. The Chronology and Intellectual Trajectory of American Entrepreneurship Education 1876—1999[J].Journal of Business Venturing,2003,(18):296.

② Brush,C.G.,Duhaime, I. M., & Gartner, W. B. Doctoral Education in the Field of Entrepreneurship[J]. Journal of Management, 2003, 29(3): 314.

表6—1　　　　　2004—2007 年美国创业教育教师职位申请情况 [①]

年份\数量	职位数	申请数	比例
2004—2005	212	106	0.50
2005—2006	316	141	0.45
2006—2007	271	184	0.68

随着创业教育在高校的快速发展，创业师资成为全球创业教育发展所面临的共同问题。培养创业学博士是解决美国创业教育教师匮乏的主要途径。通过创业学博士项目的实施，可以提高创业教育领域教师的质量和素质，从而为创业教育的发展提供更为专业化的教师队伍。

二　课程目标：培养创业研究与教学能力

由于创业学学科发展与实践需求，培养创业学者的课程目标是培养创业研究与教学能力。

创业研究能力是指从事创业研究所必须的素养。作为一门新兴的学科，创业学面临学科界定、身份认同等多重危机，因此，创业学者需要进行高水平的学术研究，产生大量有价值的研究成果。这些都需要创业学者具备相应的创业研究能力，能够在该领域进行原创性研究，同时以创业学学科为基础，进行跨学科、交叉性研究。

教学能力。在目前的创业学博士培养中，教学能力是主要目标之一。对教学能力的重视既是解决创业教育师资短缺的主要途径，也是管理学院博士项目未来的发展趋势。这里的教学能力主要是指能够从事高校创业教育教学的基本能力。

---

① 　Finkle,T. A. Global Trends in the Job Market for Faculty and Schools in the Field of Entrepreneurship[Z]. Proceedings of ASBBS (American Society of Business and Behavioral Sciences),2008,15(1): 809.

第二节 课程内容

创业学博士项目旨在培养创业研究者，其课程内容与创业研究密切相关。那么，创业研究的特点是什么？这些特点如何影响创业学博士项目的课程内容设置？

一 设置课程内容的基础：创业学理论研究

（一）创业学的学科界定

从创业领域的研究开始，创业学一直致力于身份认同和学科地位的建立。最初，创业学被认为是"管理学"的范畴，后来又被认为是"中小企业管理"范畴。这两种称谓都使创业学缺乏自身独立性。作为一个学术领域，创业学领域缺乏学科内公共知识的积累，即知识共同体。在创业领域的发展中，赛伊（Say，1816）、米尔（Mill，1848）、熊彼特（Schumpeter，1911）和奈特（Knight，1921）都对创业概念进行过阐述，直到1961年，戴维·麦克里兰（David McClelland）在《追求成就的社会》（*The Achieving Society*）一书中，介绍了成就动机（获得成就的需求）及其对创业领域的影响。[①] 至此，学者们开始使用个人作为分析单元，应用心理学理论来研究创业者、创业动机。这标志着创业研究领域积累公共知识、建立学科身份统一性的开始。

格哈德（Gerhard）等认为，标志着研究的独特性和学科地位的因素主要有四个：系统理论和确定的文献群；权威性、专业组织和定期的交流；行规和文化；职业化。[②] 针对创业研究领域，这四个方面的特征主要表现为以下几点。

---

① 麦克里兰将人的动机分为三种：成就动机（N Ach）、归属动机（N Ach）和权力动机（N Pow）。他认为，成就动机对于组织乃至整个国家的成功最为关键。1961年，他在《追求成就的社会》一书中阐述了对该领域的开创性研究：一个国家如果非常重视成就，它随后就会迎来快速增长，而如果这个国家对取得成就的重视程度下降，其经济福利水平就会降低。他在另外一项研究中指出，一个国家颁布的专利数量与该国的专利数量和该国的成就动机强度有直接的相关性。

② Plaschka, G. R. & Welsch, H. P. Emerging Structures in Entrepreneurship Education: Curricular Designs and Strategies[J]. Entrepreneurship Theory and Practice,1990,14(3): 55—71.

一是系统化理论。在过去的几十年中，关于创业研究的文献数量快速增长，如关注创业研究的学术期刊达 12 种以上，不同的学术年会开始关注创业研究领域，大量关于创业研究的书籍出版。创业研究者们在诸多方面取得了共识：对创业概念的理解逐渐趋同，对创业领域的学科界限逐渐清晰；创业研究逐渐分化，如个人创业和企业内创业等分支领域的出现；研究设计、研究方法和数据处理技术的精细化和成熟；大数据样本的使用；从探究性研究走向因果性研究。但是，创业研究领域在很多方面还存在很大分歧，如创业者的界定、创业者类型的划分等；创业学科尚未形成完整的概念框架，没有整合、统一的理论来推动学科系统化发展。

二是权威和专业组织。专业组织、正式和非正式的学术活动是学科建立的标志。组织化是专业化的必要条件。专业组织可以执行一系列专业性的功能，如通过网络联盟形成自身的文化特质、职业准入标准等。创业领域的专业组织有多种功能，如研究、教育和实践等。

通过召开学术会议，专业组织将实践者、初级研究者和高级研究者等集合在一起，共同分析信息、探讨学科领域内的发展和改革创新。这种交流可以促进专业文化的形成和发展，鼓励不同的研究兴趣，建立学者间的合作，从而促进了学科合法性地位的形成。为了获得更多的专业化和系统性知识，催生深度研究，创业学领域开始出现了创业学博士项目，如一些欧洲传统大学开始建立创业学博士生项目，以培养专业的创业研究者。1990 年，欧洲小企业委员会创建了欧洲创业和小企业管理博士项目，将博士生引入创业研究领域。同时，一些权威性的专业组织出现，如美国小企业局（Small Business Administration）、白宫中小企业议会（White House Conferences on Small Business）等开始设定小企业标准，企业运行的规则和标准，为小企业提供经济信息帮助等。学术机构设立创业教席，如百森商学院、贝勒大学、哈佛大学和沃顿商学院等。[①]

三是专业文化。对于创业领域而言，创业专业文化主要是指创业和创业者所带来的社会影响和价值导向。如果说，在 20 世纪初期，创业者形

---

① Plaschka, G. R. & Welsch, H. P. Emerging Structures in Entrepreneurship Education: Curricular Designs and Strategies[J].Entrepreneurship Theory and Practice,1990,14(3): 55—71.

象和精神的意蕴是满足社会所需，如美国汽车大亨亨利·福特，将装配线概念成功应用于汽车生产，使汽车成为一种大众产品，对现代社会和文化产生巨大影响。那么，当今社会是不断创新、生产快速发展和新机会不断涌现的时代，今天的创业者则要诠释新的创业精神，将创造力价值、成败的自由和获得财富的合法性等结合起来，同时，承担风险、领导力、成就和行动导向也是创业精神和文化的重要组成部分。创业学领域要通过创业研究和创业教育，来建立与时代发展相适应的专业文化。

四是职业导向。职业导向是学科领域建立的重要标准。创业的职业导向是指人们将创业作为一种职业发展方向。

在以往的职业规划中，很多人倾向寻找所谓的安全保障，即稳定工作。随着全球化、国际化和市场化的发展，终身化职业和持续稳定等概念逐渐消解，越来越多的大学生开始将创业作为一种职业选择。当不确定性成为所有职业的共同特征时，选择职业的主要参考标准已经转向创新、发展性等方面。当然，创业并不限定于开创新企业，还包括其他路径，如在新创企业中就业（个人可以根据和公司、创业者一起成长，共同推动新公司发展）、企业中层管理岗位（利用自己的创新能力改变公司现状）、企业高管职位（开发新产品和新服务，建立新的框架改革创新）。当越来越多的人将创业作为一种常态化的职业选择时，创业会获得更多的社会认可和支持。

在上述四个方面，创业学既取得了成就，也存在着诸多问题。这些都是创业学博士项目发展过程中所要考虑的主要因素。

（二）创业研究的特征

创业及其研究的主要特征就是创新（公司和组织的创新、产品和服务的创新等）。创新可以发生在任何一个层次和水平（个人、团队、新公司和新组织等）、任何一种背景下（新公司、新组织、现有公司、家族企业、特许经营等）。因此创业研究包括个人行为（新组织产生和发展）、新行业、新风险团队信息、财富创造和组织转型。将创业领域界定为"创新和创造"可以很好地展现其研究的特点和多层次、跨学科的特征。

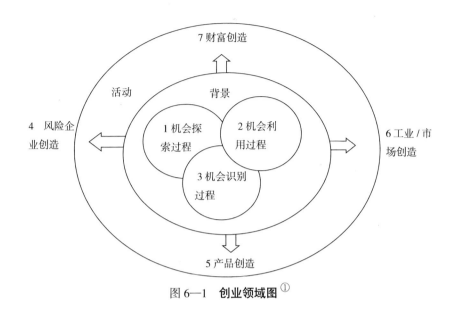

图 6—1　**创业领域图** [①]

　　创业领域图包括内外两个环形：内部的环形代表背景，即识别机会、探索机会和利用机会的过程。外部的环形代表活动，即创造新公司、新产品、新行业、新市场和新财富等。

　　由图 6—1 可知，一个完整的高校博士生创业教育应该包括七个方面内容：（1）探索机会过程；（2）利用机会过程，资源获得和开发、创业者发展意图等；（3）识别机会过程，创业导向、识别机会等；（4）开创企业，条件与涌现（Emergence）、[②] 国际性创业、开创企业过程等；（5）成分 / 产品创造，战略对技术的影响、主要的设计开发、创业和技术间断；（6）行业 / 市场创造，特许经营发展、非正式的风险资本市场、新行业的出现等；（7）财富创造，风险资本投资和回报、资源和公司效能、战略和公司效能、

---

　　① 　Brush C G, Duhaime I M, Gartner W B, et al. Doctoral Education in the Field of Entrepreneurship[J]. Journal of Management, 2003, 29(3): 309—331. 转引自梅伟惠《美国高校创业教育》，浙江教育出版社 2010 年版，第 117 页。

　　② 　涌现，Emergence，也译为突现。这个词来源于系统科学，涌现在商业、经济、计算机和游戏娱乐等方面都有体现。对涌现的揭示，是随着三论（系统论、控制论和信息论）的发展以及对复杂系统的研究而逐渐推进的。

团队成立战略和成长等。[①]

基于对创业学研究的分析，布什（Brush）认为，创业学博士学位的课程应该包括基础类创业课程、经济类创业课程、社会科学类创业课程（如表6—2所示）。

表6—2　　　　　　　　　创业学博士学位课程概况[②]

课程类型	核心	具体内容
基础类	集中于创造过程和模型，为学生提供宏观的视角、理论，加深对创业的广度与深度的理解	宏观背景课程包括社会学、经济学和心理学等，管理领域的课程包括战略、财务、管理等学科内容。能够反映创业背景（个人的、群体的、组织的、社会的）和过程（机会识别、规划、创造性行动等）的学术论文和著作也被囊括在内。三大块内容共同构成了创业基础类课程
经济学类	主要基于奥地利经济学的视角，涵盖机会探索过程、机会识别过程和机会利用过程	例如"警觉性、发现、填缝"等概念被用于机会的探索和发掘。其他的一些主题包括创造性毁灭的"彼特增长理论"，创业增长理论，创业入门理论等。除此之外还包括新企业战略，风险资本等内容
社会学类	从心理学、经济史或者社会学的视角出发，涵盖机会探索过程、机会识别过程和机会利用过程	如新生企业家，新组织的演变和人口流动的影响，用认知心理学的方法解释创业活动，机会获取，环境影响等课程内容。另外的课程内容包括创业人力资本，妇女创业，家族创业，民族创业等

（三）创业研究方法

作为一门年轻的学科，创业学正在建立自身的学科地位和合法性。在建立合法性方面，理论和方法有内在的一致性和不可分割性。理论决定了学科的边界，方法可以检测理论，同时实现跨学科的交流。研究方法的合理使用是创业研究获得合法性和科学性的重要保障。创业学博士项目致力

[①]　Brush C G, Duhaime I M, Gartner W B, et al. Doctoral Education in the Field of Eentrepreneurship[J]. Journal of Management,2003,29(3): 309—331.

[②]　Brush C G, Duhaime I M, Gartner W B, et al. Doctoral Education in the Field of Entrepreneurship[J]. Journal of Management, 2003, 29(3): 309—331.

于培养创业研究者，因此课程的最大特色在于对研究方法的关注。创业学博士项目中需要对多样化的研究设计、取样标准、数据收集方法和分析技巧有着深入的理解。那么，已有的创业学研究在研究方法的使用方面取得了哪些成果？有哪些不足呢？

布什（Brush）通过分析发现，20 世纪 90 年代以来，包括研究著作、会议论文和期刊文章在内的创业研究数量呈指数上升，显示了以下六个趋势。

第一，1994 年—1998 年发表的研究论文中，82％论文是经验性研究，18％论文是理论性研究。构成这些经验性文章的理论基础主要来自"战略领域"，其中 64％的研究关注战略、57％的研究将公司作为独立的分析单元。

第二，由于创业研究领域问题众多，如家族创业、天使投资商、国际创业者、公司创业、非营利创业、小公司、新工业和特许经营系统等，实证研究的样本数量也随之增多。少于 10％的创业文章使用公共可以获得的数据，导致很难比较不同样本的状况。最近一项研究表明，70％的创业类文章是实证研究，31％的创业文章使用二手数据。

第三，在整个管理类期刊中，调查是主要研究方法。66％的文章使用调查法、25％的文章使用访谈法。77％的百森—考夫曼研究会议论文以及48％的顶尖创业刊物论文，如《创业理论与实践》《企业创业杂志》都是基于调查方法进行研究。

第四，调查研究回复率低（平均回复率为 33％）导致创业研究成果的推广和普及速度缓慢。创业研究者在研究过程中，多使用便利样本，如会议中接触到的创业者、专业组织和学术网络联盟中的成员等。

第五，新的研究活动，如创业活力专家小组研究（Panel Study of Entrepreneurial Dynamics，PSED）提供了关于创业者、创业过程、影响要素等的追踪研究数据。

第六，创业研究中多变量分析方法的使用与数据统计分析软件快速进步并不同步。相比于管理期刊中 50％的使用比例，只有 25％的创业期刊文章采用这些方法。[①]

从上述分析可知，创业研究者缺乏严格的科学方法训练，不能很好适

① Brush C G, Duhaime I M, Gartner W B, et al. Doctoral Education in the Field of Entrepreneurship[J]. Journal of Management,2003,29(3): 309—331.

应创业领域研究。因此，创业学博士项目应该提供严格的理论、研究方法论的训练，促使创业研究者进行更高水平的研究，推动创业学领域的发展。

迪安（Dean）对创业研究中的数据分析方法（analyzed data quantitatively）进行了深入分析。为了了解创业研究中方法的使用问题，迪安使用了期刊分析、调查研究和访谈等方式进行研究。

首先是期刊分析。通过期刊文章分析，迪安认为复合型研究分析是创业研究领域最常用的研究方法和技术。迪安选取两本重要的创业研究杂志《创业理论与实践》（*Entrepreneurship Theory and Practice*，*ETP*）（1976—2004）和《商业创业》（*Journal of Business Venturing*, *JBV*）（1985—2004）中发表的创业类论文（随机选取近50%的文章），分析了创业研究中数据分析方法的趋势。此部分的研究样本包括582篇文章，其中276篇来自JBV，316篇来自ETP。在582篇文章中，有354篇（196篇来自JBV，158篇来自ETP）使用了数据分析方法。

此部分的研究主要记录了对研究假设和研究问题进行检验的数据分析程序。从研究结果可以看出：高水平、多变量、追踪性的研究数量明显增长，单变量、描述性、横断性的研究数量减少；从以美国单一国家为样本发展到国际化样本；研究范围从一国向多国扩展；使用简单的描述统计和非参数统计来验证假的研究数量设明显增加；分层回归方法的使用数量增长最快；使用一般线性模型去验证假设的研究数量逐渐增加，主要包括多元回归、多元方差分析、方差分析、结构方程建模。

表6—3　　　1976—2004年创业研究中数据分析技术的使用比例 [1]

时间段（年）	方法使用情况
1976—1985	描述统计、非参数统计和相关分析（56%、19%、8%）
1986—1995	非参数统计、描述统计、多元回归（18%、12%、12%）
1996—2004	分层回归、简单回归、多元回归（16%、14%、13%）

① Dean M A, Shook C L, Payne G T. The Past, Present, and Future of Entrepreneurship Research: Data Analytic Trends and Training [J]. Entrepreneurship Theory and Practice,2007,31(4): 601—618.

　　其次是邮件调查。通过向创业专家发送调查邮件的方式，了解创业博士生教育中数据分析方法技术的必要性和需求。每封邮件中有一个网站链接，网站中呈现一个列有 31 项数据分析技术的清单，每一项技术后都有"对未来的创业研究的重要性"和"创业类博士生是否应该掌握此类技术"两个问题。专家们要对不同数据分析技术的重要性进行排序，并对这些技术在创业博士生培养中的重要性做出判断。

　　专家们一致认为，有 9 项数据分析技术对未来创业研究非常重要，分别是相关分析（correlation），方差分析 / 协方差分析（ANOVA/ ANCOVA），多元回归（multiple regression），分层回归（hierarchical regression）、逻辑回归（logistic regression）、事件历史分析（event history）、探索性因素分析（EFA）、验证性因素分析（CFA）和结构方程建模（SEM）；有两项技术对未来创业研究不重要，包括个人构念积储格（repertory grid）和典型相关（canonical correlation）。

　　在创业类博士生应该掌握的数据分析技术中：得分较多有 9 项，分别是相关分析、T—检验（t—tests）、方差分析 / 协方差分析、多元方差分析 / 多元协方差分析（MANOVA/ MANCOVA）、简单回归、多元回归、分层回归、逻辑回归、探索性因素分析；有 7 项被认为不重要，分别是金融事件研究（financial event study）、扩散模型（diffusion model）、表面非相关回归（seemingly unrelated regression）、个人构念积储格、认知映射（cognitive mapping）、政策捕捉（policy capturing）、典型相关（canonical correlation）。

　　通过专家们对两个问题的回答，可以看出：对创业研究和创业类博士生都重要的数据分析技术有 6 项，分别是相关分析、方差分析 / 协方差分析、多元回归、分层回归、逻辑回归和探索性因素分析（平均得分在 4.0 以上，5 点计分法）。

　　最后是访谈。通过对创业青年学者的访谈，分析创业学博士教育中数据分析方法的训练，了解创业青年学者们的研究方法素养和需求。这一部分的调查方法与第二部分的专家调查一样，即通过邮件方式连接网站，让青年学者们回答"你的博士阶段教育在哪种程度上促使你使用这类方法？"和"你现在对这些方法使用的熟练情况"两个问题。这一部分主要是让创业青年学者们去评价创业学博士毕业生的量性数据分析能力。

　　在 31 项数据分析技术中，有 13 项技术得分在 3.0 左右（5 点计分法），只要 4 项技术得分在 4.0 以上：相关、T—检验、简单回归、多元回归。

通过对结果的分析看出，青年学者们只对少量技术较为熟悉。虽然大多数青年学者对数据分析技术并不精通，但是对自己较为熟悉的研究技术，他们都在新近研究中频繁使用。通过对专家期望和青年学者现状的对比可以看出，专家们认为重要的九项技术（得分在 4.0 以上）中，青年学者只认可其中 4 项，分别是相关分析、T—检验、简单回归、多元回归。专家打分在 4.0 以上、青年学者在 4.0 以下的技术有 5 项，分别是方差分析／协方差分析、多元方差分析／多元协方差分析、分层回归、逻辑回归、探索性因素分析。

同时，通过对 77 名战略管理领域青年学者和创业青年学者的数据分析技术能力比较分析，可以得出，战略管理领域博士教育结束时学生所掌握的数据分析技术能力普遍高于创业学博士教育结束后的学生们，如简单回归（4.69 vs 4.32，$p < .05$）、事件历史（2.50 vs 1.80，$p < .01$）、金融事件研究（financial event studies）（2.23 vs 1.45，$p < .01$）、多项逻辑斯蒂回归（multinomial logistic regression）（2.80 vs 2.12，$p < .01$）、面板数据分析（panel data analysis）（2.88 vs 2.16，$p < .01$）、扩散模型（diffusion models）（1.59 vs 1.21，$p < .05$）、联立方程（simultaneous equations）（2.49 vs 1.77，$p < .01$）。[①]

通过迪安等人对数据分析技术在创业研究和创业学者中的分析，可以得出以下几点。

首先是创业研究使用的数据分析方法愈加精细化。从早期的描述统计、非参数统计到更精细和严格的技术，如一般线性模型、追踪回归以及结构方程建模。研究者越来越倾向使用纵向设计而非横断研究，这种研究设计有利于因果关系的分析，提供更有解释力的深入研究。

其次是青年学者们的研究方法素养与创业研究方法的应用需要之间存在较大差距，尤其是数据分析技术能力。虽然创业研究需要使用愈加复杂和精细化的研究方法，但是创业青年研究者们并没有做好充分准备。创业青年研究者们在博士学习阶段所接受的方法论训练远不能满足其未来从事创业教育的需要。当然，研究方法并不是创业学博士教育的全部，但是其重要性不可小觑，尤其是在创业学这一新兴学科领域，提升创业青年学者们的研究素养是未来创业学博士项目的努力方向。

① 　Dean M A, Shook C L, Payne G T. The Past, Present, and Future of Entrepreneurship Research:Data Analytic Trends and Training [J].Entrepreneurship Theory and Practice, 2007,31(4): 601—618.

综上所述，创业学博士项目的主要内容应该包括：一是理论知识。这里的理论知识既包括商科知识、管理学知识，也包括其他人文社科知识，如心理学和社会学等。跨学科视野已经成为开展高水平研究的必要条件，那么要想跻身高水平研究行列，创业学必须注重跨学科视角的使用；二是研究方法的训练。在学术研究领域，研究方法的合理使用是判断研究水平的重要标准。创业学青年学者的研究方法素养决定了这一学科领域的未来发展，所以在创业学博士项目中，要加强博士生的研究方法素养；三是对创业领域的持续关注。创业学博士项目要体现创业领域的独特性，如对创新、机会识别的重视。

二 设置课程内容

上述理论研究和实证分析为创业学博士项目的课程内容设计提供了依据。那么，在实际创业学博士培养中，其课程内容有哪些？通过何种方式进行教育教学？存在哪些问题与不足呢？下面选取美国、英国和中国的创业学博士项目为例进行分析。

（一）美国

随着美国创业教育的深入发展，创业学博士项目逐渐兴起。美国创业学博士的培养模式有两种：一种是在其他专业的博士项目中设置创业学方向，学生将创业作为自己的研究领域，如在管理学、市场营销或教育学的博士培养中开设创业方向；另一种是专门的创业学博士项目，即在商学院设置专门的创业学博士项目，并颁发相应的学位。[①]

2013 年，作为全球最负盛名、最具学术公信力的评价标准，国际高等商学院协会（Association to Advance Collegiate School of Business，AACSB）颁布了最新商学院认证标准，包括四大部分共 15 条标准：一是战略管理与创新，涉及使命、目标、资源配置等；二是参与者—学生、师资和职业化的管理人员；三是教与学，涉及课程管理、课程内容、师生互动、教学效果等；四是学术与职业参与。其中第 9 条标准对商学院博士项目内容方面做了规定，包括强调跨学科视野、课程的综合性、博士生教学能力，对基

---

① Katz, J. A. The Chronology and Intellectual Trajectory of American Entrepreneurship Education 1876—1999[J]. Journal of Business Venturing,2003,(18): 296.

础研究和应用型研究的重视。这些都为创业学博士项目的开展提供了导向。

美国商学院的博士生课程包括核心课程、社会科学选修课、特定方向、可选第二方向和博士论文的组合形式。下面选取沃顿商学院为例，简要分析其创业学博士项目课程。

美国宾夕法尼亚大学沃顿商学院是享誉全球的著名商学院，创立于1881年，是美国第一所大学商学院。学校的使命就是培养商界精英、同时致力于为商界提供深入研究。沃顿商学院在商业实践的各个领域有着深远的影响，包括全球策略、金融、风险和保险、卫生保健、法律与道德、不动产和公共政策等。沃顿商学院有18个研究中心，包括领导力和应变管理，创业管理，电子商务和商业改革等，聚焦于商业知识创新，强调领导力、企业家精神、创新能力。

沃顿商学院的博士生项目的目标是培养未来的学术领袖（creating tomorrow`s academic leaders）。沃顿的管理学博士项目中包括创业学、人力和社会资本、跨国公司管理、组织行为、组织理论、战略六个研究方向。沃顿强调学生的学习兴趣和多学科交叉学习，并为学生提供多种研究机会。

表 6—4　　　　　　　　　沃顿商学院管理学博士课程

课程类别	课程内容
必修课	经济学基础（Economic Foundations of Research in Management）、心理学和社会学基础（Psychological and Sociological Foundations of Research in Management）、研究方法（Research methodology）、统计学（两门课）（Statistics）
选修课	人力资源（Human Resource Management）、企业战略（Corporate Strategy）、微观 OB（Micro-Organizational Behavior）、宏观 OB（Macro-Organizational Behavior）、国际管理（International Management）、创业研究（Entrepreneurship Research Seminar）、家族企业研究（Family Business Research）、跨国公司管理（Seminar in Multinational Management）、组织心理学（Seminar in Emotions in Organizations）
社会科学选修课	社会学（Sociology）、经济学（Economics）、心理学（Psychology）、政治学（Political science）

资料来源：整理自沃顿商学院网站 [EB/OL]. http://www.wharton.upenn.edu/doctoral/programs/management-courses.cfm.2014—01—08。

作为综合度高的课程，创业学博士项目要求学生具备宽广的知识面、良好的研究能力、教学能力等。课程内容以理论知识、研究方法等为主，多以研讨会（Seminar）形式进行，强调学生思考问题的能力，要求学生对特定的现象和问题发表自己的观点。同时，这些课程要求学生高强度的阅读量，广泛涉猎多方面知识，尤其是社会背景知识。

加州大学的彼得·纳瓦罗教授对世界排名前 50 位的美国商学院进行研究，发现商学院正进行改革，其新特征可归纳为：（1）多学科集成。课程建立于一个多学科和综合性解决问题的基础上，而不是孤立的"功能性竖井"（functional silo），使学生更多地在跨学科的通识教育上理解商业。（2）体验性学习。至少部分地取代或补充传统的"粉笔加演讲"，注重与现实世界中的实际问题相联系，增加实践性的练习，形成以学生为中心的学习环境。（3）软技能开发。恰当地强调这些技能，沟通、领导、谈判、创业、团队建设和人际关系技巧，与传统的数据分析、管理工具等同样看重。（4）全球性视角和信息技术。在一个技术迅速变化的世界，国家间的贸易、投资与金融日益相互融合与依赖，学生应当对这个世界的新变化有良好的触觉，并培养出相应的世界观。（5）企业伦理和企业社会责任。在后安然事件的世界，商业道德和企业责任必须置于未来领导者决策的中心位置。[①]

这些革新影响着创业学博士的培养，如商业伦理与责任。国际商学院联合会在 2013 年颁布的新标准中，要求考核学生对国际企业商业伦理内容的理解与应用。这些促使商学院将商业伦理作为核心课程。

（二）英国

20 世纪 90 年代以来，英国高校的创业教育取得了长足发展。英国政府提供各种政策鼓励创业教育发展，将大学生创业和创业教育作为优先领域发展。英国政府成立"高等教育创业"计划（Enterprise in Higher Education Initiative，EHE），支持创业教育发展。此后英国政府又建立专门机构，通过高等教育创新基金（Higher Education Innovation Fund）和科学创业挑战基金（the Science Enterprise Challenge Fund）等机构提供资金保障。随着创业教育的发展，为了提供优秀的创业教育师资和创业研究队伍，英国开始关注创业学博士项目的开展。下面简要介绍艾塞克斯

① 美国大学商学院专题研修资料汇编 [EB/OL]. http://www.aftvc.com.2013—12.30。

大学的创业学博士项目。

艾塞克斯大学（University of Essex）是一所优秀的综合性大学，于 1965 年获得皇家许可证。艾塞克斯大学在经济、管理、语言、人权、社会学、机器人等专业领域享有世界盛誉，其教学与科研质量的综合排名位列全英前十。埃塞克斯大学开设一年授课式的硕士课程及研究式的博士课程。该校的研究课程在三次大学评审中都名列前十。在英国教育界科研质的考核中，艾塞克斯大学因其杰出的科研成果跻身于全英十二所最佳大学之一，同时它的许多系也达到了国际优秀水平。

埃塞克斯大学的创业学博士培养隶属商学院下属的创业研究中心（The International Centre for Entrepreneurship Research，ICER）。该中心致力于创业创新的研究，其主要研究领域包括新企业开创、小公司成长、中小型企业创新、创业与区域发展、公司国际化、国际创业、社会创业、技术与创业等。[①] 该中心与美国、中国、法国、匈牙利、印度、意大利、立陶宛和波兰等国的创业中心建立了合作关系，并有国际著名的创业创新研究专家与该中心合作。该中心举行各种创业研讨会，邀请国内外著名学者和创业教育相关人士进行主题发言。

表 6—5　　　　　　　　　艾塞克斯大学创业研究中心研讨会

学年	主题	主讲人
	动态网络中的知识管理和创新	Dr Lawrence Dooley 考克大学 （University College Cork）
2010—2011	俄罗斯之爱：迁移公司对于当地经济的影响	Dr Stephan Heblich 斯特灵管理学院 （Stirling Management School）
	国家品牌和零售店品牌的货架面积ᵃ之争	Dr Shu-Jung Yang 埃塞克斯商学院 （Essex Business School）
	过去的阴影：创业与隐形体系	Dr Stefan Bauernschuster 慕尼黑大学 （University of Munich）

①　Research (Ph.D) Programmes[EB/OL]. http://www.essex.ac.uk/ebs/study_with_us/phd/southend_phd. aspx. 2013—12—31.

续表

学年	主题	主讲人
2010—2011	农村的理性计算：情感、权力和微观创业发展	Dr Kelum Jayasinghe 埃塞克斯商学院
	意大利的社会创业：社会合作的历史与发展	Prof Carlo Borzaga （欧洲合作和社会企业研究所）
2011—2012	新企业发生了什么？	Pro David Storey Dooley（埃塞克斯商学院）
	欠发达国家和发展中国家的技术能力、知识扩散、创新与生产力	Dr Hulya Ulku（曼彻斯特大学）
	创业、创新与发展：多样性与价值创造	Pro Jay Mitra（埃塞克斯商学院）
	约束满足：决策支持背后的动力	Professor Edward Tsang（埃塞克斯商学院）
	复苏之路？对 2008—2009 年经济衰退期的小企业追踪分析	Pro David Smallbone（金士顿大学）
2012—2013	使用模糊理论研究创新活动	Pro Hani Hagras（埃塞克斯商学院）
	虚拟世界中的电子商务	Pro Stuart Barnes（东英吉利大学）
	创业、就业能力与个人品牌	Mr Baiju Solanki（培训业讲师）
	中小型企业中的创新：机遇与挑战	Pro Pooran Wynarczyk（纽卡斯尔大学商学院）
	女性创业研究：德国的视角	Dr Silke Tegtmeier（德国吕内堡大学）
	促进创业与社会福利	Pro Zoltan J. Acs（美国乔治梅森大学）
2013—2014	高科技创业：Raspberry Pi[b] 的故事	Jack Lang（剑桥大学贾奇商学院）
	改变方向：金融市场研究的新方法	Professor Edward Tsang（埃塞克斯商学院）

[a] 货架面积是大型连锁店的重要不动产。

[b] Raspberry Pi 是一款针对电脑业余爱好者、教师、小学生以及小型企业等用户的迷你电脑，预装 Linux 系统，体积仅信用卡大小，搭载 ARM 架构处理器，运算性能和智能手机相仿。

资料来源：整理自埃塞克斯大学商学院网站 [EB/OL].http://www.essex.ac.uk/ebs/news_and_seminars/seminars.aspx.2013—12—31。

（三）中国

为了提供创业研究的高级人才、为创业发展注入新鲜血液，中国部分高校开设了创业学博士项目，如清华大学、浙江大学、南开大学等研究型大学。下面以浙江大学为例进行简要分析。

2006 年，浙江大学管理学院在亚洲设立了第一个创业管理二级学科博士点，培养创业学博士。浙江大学的创业学博士项目设置于管理学院的全球创业研究中心（ZJU—GERC）。该中心整合全球多学科优势的研究力量，依托 211 工程建设项目和"985"重点学科发展计划，组成创新型研究机构。该中心设立三大研究方向：创业人才与全球领导，创业资源与创新战略，组织学习与创业变革。该中心在创新研究、人才开发、全球策略等方面取得了显著成效。

创新研究。浙江大学全球创业研究中心以全球创业与变革创新背景下中国国家创新体系建设与科技产业发展所面临的关键问题为导向，主持承担国家自然科学基金重点项目、德国国家自然科学基金重点项目、瑞典国家自然科学基金重点项目和省部级研究项目。采用模拟实验研究、成长案例开发、创业案例学习、动态行为测评和群体决策分析等新型研究方法，对高科技创业战略、创业风险决策、领导胜任能力、企业家成长机制、组织学习与变革策略和创业政策环境等进行系统深入研究。

人才开发。2006 年以来，浙江大学以全球创业研究中心为平台创建了创业管理硕士点和博士点以及工商管理（创业管理）博士后流动站，成为中国乃至亚洲唯一开展创业管理高端学术与应用人才培养的重要基地。同时，先后启动与百森商学院、牛津大学赛德商学院、斯坦福大学商学院、哥德堡大学法商学院、里昂商学院以及伊利诺大学商学院紧密合作的全球创业管理课程、中国女性创业能力开发和创业管理精英班等重要人才开发项目。

全球策略。浙江大学全球创业研究中心积极构建全球学术网络，开展开放式创新与国际化创业研究，与美国、英国、法国、瑞典、意大利、澳大利亚、韩国、日本等国大学商学院和学术机构建立战略伙伴关系，并共建国际联合研究中心，开展高水平学术交流与国际前沿合作研究。[①]

该中心的创业学博士项目致力于培养具有国际视野、创新能力、创

① 　浙江大学全球创业研究中心 [EB/OL]http://www.hrsd.zju.edu.cn/about.php.2013—12—31。

业精神、领导才能和社会责任的高级创业管理人才。在这一目标的指导下，该中心为博士生开设了创业教育课程，包含组织管理、人力资源、战略、技术创业、家族企业创业、社会创业、创业融资等模块，进行系统化培养。

表6—6　　　　　　　　　浙江大学创业学方向博士学位课程[①]

课程名称	学分	总学时	备注
KAB 创业基础	2	32	硕博通用
组织理论与创业模式研究	2	32	博士生课程
创业人才与行为研究	2	32	博士生课程
创业战略研究	2	32	博士生课程
技术创新与创业研究	2	32	博士生课程
现代公司理论与公司创业研究	2	32	博士生课程
企业成长与家族企业创业研究	2	32	博士生课程
社会型创业研究	2	32	博士生课程
创业融资研究	2	32	博士生课程

表6—7　　　　　　　　　浙江大学创业学科研成果

名称	内容
新侨专题调研项目	以战略性人力资源开发和新侨工作创新为总体思路，重点关注以下四个方面内容：新侨群体（含留学归国人员）自然情况；新侨群体重点关注和亟待解决的突出问题；新侨群体对现行有关人才成长、侨务实践、商务支持等诸方面政策的意见和建议

① 胡昊：《我国研究型大学创业教育模式研究——以浙江大学为例》，硕士学位论文，浙江大学，2011 年。

续表

名称	内容
浙江省农业科技推广体系与农技队伍战略人力资源高绩效工作体系	遵循浙江省农技推广战略的三个核心层面：决策服务体系、人才配置体系和安全储备体系，开展有关农技推广组织体系和战略人力资源管理的研究和科技开发工作
实施人才强国战略重大问题跟踪研究—专业人员国际化研究	探讨专业人员国际化的内涵、职业分类、职业能力标准体系框架以及相关的制度安排；建立专业人员职业能力发展状况监测与评估指标体系；探讨职业资格证书国际互认机制；建立专业人员职业能力标准体系及应用技术系统
基于并行分布策略的中国企业组织变革与文化融合机制研究	采用"问题过程驱动"和"情境演进特征"的视角，研究中国企业组织转型升级和新兴产业发展等重大战略变革实践中面临的组织变革与文化融合等关键问题，构建中国企业组织变革动力框架和情境演进特征，为中国企业组织变革与文化融合的机制优化和策略构建提供创新理论和解决方案
基于人与组织匹配的变革行为与战略决策机制研究	在组织变革效能模型及其人与组织动态匹配策略等方面都取得前沿性理论与实证成果，创建了基于动态匹配的适应—选择—发展（ASD）变革决策配置理论及工具；培养十余名博士生和博士后等人才；与国际知名学府合作，如斯德哥尔摩经济学院、哈佛商学院、斯坦福、伊利诺、牛津、歌德堡等大学等

资料来源：整理自浙江大学全球创业研究中心网站 [EB/OL]. http://www.hrsd.zju.edu.cn/project. php.2013—12—31。

第三节 课程实施

作为一个新兴项目，创业学博士项目开设时间短，在很多方面都不成熟。那么，创业学博士项目取得成功的关键因素有哪些？这些项目在发展中面临怎样的机遇与挑战呢？其发展趋势如何？

一　课程实施的影响因素分析：以欧洲创业学博士项目为例

创业学博士项目取得成功的关键因素有哪些？或者这些项目在发展过程中受到哪些因素影响呢？大卫·厄尔巴诺（David Urbano）对一项欧洲创业学博士项目进行了长期追踪研究，通过项目实施的细节和情境变量来反映项目发展过程，从而分析创业学博士项目取得成功的关键要素。这一研究从 1999 年持续到 2004 年，使用了全局性、中级、个人等不同的分析单元：全局性的分析单元主要是对项目的创始人进行了访谈；中级分析单元访谈了 4 个不同大学的院长，了解他们对创业学博士项目的态度和意见；个人分析单元主要是针对学生和教授，既有问卷调查，也有访谈法的使用。另外，在各个分析单元中都采用了参与式观察法。

表 6—8　　　　　　　　Urbano 使用的数据类型和分析单元 [①]

分析级别	分析单元	资料类型 / 数据搜集方法	问题 / 数据
全局	创始人	一手信息：半结构化访谈和参与观察 二手信息：文档	创业学博士项目的历史 创始人的背景（动机、个性和研究等）
中级	院长和部门主管	一手信息：半结构化访谈和参与观察	大学和部门特征 对主题的意见
个人	教授和学生	一手信息：半结构化访谈、问卷和参与观察 二手信息：文档和统计资料	学生特征 对主管的意见

厄尔巴诺将该创业学博士项目的发展分为四个阶段：设计、开创、领导力更迭、适时革新。

（一）设计阶段（1986/1987—1988/1989）

1996 年，该项目的创始人认识到发展创业学术项目的重要性，随即向欧洲小企业委员会（ECSB）提出了这一设想，并获得一致认可。为了整合

[①]　Urbano D, Aponte M, Toledano N. Doctoral Education in Entrepreneurship: a European Case Study[J]. Journal of Small Business and Enterprise Development, 2008,15(2): 336—347.

资源，17所欧洲大学和商学院组建了创业团体，主要目标是：在创业、小企业管理和经济区域中的中小型企业等三个主要领域开设创业课程；鼓励创业和中小企业领域的研究，开发共同的研究主题；在创业研究和创业教育领域建立全球性交流平台和网络系统。

这一阶段的项目设计内容包括有关创业和小企业管理的课程、方法论课程、组织行为学相关课程。

（二）开创阶段（1989/1990—1992/1993）

这一阶段，项目进入正式实施。每年有两个大学来承担这一项目的实施。1989年，西班牙巴塞罗那自治大学（Autonomous University of Barcelona）和英国杜伦大学（Durham University）负责该项目的开展。1991—1992年，该项目由杜伦大学和丹麦哥本哈根商学院（Copenhagen Business School）负责实施。1992—1993年，该项目是由丹麦罗斯基勒大学（Roskilde University）和瑞典隆德大学（Lund University）负责实施。早期的项目实施得益于11位教授的无私奉献，项目没有常规经费，教授们都是无偿授课，仅有伊拉斯谟计划（Erasmus grants）捐赠的差旅费用。每期项目持续6个月，学生一天进行4小时的学习。第一期项目有来自8个国家的12名学生。

（三）领导力更迭阶段（1993/1994—1999/2000）

这一阶段有两个关键事件：第一是项目发展方向变更，从1993/1994学年开始，这一项目的常设机构是西班牙巴塞罗那自由大学和瑞典韦克舍大学（Vaxjo University）；第二是毕业生联系网络的建立，这一网络系统建立于1999年5月，组织各种活动、提供交流和讨论的平台。

（四）适时革新阶段（2000/2001—2004/2005）

这一时期，整个社会大背景的变化导致该项目的一系列变革：首先，欧洲很多大学开始实施创业学博士教育，这就迫使该项目必须改变策略来吸引学生，如建立新的欧洲大学网络，加入欧洲商业管理博士项目联盟。在各方努力下，2003年6月，该项目获得西班牙教育部颁发的"质量提名奖"（Mention of Quality）；其次，项目结构的改变，在2003/2004学年中，该项目将学制延长至四年，和普通的高校博士培养项目一致，课程学习集中在前两年，后两年是研究能力的培养。

通过对整个项目的追踪研究，我们可以总结出对创业学博士项目发展较为重要的因素，如创始人的个性特征；交流网络；领导力；基于国际化、质量提升和适时变化的策略。

一是创始人。创始人的敏锐和热情是最为关键的因素。在这个案例中，项目创始人对机会的敏锐把握，如他看到了创业教育和创业研究的快速发展，由此判断创业博士项目设立的重要性。同时，创始人的热情促使他积极致力于开创该项目，并解决项目发展所面临的各种困难。

二是交流网络。交流网络的建立连接了不同的人群，整合了多种资源和力量。通过交流的平台，各个大学的教授、行政人员、学生加强了联系，建立起紧密的关系。该项目中非常注重交流网络的建立，多次搭建平台，吸引不同群体的参与。这些都是项目成功的保障。

三是领导力。领导力的变更使更多的人参与管理，实施了多样化的发展策略，保证项目的良好运行。

四是适时变化的策略。该项目的每一个阶段都是对环境的及时适应和调整：第一阶段，创始人看到了开展创业学博士项目的重要性和急迫性，及时做出决定创设该项目；第二阶段，该项目将提升质量作为主要目标，吸引学生参与；最后阶段，在课程设计中进行改革，以适应学生需求和市场变化。

莉安娜（Leona）等通过对一项德国的创业学博士项目的研究，深入分析了高科技领域的创业学博士项目取得成功的因素。[①]

20 世纪 90 年代后期，德国联邦科教部的研究发现，德国近 1/3 的经济增长归结于新创公司。德国政府希望采用各种措施和方法支持创业活动，激发整个社会的创业精神。因此，德国政府在高等教育领域启动了"存在"（EXIST）计划。

EXIST 改变了以往政府支持创业活动的做法，不再向不发达地区支援基础设施建设或给予创业活动经济支持，而是建立区域创新中心。EXIST 支持技术转移、创新型公司的建立，其核心原则是：（1）建立高等教育机构的创业文化和创业氛围；（2）将研究转化为市场产品和服务；（3）开发高等院校和研究机构中的创意和创业者；（4）增加创业型公司的数量，创

---

① Achtenhagen L, zu Knyphausen-Aufsess D. Fostering Doctoral Entrepreneurship Education in Germany[J]. Journal of Small Business and Enterprise Development,2008,15(2): 397—404.

造更多就业岗位。EXIST 积极建立高校和社会各界的联系，加强创业教育，支持创新创业活动，已经吸引超过 200 家高校加入。

为了培养创业师资和青年创业研究者，来自工商管理界的两位教授和分子生物学的一位教授共同启动了高科技创业研究生培养计划—EXIST 高科技创业研究生项目（High Technology Entrepreneurship Postgraduate Program，High TEPP）。该项目得到德国联邦科教部（German Federal Ministry of Education and Research）的支持。

EXIST-High TEPP 致力于培养高科技创业研究者，涉及的领域主要有3 个：创业、信息与通信技术（ICT）、生物工程。该项目为博士生提供两年的全额资助，为博士后提供 3 年的全额资助。EXIST-High TEPP 的主要活动有 3 类：创业研究活动、创业教育活动，与高科技公司的合作活动。

创业研究活动：该项目由 3 个团队（班贝克大学、雷根斯堡大学和耶拿的分子生物学研究所）组成，主要关注高技术领域，如生物技术和 ICT。研究主题都是高技术行业创业中的常规问题，如生物技术公司的商业活动、公司风险投资、半导体行业的专利权、生物技术行业的认证、初创企业的孵化问题、电子商务行业的上市后（Post-IPO）投资策略。

创业教育活动：该项目多采用研讨会、工作坊等形式进行创业教育活动，如在耶拿研究所举行的生物技术工作坊，将分子生物实验和讲座相结合;ICT 工作坊是与埃森哲咨询公司进行合作，对 ICT 行业的问题进行讨论，如商业模式、风险投资等。

合作活动：该项目积极与各类高技术公司进行合作，为项目提供实证研究的平台和机会。同时研究机构和公司邀请不同领域的专家、公司管理者，共同组织研讨会、工作坊等，对高科技领域的创业问题进行深入探讨。

通过对该项目的分析，可以看出，EXIST-High TEPP 的关键特征有：（1）项目是创业学者和科学家共同合作。学术团体与公司密切合作，政府机构支持；（2）与公司的合作促进了实证研究的进行，建立了良好的合作关系；（3）项目参与者与公司的合作为他们提供了实践经验，为他们未来从事教师工作提供了更多合法性和实践经验；（4）科研机构和公司的合作促进当地新公司的建立；（5）以高科技为基础的项目设计使创业学博士生们学到更多学科知识，如生物技术、ICT 等；（6）该项目促进了三个参与院校的课程革新，跨学科方法是整个项目的最大优势和特色，多学科知识的涉猎可以开阔学生的视野，更能从其他领域来看待创业问题。

虽然这两个项目在很多方面存在差异，但是其项目创设过程中也存在很多相似的地方，如提供多样化的课程内容，与学校外部机构建立良好合作关系、建立沟通交流平台、适应发展需求不断做出调整等。这些都是创业学项目取得成功的关键所在。

二　课程实施的未来趋势

（一）机遇与挑战

今天的高等教育发展不仅面临人口迅猛增长、全球化和高科技所带来的挑战，同时，也深受公共经费减少、大学职能转变等多重压力的影响。这些都不可避免地影响创新创业的发展，对创业学博士项目提出挑战。

2013年，AACSB在新颁布的管理学认证标准中，提到了商学院发展的三大核心：创新、影响力和参与。

创新是时代发展的主题。商学院要鼓励多样化创新活动，提高人才培养质量。创新意味着多样化发展道路，而不是趋同和整齐划一。当然，这种创新应该是理性的、发展良好的、周密计划的。

影响力是指商学院为商业界、社会以及全球化时代的商学教育发展所做的贡献。新标准中列举的"影响"指标包括研究成果，获得的科研经费，被媒体引用，对公共政策产生的影响。

参与是指商学院要积极参与学术领域和职业领域，培养学生为迎接专业化、社会化和个人化的未来职业生涯做准备的能力。商学院要强调学术和实践的双重功效，在提高商学院人才培养质量的过程中，做好学术化和专业化的平衡，实现两者的互补融合，从而实现商学院高质量的目标和使命。[①]

在核心价值和指导原则上，AACSB倡导商学院的商业伦理规范：商学院有明确的体系、政策和程序来鼓励和支持学生、教员、管理人员等的职业道德行为；有明确的制裁不符合商业伦理的行为；商学院创设互助合作的氛围，从而很好地开展教学、研究和社会服务等活动；商学院积极回应社会变化，承担社会责任，如可持续发展、跨文化的全球化等，这些都需

---

① 2013 Business Accreditation Standards[EB/OL]. http://www.aacsb.edu/accreditation/business/standards/2013/learning-and-teaching/standard9.asp.2014—01—09.

要商学院在课程、研究和扩展活动中积极关注，并承担相应的社会责任来解决这些问题，或进行深入研究；商学院未来的发展应该是高质量要求下的多样化路径，鼓励多元化，绝非趋同和均质化。

这些新的发展任务和要求既是创业学博士项目未来发展所面临的挑战，也是其发展的重大机遇。积极回应这些变化，通过调整培养目标、设置课程内容、培养适应时代发展的人才是创业学博士项目未来的发展必然。

（二）发展趋势

1. 明确的目标定位

明确的目标定位是创业学博士项目发展的首要问题。任何一个项目都需要一个清晰明确的目标来激发、调节和维持其发展。创业学博士教育的多元目的并不意味着其权威地位和专有领域的消弭，而是项目顺应社会变化的适时调整，可以吸纳更多有不同诉求的学生参与，为社会培养出更多更适合的人才。

由于不同学院在办学历史、文化传统和资源配置上的差异，其创业学博士教育的培养目标之间存在差异，如沃顿商学院博士教育的目标是"培养学术界领袖"，伦敦商学院博士教育的目标是"培养下一代商界学者"，埃塞克斯大学商学院博士教育的目标是"培养学生从事商业领域的前沿研究"、浙江大学管理学院博士教育目标是"培养具有学术创新能力，能够胜任高水平教学和研究需要的国际型学术人才"。

明确的目标界定确保博士教育质量和学生职业愿景的实现。多样化、有区分的商学院培养目标可以更明确学生的学习任务，为学生提供更多职业选择。

2. 严格的准入和质量监控标准

准入和质量监控标准是保证创业学博士项目良性发展的重要指标。严格的准入标准是指在项目开创前对所在学校、学院、学科的资质评估和能力判断，是项目创设的第一关。发达国家在项目创设方面有严格的准入标准和权威的评估机构，如 AACSB 的教育认证采取由该协会专门执行，高等管理教育机构自愿参与的方式，目的在于为不同类型的学位课程（学士、硕士和博士）进行学术鉴定。AACSB 代表了全球管理教育专业认证的最高水平，其规范与评价标准已成为全球管理教育的最高标准。

2013 年的 AACSB 标准给出了博士项目中的知识和技能领域，包括"学科基础性研究"和"高质量的应用研究",同时根据不同类型的研究,详细阐明了不同的学习经验,这些都是保证质量的基础。商学院要不定期审视自己的博士教育项目,是否符合 AACSB 的标准要求,对当前的状态进行评估等。

AACSB 在新标准中着重强调教学效果(Assurance of learning,AOL),将其纳入课程管理之中。AOL 要求商学院保证满足学生对项目的期待,同时也要满足各种外部利益群体的要求,如潜在的学生、委托人、公共机构人员、赞助者、认证机构等。AOL 关注项目和课程质量的提升,评估学生学习目标的实现,从而为个人发展提供有效的反馈和指导。AACSB 认证标准为每一类学位项目提供与项目相匹配的学习目标,关注课程管理过程,以此确保其对商业理论、教学和实践的积极影响力,为全球化时代发展做出积极有益的探索和贡献。[①]

AACSB 的 2013 年新版标准预示着其朝着更严格、更全面、更细化的标准发展。这些要求学院通过坚持国际化的高标准来不断提升教育教学质量,实现其培养目标。

3.建立数据平台,实现资源共享

作为一个新兴领域,创业学博士教育处于探索阶段,需要不同学院、区域之间的合作交流,互相学习和借鉴。虽然 AACSB 等机构拥有相关的资源库和数据平台,或者人们可以通过期刊、大学网站和对博士项目负责人的调查等获取数据,但是这些数据库收录的是一些常规数据,如招生数、授予学位数等。[②] 这些信息对项目发展来说,还远远不够,需要建立专门的数据平台,努力收集、分析更详细和有价值的数据信息,为不同项目之间的交流比较提供依据。

创业学博士项目处于初级发展阶段,在价值诉求、课程设置、发展路径上都尚未成熟,因此建立数据平台,记录此类项目的发展、成败案例、创新方法等,可以实现信息共享,尤其是针对有意愿开设此类项目的院校。

---

① 2013 Business Accreditation Standards.[EB/OL] http://www.aacsb.edu/accreditation/business/standards/2013/learning—and—teaching/standard9.asp.2014—01—10.

② The Promise of Business Doctoral Education [EB/OL].http://www.aacsb.edu/resources/doctoral/default.asp.2014—01—10.

同时，也可以依托数据平台，建立常规性的会议、论坛，汇聚多方智慧，共同分享项目经验。这些都可以为项目的持续发展提供智力支持。

当然，数据平台的建立是要收集不同院校、区域的项目数据，这需要多方努力共同完成。这些数据平台的建立为所有开设此类项目的院校提供可资参考的经验。

4. 创新的发展理念

创新是创业研究的基本特征，也是创业学博士教育发展的动力所在。创新表现在很多方面，包括内容创新、教育教学方式创新、扩大项目影响力等。

在内容创新方面，创业学博士教育要立足创业学的学科范畴，加强跨学科视野，积极吸纳最新的管理学、心理学等学科的研究成果，以创业问题为核心形成宽广的内容域，并能根据时代发展适时更新内容。

在教育教学方式上，除了采取多样化的手段和方式进行，AACS B2013年新版标准中强调师生之间、生生之间的交互，与项目类型和学习目标相配的交互：学生有机会进行合作学习，并在团队任务工作中互相学习；师生交流涉及各个类型的教员，尤其是负责课程、教学工作的教员，同时学生有机会接触各个领域的专家学者。同时，在项目目标多元化的背景上，创业学博士教育会加强学生实践能力的培养，使其获得与外延拓展活动和实践教学相匹配的教育教学方法和技能。

扩大项目影响力主要是指增加创业学博士教育的可获得性。创业教育和创业研究的快速发展要求扩大创业学博士项目的规模。扩大项目的可获得性主要体现在吸纳更多学生参与、拓展项目的范围和价值等。吸纳更多学生参与意味着创业学博士项目要面向不同的人群、年龄阶层、学术背景、职业类别等，降低入学的硬性条件，如学历的要求，强调能力和潜力。在项目价值方面，要提倡多样化价值诉求。每所学校由于地域、传统和经济发展等多重因素，在开展博士项目时会有所侧重，如有的学校强调职业或专业导向的博士项目，而非传统的学术导向。这种多样化生存路径是项目发展的良性状态。

当然，项目创新会遇到诸多困难，如传统观念、视野的有限性、高成本等。如何克服这些困难，坚持创新的基本理念推行创业学博士教育是项目发展要解决的问题。

第四节　课程评价

一　课程开设数量与学生参与率

20 世纪 90 年代，为满足创业研究和创业教育的需求，高校开始关注创业学博士的培养。至 1997 年，全球共有五个提供创业博士项目的机构，分别为美国宾夕法尼亚大学沃顿商学院（University of Pennsylvania – Wharton）、加拿大卡尔加里大学（University of Calgary）、美国佐治亚大学（University of Georgia）、瑞典约翰戈平国际商学院（Joenkoeping International Business School）以及欧洲创业精神国际商学院（the European Doctoral Program in Entrepreneurship）。[1]

2003 年的一项调查研究显示，经过认证的 370 所商学院仅有 8％的学院提供创业学博士项目（见表6—9）。创业学本科、硕士项目注重实践能力，而博士项目注重学术能力和研究能力的培养。这就导致强调实践项目，期望与企业建立密切联系的商学院在发展创业学博士项目方面缺乏动力。

表6—9　　　　　　　各层次创业学位和授课教师情况[2]

项目	参与教师				
层次	提供创业课程的高校比例（％）	终身教职（％）	非终身教职（％）	部分时间／兼职教师（％）	博士生（％）	其他（％）
本科	82	80	30	45	6	2
硕士	69	85	27	38	0	1
博士	8	100	12	0	0	0

---

① 梅伟惠：《美国高校创业教育》，浙江教育出版社 2010 年版，第 116 页。

② Brush C G, Duhaime I M, Gartner W B, et al. Doctoral Education in the Field of Entrepreneurship[J]. Journal of Management,2003,29(3): 314.

在参与调查的 154 名创业青年学者中，11％拥有创业学博士学位，25％正在参加此类项目，在那些没有参与过创业学博士项目的学者中，仅有 10％有机会接触到此类项目；38％的受访者参与过多次博士层次的创业研讨会，50％的仅参加过一次此类研讨会；来自北美的受访者参与研讨会的次数低于其他地区的受访者。[①] 这些都表明：创业博士项目及相关课程、研讨会的发展还处于初级阶段，具有很大的提升空间。

截至 2012 年 4 月，北美和欧洲有 34 所大学有正式的、组织化的创业学博士项目，19 所大学拥有研究创业教育的博士生（见表 6—10）。

表 6—10　　　　　　　　　开设创业学博士项目的院校 [②]

类型	院校名称
拥有正式的、组织化的创业学博士项目	卡内基—梅隆大学（葡萄牙分区）（Carnegie-Mellon – Portugal）、法国里昂商学院（EM Lyon）、瑞士洛桑联邦理工学院（EPFL）、欧洲创业博士项目（European Doctoral Program in Entrepreneurship）、佛罗里达大西洋大学（Florida Atlantic University）、德国莱比锡商学院（HHL– Leipzig Graduate School of Management）、英国帝国理工学院（Imperial College）、西班牙企业学院（Instituto de Empresa）、印第安纳大学（Indiana）、瑞典延雪平国际商学院（Jonkoping International Business School）、英国兰卡斯特大学（Lancaster University）、美国路易斯维尔大学（Louisville）、加拿大麦吉尔大学（McGill University）、麻省理工学院（MIT）、北卡罗莱纳大学（North Carolina）、俄亥俄州立大学（Ohio State）、俄克拉何马州州立大学（Oklahoma State）、牛津布鲁克斯大学（Oxford Brookes University）、弗吉尼亚州瑞金大学（Regents University）、瑞典斯德哥尔摩经济学院（Stockholm School of Economics）、加拿大卡尔加里大学（University of Calgary）、中佛罗里达大学（University of Central Florida）、科罗拉多大学（University of Colorado）、英国爱丁堡大学（University of Edinburgh）、英国埃塞克斯大学（University of Essex）、美国圣道大学（University of the Incarnate Word）、美国伊利诺伊大学芝加哥分校（University of Illinois – Chicago）、密苏里大学—堪萨斯分校

①　Brush C G, Duhaime I M, Gartner W B, et al. Doctoral Education in the Field of Entrepreneurship[J]. Journal of Management, 2003,29(3): 309—331.

②　The list of Ph.D.,Programs in Entrepreneurship [EB/OL].
http://www.slu.edu/eweb/connect/for–students/phd–programs–in–entrepreneurship.2013—12—29.

类型	院校名称
拥有正式的、组织化的创业学博士项目	（University of Missouri – Kansas City）、牛津大学（University of Oxford）、宾夕法尼亚大学沃顿商学院（University of Pennsylvania – Wharton）、弗吉尼亚大学达顿商学院（University of Virginia – Darden）、华盛顿大学（University of Washington）、西安大略大学（University of Western Ontario）
拥有研究创业方向的博士生	波士顿大学（Boston U）、佐治亚理工学院（Georgia Tech）、哈佛大学（Harvard）、马里兰大学（Maryland）、明尼苏达大学（Minnesota）、密西西比州立大学（Mississippi State）、纽约大学（NYU）、北卡罗来纳大学（North Carolina）、宾州州立大学（Penn State）、普度大学（Purdue）、罗格斯大学纽华克分校（Rutgers – Newark）、南卡罗来那大学（South Carolina）、纽约州立大学布法罗学院（SUNY– Buffalo）、田纳西大学（Tennessee）、德州农工大学（Texas A&M）、德州理工大学（Texas Tech）、加州大学洛杉矶分校（UCLA）、南加州大学（USC）、威斯康星大学麦迪逊分校（Wisconsin – Madison）

目前，除了高校提供创业学博士项目之外，许多协会和机构也为创业学博士的培养提供多方面支持。

考夫曼基金会设置考夫曼论文奖学金项目，资助与创业研究相关的博士论文。获奖者每人可获得两万美金的奖金，用于支持他们完成创业领域的博士论文。自 2003 年该奖项设立以来，已有 108 名学生接受了资助。如 2010 年获得资助的北卡罗来纳大学教堂山分校的 Joshi Amol，论文题目是《知识密集型产业创业机会发现与信息复杂性》；埃默里大学的 Kryscynski David，论文题目是《小型创业企业的人力资本优势：这些企业具有激励优势吗？》；密歇根大学的 L xiao yang，论文题目是《法律、金融与创业》；纽约大学的 Luo Hong，论文题目是《何时卖出你的创意？来自电影行业的理论和证据》。考夫曼基金会还与一些大学合作开展"创业教育者终身学习计划"等教师培训项目，为美国培训创业学教师。

同时，芝加哥大学等 7 所一流大学的创业研究机构以小型研究项目形式支持学者开展研究；普瑞斯—百森商学院的合作项目致力于创业教育的师资培养，毕业于该计划的教师每年给全球 9 万多名学生讲授创业课程；

全美经济教育协会为教师提供教材、指导和进修，再由这些教师指导学生；美国管理学会创业学部大力推进创业学博士项目，为创业学博士生提供"博士论坛"，促进他们在创业研究、教学和课程开发方面的工作。[①]

从 1997 年的 5 所大学，到 2003 年被调查院校中 8% 的开设率（约等于 30 所），再到 2012 年的 53 所大学，越来越多的社会机构为创业学博士培养提供持续的资助。这些都表明创业学博士项目在不断发展，社会认可度不断提升。

二 创业学博士项目标准

在 AACSB 颁布 2013 年商学院认证标准的同时，为了进一步提升商学院博士教育质量和项目影响力，AACSB 出台了商学院博士项目发展要求。作为商学院博士项目的新方向，创业学博士项目的发展也要遵循上述标准和要求进行适时调整和改进。以下选取 AACSB 出台的相关标准进行详细阐释。

（一）项目目标

AASCB 对目标的更新包括四个方面：学术研究与实践发展并重、基础研究和应用研究并重、研究能力和教学能力并重、跨文化和跨学科的视野。[②]

学术研究与实践发展并重。对博士项目来说，培养创业研究者是其主要目的，但是随着社会发展需要和学生职业发展诉求的多样化，其培养目标也发生变化，如增加专业化维度，即培养学生成为专业化和应用型领域的人才。

基础研究和应用研究并重。基础研究和应用研究对社会发展都有非常重要的意义，因此，在博士培养中，要将两者结合起来，或鼓励交叉研究。

研究能力和教学能力并重。针对目前商学院中普遍存在的重视科研、忽视教学的问题，新标准充分体现教学的重要性，将其与研究能力并重，一方面鼓励教师的学术研究，另一方面将学术研究与教学实践相结合，将

---

① 柴旭东 . 论高校创业教育教师队伍建设 [EB/OL]. http://www.hie.edu.cn/old/zhuanti(xin)/chuangyejiaoyu/sd5.html.2014—01—02.

② The Promise of Business Doctoral Education[EB/OL]. http://www.aacsb.edu/~/media/AACSB/Publications/research-reports/the-promise-of-business-doctoral-education.ashx.2014—01—13.

科研成果应用于教学中。

跨文化和跨学科的视野。未来社会发展要求对不同文化的理解、跨学科知识的掌握。这些都应该在博士生项目中体现，如跨文化的研究及团队、跨学科的课程内容设置及氛围等。

（二）课程内容

在 AACSB 的 2013 年新标准中，第 9 条对博士项目内容做出规定（见表 6—11 ）。

表 6—11　　　　　　　AACSB 的商学院博士项目内容标准 [①]

类别	内容
知识、技能	学科的知识和技能、硕士项目课程（针对没有硕士学位的博士生）
	进行原创研究的高级研究能力
	专业领域的管理学、组织行为学内容
	高等教育机构的教学能力
基础研究	专业领域的高深知识

从表 6—11 中可以看出，博士生项目课程内容中包括研究领域和教学领域、基础研究方面的知识和应用研究所需要的知识，这与博士项目目标的规定相一致。

（三）商学院师资分类

AACSB 新标准对教师类别做出新的划分，包括学术型从业者（Scholarly Practitioner，SP）、教学型从业者（Instructional Practitioners，IP）、学术型学者（Scholarly Academics，SA）、实践型学者（Practice Academics，PA）。

---

① 2013 Business Accreditation Standards[EB/OL]. http://www.aacsb.edu/accreditation/business/standards/2013/learning-and-teaching/standard9.asp.2014—01—05.

表 6—12   AACSB 对商学院教师的分类 [①]

要求 类型	学术型（研究 / 学术）	应用 / 实践
具有多年专业经验	学术型从业者 SP	教学型从业者 IP
博士学位	学术型学者　SA	实践型学者　PA

　　上述四类教师是在学术和实践两种维度上进行的划分。SP 和 IP 都是拥有丰富实践经验的教师，区别在于 SP 同时参与学术研究。SA 和 PA 都是获得了该专业的博士学位。区别在于 PA 同时将实践领域纳入关注范围。在新标准中，不同类型的师资可以相互转化，如一名具有博士学位的教师，在进行学术研究的同时，也开展实践活动，那么这位教师就是 PA。

　　在新标准的规定中，商学院师资在上述四种类型中的比例要达到 90%以上，其中，SA 的人数占到 40% 以上，SA、PA、SP 的人数共占到 60%以上。上述标准的制定是对传统商学院教师评定的革新，将实践领域作为一个重要的考核维度。传统商学院注重教师的博士学位、发表学术文章的质量，不关注教师实践参与、教育教学等方面的工作，这就导致商学院过于偏重学术研究和科研导向等问题。新标准强调将教师的活动范围拓展为学术研究、实践参与和教育教学，鼓励教师参与实践、注重教学等，从而实现平衡发展。

　　（四）学习与教学

　　2013 年 AACSB 的新标准中，第三部分是学习与教学，涉及课程管理与学习保障；师生互动；学位项目的教育水平、结构和等价性；教学有效性等。

---

　　①　The Promise of Business Doctoral Education[EB/OL]. http://www.aacsb.edu/~/media/AACSB/Publications/research-reports/the-promise-of-business-doctoral-education.ashx.2014—01—13.

表 6—13 AACSB 的学习与教学标准 [①]

标准	内容
学院要制定合适的学习目标、提高课程水平来实现目标、确保目标的实现	·学习目标是阐释每一类学位项目的一种期待，目标关注一个项目所设置的智力和行为能力。在确定目标时，要考虑目标的实现 ·课程包括内容（理论、概念和技能等），教育学（教学方法、传递方式）和机构（内容被组织成一个系统化、整体化的教与学的项目） ·教学效果（Assurance of Learning, AOL）是确保学生的学习目标和学习期望是否实现 ·课程管理是指学院发展、设计、实施每一类型学位项目的结构、组织、内容、评价、教育学等的过程和组织。课程管理是学院发展的核心内容，受到商业领域实践发展、学院的发展战略、任务使命等的影响
课程内容与每一类型的学术项目的学习目标和学习期待相匹配	课程内容指代的是理论、思想、概念、技能、知识等，所有这些构成一个学位项目。学习目标描述的是学生在项目中应该掌握的知识和技能，不是所有的内容都包括在学习目标中
课程促进师生之间、生生之间的交互，与项目类型和学习目标相配的交互	·持续的、有详细记录的高质量的师生、生生互动要始终如一的进行。对任何一种教学模式来说，学生都要有机会进行合作学习，并在团队任务工作中互相学习 ·师生交流涉及各个类型的教员，尤其是负责课程、教学工作的教员，同时学生有机会接触各个领域的专家学者，并取得反馈 ·组织和实施与标准精神相一致的课程设计和有记录的活动
学位项目结构、设计，包括项目时间安排等，都要与不同的项目类型相匹配，实现高质量学习目标	·学位项目时间反映了完成一个学位项目所需要的时间（如学期安排、学年安排等）可以参照当地的、省一级的、国家的标准，同时可以参考认证机构的时间要求 ·教/学的模式包括传统的面对面的课堂形式，远程教育模式或者其他依靠高科技的教学模式，或混合交叉使用等

① 2013 Business Accreditation Standards[EB/OL]. http://www.aacsb.edu/accreditation/business/standards/2013/learning-and-teaching/standard9.asp.2014—01—05.

续表

标准	内容
学院保证教学的有效性，包括调动专家和学者的积极性等	·学院要建立系统化的评价体系，评价教员的教学质量，将其作为对教员整体评价的一部分 ·学院提供一些活动，聚焦于提升教学活动的有效性，包括教员、专业人员、研究生（有教学任务的研究生）等 ·教员在使用一些教育模式和教学方式时要经过充分的训练。 ·教员和专业人士要持续参与教学活动

2013 年新标准将 AOL 引入课程管理，并且强调课程管理的系统性，这些都能充分保障教学效果，实现课程目标。

新标准重视学术与实践的联系，平衡教学与科研的关系，加强教学效果的监督和评价，强调项目的创新和影响力等方面，这些都为创业学博士项目的发展提供新的参考依据，并成为项目评价的重要指标。

第五节　典型案例分析：美国创业学博士项目

在创业学博士项目方面，美国最为发达。美国的创业学博士项目依托其强大的创业教育体系和良好的社会氛围，以商学院为阵地，整合高质量的教育教学资源进行。本研究选取了两所较有特色的美国大学为个案，对其创业学博士项目进行探究，力图展现该项目的发展脉络和培养细节。

一　创业学博士项目实践：科罗拉多大学和匹兹堡大学

上文中已经提到，美国创业学博士项目的两种培养模式：在其他专业的博士项目中设置创业学方向；专门的创业学博士项目。本书选取第二类培养模式，即专门的创业学博士项目，进行深入分析。较之第一类项目，此类项目更能显示学院对创业学的重视和将创业学作为一门独立学科的长远考虑。在专门开设创业学博士项目的大学中，科罗拉多大学和匹兹堡大学的开设较早，培养的创业学博士质量较高。本书选取这两所大学进行深入分析。

（一）科罗拉多大学

科罗拉多大学（University of Colorado）是全美中北部著名的公立大学，创建于 1876 年。科罗拉多大学的创业学博士项目设在该校的利兹商学院。

培养目标与理念。利兹商学院的创业学博士项目开设较早，从创立起，学院就致力于将其打造成全球顶级项目。利兹商学院的培养目标主要包括科研和教学两个方面，为大学或科研机构培养人才。通过培养学生的原创性研究能力和知识传播能力，使其能在顶级大学中从事教学和研究工作，并能成为杰出学者。在这里，学生有机会和本领域的知名学者和教员合作学习，从而锻炼其学术能力。创业学博士学习时间为 4—5 年，不招收在职学生。在读期间的学习要求包括参加研讨会、工作坊和参与教学任务等。该院有着浓厚的学术氛围，强调团队合作精神，对学生的要求非常严格。在学期间，学生既是重大项目的研究助理，也承担低年级的教学任务，这些都为学生未来在高等教育机构中以学术和教学为职业创造条件。[①]

科罗拉多大学的创业学博士项目全称为战略、组织与创业项目，其理解的创业为广义的创业，即包含创业过程、创新管理和企业发展等多方面的综合。这里的研究多是交叉性的，如结合战略和创业的研究、结合组织科学和创业的研究。交叉研究可以提供不同的学科视角，综合各学科的研究优势，如该项目的学习包括创业认知、决策制定、团队动力学、机会识别、职业流动和自我雇佣等不同领域的知识。[②]

入学要求。申请材料包括学业表现、工作经历、考试成绩、推荐信、个人陈述和其他证明自身能力的材料。其中，学业表现是从本科起，每一个阶段的学业成绩（学业基点）。考试成绩包括了五年内有效的 GMAT 或 GRE 成绩单（对成绩并无最低分数要求，只作为参考依据提供）。所有申请者都需要具备良好的英语水平。非英语言国家的学生需要提供 TOFEL 或 IELTS 成绩，两者的最低要求分别是 105 分和 7 分。对申请者的学历和专业都没有严格规定，学位为学士即可，允许各专业申请。据统计，该专业博士生的学科背景也极为多样，如工程、心理学、政治学、文学，艺术等。

---

①　The overview of PhD Program in Leeds Business[EB/OL]. http://leeds.colorado.edu/phd#overview.2012—12—22.

②　The areas of study in Leeds Business[EB/OL]. http://leeds.colorado.edu/phd#areasofstudy.2013—12—24.

个人陈述包括研究兴趣和职业目标，学校希冀借此可以评估是否有这样的教员可以满足学生的研究兴趣和职业导向，同时将其作为录取参考。[①]

课程设置。课程包括主修、辅修和研究方法课程三个部分。主修课程是本领域的核心内容，而辅修课程则是跨专业科目，如心理学、社会学等。在课程选择上，学院鼓励学生将课程视野拓宽至整个学校的课程体系，可以选择不同院系和领域的课程进行学习。研究方法课程要求 12—15 学分，其中高阶方法论课程包括质性和量性方法论，如调查设计、民族志方法和计量经济学等。

表 6—14　　　　　　利兹商学院创业学博士项目的课程体系

类别	课程
主修	组织行为学、战略科学、组织理论、创业理论、创业研究设计
辅修	心理学、社会学、政治科学、经济学等
研究方法	基本多元统计（两学期）、高级多元统计（一学期）和高阶方法论课程

资料来源：整理自科罗拉多大学利兹商学院网站 Management & Entrepreneurship Courses [EB/OL]. http://leeds.colorado.edu/management#courses.2013—12—24。

课程的学习主要是在入学的前两年完成。由于学校鼓励学生在后期论文写作阶段继续进行相关课程学习，所以绝大多数博士生的课程学习一直持续到毕业前期。利兹商学院对英语水平的要求较为严格，因为他们认为，英语水平对科研和教学来说都非常重要，所有的非英语学习者在正式学习前，都要参加科罗拉多大学波尔德分校的英语分班测试，从而决定是否需要进一步学习。[②]针对那些英语水平不佳的学生，学院有专门的英语选修课程供其选择。

学习要求。除了课程的学习之外，还有研究和教学的要求。在研究方面，

[①]　Application Instructions for Admitted Students[EB/OL]. http://leeds.colorado.edu/phdadmissions#applying.2013—12—22.

[②]　English Language Skills [EB/OL].http://leeds.colorado.edu/phd#teachingrequirements.2013—12—25.

博士生必须作为研究助理参与辅助老师的研究工作，同时，他们要参与两年的暑期研究项目，撰写相应的研究报告和论文，并在公开的学术会议上做报告和发表论文。其中至少有一个暑期，学生必须在利兹学院的工作坊提交研究论文，并在学术年做主题发言。在教学方面，为了锻炼学生的教学能力，所有博士生都必须完成一门低年级课程的教学任务，受奖学金资助的博士生要完成三门课程的教学任务。所有博士生都要参加研究生教学工作坊，其中至少三次是由利兹学院组织的。

毕业要求。主要包括学分和论文两方面。学生必须修完至少 30 个学分的课程（其中有 10 学分为课程学分、非研讨会学分），并发表论文或相关研究成果。课程的学习主要在入学的前两年，在第三年开始前的暑期，会举行一次综合能力的测试，分为笔试和面试两部分，通过测试的博士生可以展开毕业论文的相关工作。一般情况下，毕业论文需要 1.5—3 年时间完成，在论文写作之前，学生应先制定写作意向和计划，经由导师同意后进行写作。最终的论文审核是由 5 人组成的学术委员会来进行，论文审核通过者方可毕业。

（二）匹兹堡大学创业博士项目

匹兹堡大学（University of Pittsburgh）成立于 1787 年，是美国宾夕法尼亚州享誉国际、历史悠久的综合性公立大学。匹兹堡大学的创业学博士项目是由卡茨商学院提供。卡茨商学院负责商学院的研究生教育，拥有悠久的商业教育历史，是美国管理学院联合会的 16 所发起成员学校之一。

培养目标和理念。该项目致力于为全美乃至全世界的大学培养优秀的创业学研究人员和教师。该院的创业学博士生培养采用导师制，从申请阶段开始，就由不同的导师进行指导一直延续到整个博士阶段的学习。灵活多样的课程模式可以充分发挥学生的兴趣和特长，博士生的辅修课程包括整个匹兹堡大学的课程体系，还包括与其毗邻的卡内基·梅隆大学的课程可供选择。同时，这里还有国际顶级的师资团队，使学生有机会接触到学科领域的前沿，并同世界各地的优秀学者建立联系，进行沟通交流，以提升自身学术水平。据卡茨商学院的统计，其创业学项目博士毕业生多任职于美国和世界其他地区的优秀大学，如宾夕法尼亚州立大学、佐治亚州立大学、英国皇家理工学院和中国香港城市大学等。[①] 该院的创业学博士项目主要有两个方向：组织行为和人力资源、企业战略管理，学制均为 4 年。

入学要求：主要包括 TOFEL 成绩（非英语言国家的申请者）、GMAT 或 GRE 成绩单、大学学习成绩单和推荐信等四项。推荐信主要考察申请人的学术能力和职业能力。卡茨商学院对申请人的最低学历要求为本科。与其对学历并无硬性规定一样，卡茨商学院对申请者的各项成绩并没有最低要求，更多的是考虑学生的综合素质和能力，以决定是否录用。

课程设置。该学院的课程设置非常灵活，主要由卡茨商学院的课程、匹兹堡大学的课程和卡内基·梅隆大学（两个大学均位于宾夕法尼亚州的东南角，相距较近，所以卡茨商学院的博士项目整合了两校的课程资源）的课程组成。其课程主要由主修课程、辅修课程和研究方法课程组成。辅修课程可以从匹兹堡大学的课程和卡内基·梅隆大学的课程中选择。[②] 这样的课程组合模式增加了学生选择的空间，使其在专业学习之外，有更多机会接触到不同领域，拓宽其发展。表 6—15 展示了两个不同研究方向的主修课程。

表 6—15　　　　　　　卡茨商学院创业学博士项目的主修课程

研究方向	课程（主修）
组织行为和人力资源	行为系统与管理思想、人力资源管理基础、组群与社会认同、国际管理、组织领导学、工作与组织、组织行为学、社会资本：理论与应用
企业战略管理	战略管理系统、竞争策略研究、战略研究基础、公司战略研究、战略管理与政策策略、管理学理论发展

教学方式。课程主要通过研讨会、工作坊的方式进行。每一门课程都会由任课教授给出本课程的经典书目和文章供学生参考，并在每次研讨会

---

① Ph D Student Job Placements[EB/OL]. http://www.business.pitt.edu/katz/phd/placements/.2013—12—22.

② Program Requirements for the Doctoral Degree in Business [EB/OL]. http://www.business.pitt.edu/katz/phd/academics/requirements.php.2013—12—25.

给出一个主题，学生据此进行阅读，并参与课堂讨论。最后，每门课的考评成绩由课堂表现和期末考试两部分组成。以行为系统与管理思想这门课程为例：教师给出课程的教学大纲和进程，包括课程学习目的、学习要求和阅读材料。按照学科发展的不同问题作为分段依据，将一学期的课程分为管理理论与历史发展、科学管理、行政管理、人类行为科学等十几个不同的主题，每一个主题都给出了经典书目和相关文献，也给出需要思考的问题。在每一次课程之前，学生根据阅读材料进行研读，课程由教师组织讨论。

毕业要求。主要包括学分、考试和教学要求。获得博士学位至少需要51个学分的课程和教学要求。

表6—16　　　　　　卡茨商学院创业学博士项目的学分要求 ①

科目	主修	辅修	研究方法	教学
学分要求（最低要求）	24	9	12	6

未获得 MBA 学位的博士生还要完成至少6个学分的 MBA 课程，有 MBA 学位的可以申请免修。在前两年课程的学习结束后，所有的博士生都需要参加一次综合性考试，通过考试的学生才能进入论文写作阶段。

在表6—16中，主修要求的24个学分中，至少要有8个是课程学分。学生在选择主修和辅修科目时需在专业领域教师的指导下进行。为了增加课程选择的灵活性，辅修和研究方法两项可以任意组合，只要两类的总学分达到21分即可。教学是要求博士生必须作为助教参与教学工作，以锻炼学生的教学能力。6个学分是基本要求。在教学方面，学院有严格和详细的要求，如学生在第一年被要求在一个本科生或研究生的课堂中听课，向教师学习教育教学技能；第二年作为助教参与到课堂中去，并接受教学工作坊的培训；第三年学生必须亲自担任一门本科生课程的教师进行教学

① Program Requirements for the Doctoral Degree in Business [EB/OL]. http://www.business.pitt.edu/katz/phd/academics/requirements.php.2013—12—25.

实践，课堂讲授会被录像，以供给授课者提供反馈，使其可以获得建议和意见，以便提高教学能力；第四年学生要写教学心得和计划，为未来的教职生涯做准备。[①]

二 创业学博士项目的特点分析

根据上述对两所大学创业学博士培养内容的阐述，以下主要从目标、入学要求、课程设置与实施等方面进行分析。

（一）目标和理念

追求卓越。两所大学在创业学博士的培养中都强调要为全美乃至全世界最优秀的大学培养创业学人才。追求卓越的培养目标使两所大学在培养的各个环节都要求非常严格，注重学生综合素质的锻炼。两者设置的综合化、多元化课程和严格的毕业要求都体现了这一思想。据科罗拉多大学的统计，该校培养的创业学博士多就业于美国及世界各地的著名大学，如美国空军军官学院、美国东北大学、新加坡南洋理工大学等。

科研和教学并重。两所大学都定位于培养大学教师和研究人员，在具体计划中，都涉及了研究方法和教学能力的培养，有专门的研究方法课程和工作坊，对研究方法学分有硬性规定，注重学生的实际研究能力。

利兹商学院不仅对研究方法课程有最低 12 学分的基本要求，还强调学生必须参与教师的研究项目，在实践中锻炼研究能力。这体现了重视理论与实践的结合，不仅传授研究方法的内容，更让学生亲自参与实际研究，提供其锻炼学术能力的机会。研究方法训练是为了培养学生良好的研究素养和能力，使其能够在以研究型为导向的大学或研究机构中从事工作。对研究方法的重视也体现了博士阶段学术性的要求。

同时，两所大学均要求学生在校期间承担教学任务，如卡茨商学院要求创业学博士生用于研究和教学的时间比例应是 3:1。学生不仅要教授几门课程作为毕业要求，同时也提供教学能力培养的课程，使学生有机会获得专业的课程和指导。重视教学能力的培养是美国创业学博士项目中的特色。

---

① Ph D Teaching Policy in Katz Business School[EB/OL]. http://www.business.pitt.edu/katz/phd/academics/ teaching-policy.pdf.2013—12—20.

（二）入学要求的灵活性

两所大学对创业学博士项目的遴选要求都相对灵活，对申请者并无过多硬性要求。不论是学历要求还是英语和工作经验方面，两所学校都没有严格限制。如两所学院对申请者的 GMAT 和 GRE 成绩都没有最低分数的限制，其中卡茨商学院对非英语言国家的申请者没有 TOFEL 成绩的最低分数限制。两所大学对申请者的专业和工作经验都没有做限制，如科罗拉多大学趋向招收跨学科的学生，以增加学科的交叉性。当然，这种做法也是美国灵活的高等教育招生惯例使然。

（三）课程内容及实施

丰富多样。两所大学的课程内容都非常丰富，不仅包括本学院的课程，还包括整个学校的课程体系，不仅是本专业的课程，也包括其他专业和跨学科的课程作为学生的辅修课程。课程又包括主修、辅修和研究方法三大部分。其中，匹兹堡大学还整合了毗邻的卡内基·梅隆大学的课程资源供学生选择，将课程扩展至校外。这样的课程体系可以开拓学生的学术视野，增加其知识储备，实现其综合素质培养的目标。在课程方式上，两所大学的课程大多采取研讨会和工作坊的形式进行，由教师给出主题和阅读材料，学生自主学习，参与互动讨论。这些做法也符合博士阶段学习的特性，既培养学生独立思考能力，也锻炼其团队合作共同解决问题的能力。

严格性。两所大学都有严格的学分要求，每一部分的具体学分要求并不相同。利兹商学院对博士生的课程学分要求是不少于 30 学分，提交研究报告，做工作坊的主题发言次数要求等。卡茨商学院对学生的教学要求更为细化和具体：教学不仅是一门技术的掌握，更是一门艺术的学习，涉及教育学的理论和技能、教学设计、传播的技巧、互动沟通艺术等，将教学能力分为不同的阶段和层次对博士生进行培养，每一部分都有严格的要求和规定。同时，两所大学都会在入学两年后进行综合测评，以决定学生是否能够进入博士论文的写作阶段。中期考核的设立既是检验学生以往阶段学习效果的手段，也体现了对创业学博士培养的严格性。

三　反思与启示

随着创业教育的进一步发展，培养高水平、专业化的师资队伍，建立创业教育的学科地位成为制约中国创业教育发展的关键问题。从以上两所大学的创业学博士项目中可以得出。

第一，重视教学能力。上述两所大学都极为重视学生教学能力的培养，不仅有严格的要求和学分规定，还提供博士生大量的实践机会。这些都为其未来发展奠定基础。而国内的高等教育中往往只有本科类师范生才有严格的教学能力培养要求，博士生教育大都以培养高层次学术人才为目标，忽视学生教学能力的培养。而本科生就业面向基础教育阶段，这就导致大学中的教学人员大多数没有经过专业的教育教学训练，存在着教育教学知识欠缺、教学能力缺失、教学合作意识不强、教学监控能力贫乏、教学反思能力低、现代教育技术应用能力弱等问题。[①] 这些问题的解决都要依靠博士生教育阶段对学生教学能力的关注和培养。

第二，跨学科课程的学习。两所大学的创业学博士生课程表中都有大量的跨学科课程修习要求。我国高校的博士生培养集中于"专和尖"，在博士阶段跨学科课程较少，大多出现在本科和硕士学习阶段。在强调交叉学科和融合知识的今天，任何一个问题的解决都需要多种学科和知识的参与共同完成，而作为创业学这门 21 世纪的学科更需要这种思维才能实现自身发展。这就要求在创业学博士培养中加强跨学科学习，培养学生开阔的学术视野。

第三，强调研究方法素养。研究方法素养一直是国内博士生培养中相对缺乏的方面，这也是导致国内原创性成果少、研究质量不高的原因之一。两所大学的创业学博士项目都对研究方法有严格要求，作为毕业考核的重要依据，既关注量的研究方法，也强调质性的研究方法，并提供大量的研究方法工作坊和主题研讨会提升学生的方法论素养。

第四，整合资源，多方位合作。科罗拉多大学利兹商学院为整合校内的课程和资源提供了多种学习机会，匹兹堡大学卡茨商学院则是既整合了校内不同院系的资源，也实现与邻近的卡内基·梅隆大学的资源共享和合作。国内高校在加强合作，实现合作方面也取得了一定成果，在资源共享和就业服务方面都建立了不同程度的合作体，如 G9 等。如何超越表层、实现内部深度的合作是未来努力的方向。

---

① 　Ph D Teaching Policy in Katz Business School.[EB/OL] http://www.business.pitt.edu/katz/phd/academics/ teaching-policy.pdf.2013—12—20.

第六节　小结

随着创业教育和创业研究的深入发展，培养创业学学者成为重要议题。培养创业学研究者既可以为创业学发展提供智力支持，也可以解决创业教育中的师资短缺问题。本章从课程目标、课程内容、课程实施和课程评价等四个方面进行分析。

课程目标。由于创业学自身的学科发展和创业教育发展的实践需求，培养创业学学者的课程目标是培养学生的创业研究和教学能力。创业学学者的培养主要依托创业学博士项目的开展。

课程内容。在理论方面，学者们从创业学学科界定、创业学研究特征等方面进行了分析，提出了项目发展趋势、课程内容开设等多方面的理论基础。作为培养创业学学者的主要内容，研究方法成为关注重点。布什（Brush）和迪安（Dean）通过对已有创业学研究进行量化分析，发现创业学博士教育中存在研究方法训练薄弱的问题。因此，创业学博士项目应该提供研究方法论的训练，促使创业研究者进行更高水平的研究，推动创业学领域的发展。

在创业学博士项目的实践方面，本节以美国、英国和中国三个国家作为考察对象，并选取了具有代表性的大学，对这些学校的创业学博士教育进行了分析。可以发现，目前的创业学博士项目课程主要包括三个方面：创业理论知识（创业领域、商业领域和管理领域），研究方法，相关社会科学理论知识。在教学方面，创业学博士项目多采取研讨会、工作坊、学术会议等形式进行教育教学。

课程实施。本节选取两个欧洲创业学博士项目为例，通过对两个项目具体实施过程的分析，可以看出，提供多样化课程、加强跨学科发展、建立沟通交流平台、适应发展需求不断做出调整等都是创业学博士项目取得成功的关键因素。

随着人口迅猛增长、社会高速发展等带来的挑战，创业学博士项目面临着巨大的发展压力。因此，在具体实施中，创业学博士项目要建立明确的目标、严格的准入和质量监控标准、规范化的数据平台，以持续创新的发展理念克服发展中遇到的难题，不断扩大项目影响力，最终实现创业学学科的大发展。

课程评价。从20世纪90年代开始，欧美国家的创业学博士项目逐渐兴起，到2012年4月，欧美国家的34所大学有正式的、组织化的创业学博士项目，19所大学拥有研究创业学的博士生。同时，越来越多的组织机构为创业学博士项目提供支持。这些都表明创业学教育博士项目的影响力增大，正在获得越来越多的认可。AACSB颁布了2013年商学院认证标准和商学院博士教育要求，这些都为创业学博士项目的评价提供了新的参考依据。

依托强大的创业教育体系和良好的社会氛围，美国的创业学博士项目开设数量多，质量高。本节选取美国的两所大学——科罗拉多大学和匹兹堡大学为例，主要从培养目标、入学要求、课程设置、教学方式、毕业要求等方面对两者的创业学博士项目进行分析。可以看出，美国创业学博士在培养目标上兼具研究能力与教学能力，在课程上重视跨学科学习、研究方法素养，在合作体系上强调多方位整合资源。

第七章

结　语

课程是高校创业教育的核心和重要载体。对课程的深入研究具有重要的理论与实践价值。本书围绕"历史发展"和"类型分析"两大问题，运用文献分析、比较研究和案例研究等方法进行深入剖析。

在历史发展方面，本书对美、英、日等发达国家高校的创业教育课程进行了梳理，分析出不同国家在创业教育课程方面取得的成就与存在的问题，并做出了横向的比较分析。

在类型分析方面，本研究对创业教育课程进行分类：培养创业精神的课程、培养创业实践者的课程、培养创业学者的课程。在分类基础上，以管理学、心理学、教学论等学科知识为依托，对每一类课程的目标、内容、实施和评价进行具体分析。

基于上述研究，本章力图对高校创业教育课程的特点与问题进行总结，提炼出每一类创业教育课程的有效性策略，并对高校创业教育课程发展进行反思。

第一节　高校创业教育课程的特点与问题

一　高校创业教育课程的特点

（一）创业教育课程进入全校性发展阶段

创业教育课程起源于商学院，在经历了商学院主导、多学院参与的阶段之后，进入全校性发展阶段。全校性发展阶段是指创业教育课程渗透于各个学院，成为大学课程的重要组成部分。

2003 年，美国考夫曼基金会率先发起了考夫曼校园计划，旨在全校范围内推广创业教育课程。2008 年，英国新工党执政颁布《培养创业型大学生——将创业教育置于高等教育的核心地位》(Developing Entrepreneurial Graduates–Putting entrepreneurship at the center of higher education)，规定了创业教育的内容、运行方式与基本原则，试图在高等教育机构中普及创业教育课程。为了进一步加强大学生的创业意识和创业能力，实现从就业向创业的转变，我国教育部印发了《普通本科学校创业教育教学基本要求（试行）》，要求高校开设"创业基础"必修课。

这些都表明，创业教育课程在高校获得了大发展，从商学院课程演变为全校性课程。

（二）形成多样化、专门化的课程模式和体系

在高校中，创业教育已经形成了多样化、专门化的课程模式和体系。

美国已经构建了从副学士到学士、硕士、MBA、Ph.D 的学位课程体系，并形成了聚焦模式、辐射模式和磁石模式的多样化课程组织形式。

在多年的探索发展中，英国高校创业教育形成了"传统商学院模式"和"互动模式"。两者在培养目标、实施主体、培养方式、学习方式、知识传递途径等方面各有所长、互为补充。[①]

日本高校创业教育课程形成了四种典型模式：以培养创业实践者为主的创业家专门教育型；以掌握系统的经营知识技能为主的综合演习型；以学科专业为依托的创业技能副专业型；以培养创业意识、创业精神为主的企业家精神涵养型。

多样化、专门化的课程模式和体系能够满足不同学生创业教育的需求，有效提升创业教育教学的效果，是创业教育发展成熟的重要标志。

（三）课程发展与创业研究相结合

课程发展与创业研究相结合意味着创业教育课程摆脱了个人兴趣和经验化总结，走向规范化、科学化和专业化的发展道路。创业研究的发展为课程开设、教育教学提供理论基础和实践指导。

美国创业教育联盟在 2004 年发布了《创业教育的国家内容标准》，主

---

① 胡瑞：《新工党执政时期英国高校创业教育研究》，高等教育出版社 2013 年版，第 192 页。

要包括三大部分、15类标准及具体的表现性指标，这为高校创业教育课程内容的制定提供参照。同时，美国创业教育联盟还致力于创业研究，收集创业教育教学资源，推广成功的创业教学案例和教育模式。[①]

英国高等教育学会利用各类项目，通过提供创业教育教学材料，为创业教育开展提供学术支持。学会发起了"大学生创业技能"（Entrepreneurship Skills for Graduates）计划，为高校各专业的本科生课程嵌入创业内容。英国高等教育基金委员会启动创业教育的教与学优异中心基金，鼓励对创业教育教学的实践探索和案例推广，如白玫瑰创业教与学优异中心、诺丁汉大学"综合学习进步中心"、利兹首都大学"创业协会"等。

二　高校创业教育课程存在的问题

（一）创业师资短缺

创业师资短缺是创业教育发展面临的重要瓶颈，主要表现在数量和质量两个方面。

数量上，创业师资数量与创业教育的发展不成比例。作为高校增长速度最快的专业之一，在过去的几十年中，创业教育取得了迅猛发展。与快速发展的创业教育需求相比，创业师资数量远远不能满足日益增长的创业教育需求。两者之间的矛盾成为世界各国高校创业教育发展面临的主要问题。

质量上，随着高校创业教育的发展，各国采取多种途径培养创业师资，如区域师资培训计划、支持校企合作开展师资培训、设立捐赠席位等方式。但是，这些途径培养出的教师往往缺乏专业化背景、难以兼顾理论与实践的结合，造成创业教师水平参差不齐，与创业教育的专业化发展格格不入，影响创业教育及课程的质量。

师资质量直接决定创业教育及课程的质量。拥有一支专业化、高水平的师资队伍是创业教育发展的重要保障。因此，创业教育课程发展要着力解决师资问题。

（二）课程有效性问题

课程有效性是指课程在培养大学生创业意识、创业精神和创业能力等

---

① The Goal of CEE[EB/OL]. http://www.entre-ed.org/_contact/vision.html.2014—03—01.

方面所起到的作用和效果。

目前，世界各主要国家的高校中都开设了创业教育课程，拥有相对完备的课程体系。但是，具有完备的体系并不必然决定创业教育的课程质量和有效性。在高校创业教育中，普遍存在课程效果不佳的问题，理论课程过于枯燥，实践课程浮于形式。

课程有效性依赖理论和实践两方面的探索。作为一门年轻的学科，创业学还处于发展阶段，远未达到成熟。同时，在短短几十年的时间里，高校创业教育教学还没有积累丰富的经验，没有形成行之有效的实践模式，没有深入的理论反思和总结。这些都制约着创业教育课程的有效性，是创业教育深入发展过程中所面临的主要问题。

（三）创业教育与高校外部体系的联系

由于创业的特殊性，与其他课程相比，创业教育课程与实践的联系更为紧密。创业教育要想取得成功，远不是开设几门课程就能解决的。在现实生活中，创业教育与真实创业并不等同。即使学生接受了创业教育，具备了创业精神和创业能力，真正能够进行创业还会遇到各种的问题和障碍。

解决这些问题和障碍的途径就是加强创业教育与高校外部体系的联系。外部体系主要是指政府、产业界和社会组织。当然，在发展创业教育方面，高校已经与这些组织机构建立起了联系，如邀请校外兼职教师、建立创业基金、提供创业实践机会等。但是，这些联系大都停留在传统方式上，没有实质性的突破。

对于创业教育来说，与高校外部体系的联系和合作，如何在多方面加强与不同组织的联系，如共同确立人才框架、研发课程，制定评价体系等？如何积极探索、建立起长效的合作机制？这些都是未来创业教育课程发展所要考虑的问题。

第二节　提升高校创业教育课程有效性的策略

一　提升培养创业精神课程有效性的策略

此类课程的主要目的是培养学生的创业精神和创业态度，使他们成为创新创业型人才。因此，此类课程的关键是将创业知识转化为创业态度。

针对这一核心问题，以下主要从三个方面分析提升课程有效性策略。

一是内容设置。创业精神主要包括创新精神、合作精神、敬业精神和社会责任四个方面。在课程内容设置上，要将创业精神渗透于高校教育中，不仅是增设几门课程，而是要在不同专业的课程内容中体现创新创业的内容，将创业精神融入课程文化中。

二是实施方式。创业态度的养成包括两个阶段：创业知识转化为个人理论；个人理论转为创业态度。第一阶段中，教师要将创业理论知识与学生的年龄、学识和生活背景相联系，建立基于学生主体的创业课堂。第二阶段强调参与、互动、情境介入，要创设创业情境，让学生在社会交往、参与活动中获得直观感受。

三是校园文化建设。创业精神的培养要注重营造创业氛围，建设校园创业文化、形成高校创业生态系统。创业氛围、创业文化的形成是以创业教育为基点，将创业活动、创业研究等结合起来，形成一个循环圈，凝聚多种力量发展创业。在这种校园环境中，学生不仅能够接受适合自己的创业教育课程，更能养成创业思维方式，实现培养创业精神的目标。

二　提升培养创业实践者课程有效性的策略

此类课程的主要目标是培养学生的实践智慧，即关于创业的问题解决能力。这种能力建立在学生创业知识学习的基础上，因此，此类课程的关键在于将创业知识转化为创业能力。针对这一核心问题，以下从三个方面分析提升课程有效性的策略。

一是内容设置。大学生创业的主要优势在于其掌握专业知识和技能，可以进行基于专业的创业活动。为了充分发挥这一优势，课程内容设置要将专业知识与创业知识进行深入融合，开发相应的教材。专业知识与创业知识的结合不是简单地相加和拼接，而是要挖掘不同学科的内在联系和学科逻辑，以专题、问题的形式呈现交叉学科知识，培养学生解决问题的能力。

二是实施方式。创业实践者的学习内容是实践知识。与理论知识不同，实践知识的学习要求学生参与实践、反思、应用。因此，要为学生创设实践机会、提供团队学习、自主探究的机会。创设实践机会是指为学生提供创业实习、创业实践的机会，让学生进入创业环境中，将习得的创业知识应用到实践中，并在实践中构建自身的知识体系。团队学习、自主探究可以培养学生理解他人观点、合作反思的学习能力。

三是外部环境。创业实践者的培养不能只依靠高校内部的努力，更需要社会各界的广泛关注和参与，如提供创业实习机会、创业指导、建立创业实践基地。创业能力的养成主要是通过学生在实践中，将知识转化为能力。因此，高校要与产业界、社会组织等通力合作，为实现学生创业知识向创业能力的转化提供良好的外部环境。

三 提升培养创业学者课程有效性的策略

此类课程的主要目的是培养学生的创业研究能力和教学能力，为未来从事创业研究和教学服务。针对这一核心问题，以下主要从三个方面分析提升课程有效性的策略。

一是内容设置。为了提高创业学博士生的研究能力，课程内容应该以研究方法为核心，强调多学科理论知识的学习。已有研究表明，创业研究者缺乏严格的科学方法训练，难以很好地适应创业领域研究。作为一个新兴学科，创业学要建立自身的学科地位和合法性，必须提供大量有价值的原创性研究成果，这些都依赖创业研究者自身研究素养的提升，而其中方法论的素养是主要方面。创业学博士项目的课程内容要在研究方法上有所加强，培养学生熟知和使用研究方法的能力。此外，创业学博士项目要加强学生理论知识学习的广度和深度。广度是指学习多学科的理论知识，如社会学、心理学等；深度体现在研究内容的精深化和专业化。

二是实施方式。与前两种实施方式不同，创业学博士项目的课程实施方式应该更加灵活多样，以自主学习、主题研讨、学术交流等为主。在创业学博士项目中，学校和教师应该为学生提供参与研究的机会，发展专业学术研讨会，这些都是促进学生学术能力培养的主要途径。

三是项目发展。虽然创业学博士项目在不断发展，社会认可度不断提升，但是与巨大的社会需求相比，创业学博士项目还远未达到要求。因此，高校要增设创业学博士项目，为创业研究和创业教育提供人才支持；为创业学博士项目提供资金，优化学习环境、提供研究机会。

第三节 高校创业教育课程发展的理论反思

一　高校创业教育课程发展的思考

(一) 创业教育课程与大学变革

大学自中世纪创立以来，先后经历了两次大的变革，即分别将"研究"和"创业"作为新的使命引入大学教育中，由此产生新的大学职能和理念。

19 世纪初，洪堡将"研究"理念引入大学，以一种全新的方式组建柏林大学，研究型大学由此诞生。这一变革对大学发展产生了深远的影响，如大学开始从教学转变为教学与研究并重；研究型大学成为大学发展的新模式。20 世纪中期，在威斯康星理念的影响下，大学的社会服务职能开始凸显，将创业引入大学。由此，创业型大学成为新的大学发展模式。两次大学变革都是大学通过满足不同历史时期的需求来获得自身的合法地位，是大学创新精神的体现。

创业教育课程正是在创业型大学成为大学新理念的背景下产生的，符合大学的创新精神，跨学科发展和知识转化，服务社会的诸多诉求。

第一是创新精神。进入 21 世纪，知识经济快速发展，各国纷纷将创新能力作为增强国际竞争力、提升国际地位的重要手段。作为传播知识、培养人才的重要基地，大学面临多样化的机遇和挑战，如拔尖创新型人才的培养、学生需求多样化、国际化与本土化的互动等。这些问题的解决都要求大学以创新精神为宗旨，勇于探索、适时革新。所以，创新精神是 21 世纪大学发展的核心。

创业教育课程的精髓与大学改革所需要的创新精神具有内在的一致性。正如上文指出的，创新精神是所有创业教育课程的核心所在。培养创业实践者、创业学者的前提是他们都应该是具有创新创业精神的人。具有创新创业精神的人是有事业心和进取心、社会责任感、能够合作共赢的人，这种人既是大学教育所要培养的人才类型，也是创业教育课程的主要目标。

第二是跨学科发展。随着知识的专门化和精深化，大学中的学科划分愈加精细。这种方式在某种程度上阻碍了学科间的交流和沟通，尤其是当今社会面临的多种问题需要多学科共同参与解决，跨学科（Interdisciplinary）

概念由此产生。

这一概念最早由美国社会科学研究理事会于 20 世纪 20 年代提出，指发展涉及两个及以上学会的综合研究。随后的 1926 年，美国哥伦比亚大学著名心理学家伍德沃思（R.S.Woodworth）首次公开使用了"Interdisciplinary"这个概念，提出跨学科是指超越一个已知学科的边界而进行的涉及两个及以上学科的实践活动。如今，跨学科研究已经成为大学科研的重要特征。跨学科不仅是一种研究方法，而且已经形成一门独立的学科——跨学科学。这一学科是对跨学科现象的规律和方法进行研究的新领域。

创业教育及其课程具有天然的跨学科性，可以整合不同的学科内容，与各学科进行内部融合。培养创业精神的课程以全校学生为教育对象，此类课程发展要充分考虑不同院系学生的学科背景，将其与创业教育结合，从而开发适合不同学科的课程。在创业教育进入全校性发展阶段之后，以创业教育中心为依托，整合不同学院的资源，进行跨学科发展正在成为新的发展模式。

第三是知识转化、服务社会。在威斯康星理念的引导下，大学服务社会的职能逐渐确立。作为最早践行服务社会职能的美国，第二次世界大战之后，随着社会经济发展的需要，美国部分研究型大学通过知识转化、技术转移、参与创业等多种途径，积极推动区域经济发展，由被动服务社会到主动走向市场，由此催生创业型大学的新模式。创业型大学是在大学原有的教学、研究功能之上，强调大学与市场的联系，加快知识转化和应用，突出了服务社会的功能。

在培养创业实践者的课程中，发挥大学的知识优势，实现大学生以专业知识为基础的高科技、高水平创业是主要任务。此类课程要求学生洞察市场需求和变化，积极将专业技术转化为产品，实现其商业价值和社会价值。创业教育及课程是大学实现知识转化、服务社会功能的重要途径和手段。

虽然创业教育课程的特性与大学变革具有一致性，但是这些特性也给创业教育课程在大学中的发展带来挑战，如跨学科性、知识的应用与转化。

跨学科性既为创业教育课程迅速融入大学教育提供了便利，也带来了自身的学科界定、学科合法性等问题。在大学中，各门学科已经有了明确的界定和归属，并进行了多年的学术积累。作为一门新兴的领域，创业教育的出现顺应了大学变革的需求，但是将这种需求转化为自身的学科地位和获得相应的发展空间，还需要一个很长的过程。

创业教育及课程是大学中商业文化的代表。这种商业文化已经成为大学发展的重要基础，但是，大学中同样存在传统学术文化。作为一个有着近千年发展历史的机构组织，大学的保守势力不容小觑。同时，本研究分析的几个国家中，英国、日本都受到传统文化的影响，如对商业的轻视。这些都是创业教育课程在高校中发展所面临的问题。在大学中，学术文化和商业文化的博弈绝非是互相取代，而是彼此适应，共同发展。因此，创业教育及课程如何与大学的学术文化相适应是其发展中的重要问题。

（二）创业教育课程的发展路径

针对创业教育课程的特性及大学变革发展的需要，创业教育课程在高校中的发展需要重视以下几个方面。

一是提升有效性。创业教育课程的有效性是其发展的根本前提，上节分别从内容、实施和支持体系三方面对不同类型课程的有效性进行了阐述。提升创业教育课程的有效性意味着其在人才培养中发挥更加积极的作用，实现创新创业型人才的培养目标。提升有效性要求创业教育课程进行积极的教育教学探索，形成丰富经验，并进行积极的经验推广。

二是保持开放性。保持开放性意味着接受、吸纳和包容。创业教育及课程的发展保持开放性，主要包括积极吸纳最新的研究成果，用于教育教学实践；坚持多学科参与，与其他学科课程的融合。作为一门新兴的领域，创业教育需要积极吸取多学科的发展经验和最新的研究成果，将其运用到教育教学，使教学与科研相互促进，从而实现自身的发展目标。同时，创业教育及其课程具有的跨学科性要求其发展要坚持多学科的参与，与其他学科课程的融合。多学科参与是跨学科研究的重要方式，可以为创业教育及课程的发展提供更多的智力支持，加快学科发展。与其他学科课程的融合既是创业教育课程发展的内在需求，也是培养复合型人才的需要。

三是扩大影响力。创业教育及课程的影响力是指其对大学教育和发展产生积极作用的力量。扩大创业教育及课程在高校乃至社会中的影响力是其发展的必然要求。美国创业教育联盟于 2004 年发布《创业教育的国家内容标准》，这一标准的制定是多方力量共同参与的结果，如企业、学校和社会力量等。英国在 20 世纪 90 年代以后，创业教育课程成为高等教育的主流课程，获得了社会各界的支持和关注。这些都是创业教育及课程影响力的体现。未来，可以通过打造创业教育精品课程、营造校园创业文化等方式进一步扩大创业教育及课程的影响。

二　构建中国高校创业教育课程体系

（一）中国高校创业教育课程的现状与问题

1998年，清华大学在管理学院中率先为 MBA 开设了"创新与创业管理"方向，还为全校本科生开设了"高新技术创业管理"课程。这是中国高校开设创业教育课程的首例。

从2002年开始，创业教育开始在高校中具体实施，进入实践探索阶段。创业教育进入快速发展的时期，不管是在课程数量还是课程类型，都较上一阶段有了质的飞跃。2002年4月，教育部在清华大学、北京航空航天大学、中国人民大学、上海交通大学、西安交通大学、武汉大学、黑龙江大学、南京财经大学、西北工业大学9所大学开展创新创业教育试点工作。试点院校之后，给予试点院校政策和资金的支持来探索创业教育研究、实施的方法和途径。自此。创业教育的研究和实施进入了多元发展阶段，此举也带动了全国高校掀起了创业教育研究的热潮。

这些高校有步骤、有层次地进行创业教育的探索，形成了几种比较典型的创业教育模式。如以中国人民大学为代表的课堂式创业教育，强调"培养学生创业意识，构建创业所需知识结构，完善学生综合素质"，将第一课堂与第二课堂相结合来开展创业教育；以北京航空航天大学为代表的实践式创业教育，以提高学生的创业知识、创业技能为侧重点。其特点是商业化运作，建立大学生创业园，教授学生如何创业，并为学生创业提供资金资助以及咨询服务；以上海交通大学为代表的综合式创业教育，一方面，将创新教育作为创业教育的基础，在专业知识的传授过程中注重学生基本素质的培养，另一方面，为学生提供创业所需资金和必要的技术咨询。[1]

2005年1月，国际劳工组织北京代表团与团中央、全国青联代表合作共同开发"了解企业"（Know About Business，KAB）项目。2006年，KAB课程在清华大学、北京航空航天大学、天津工业大学等6所高校开始试点。

---

[1]　刘帆：《中国创业教育的兴起发展与挑战》，《中国青年研究》2007年第9期。

截至 2011 年，KAB 创业教育课程覆盖全国 850 所高校，开设基础课程的高校多达 600 所，成立 KAB 俱乐部的高校达 100 所，累计有 20 万大学生参加了课程学习，近百万学生参与了项目活动。[①]

2010 年 5 月，教育部下发《关于大力推进高等学校创新创业教育和大学生自主创业工作的意见》，要求高等学校创新创业教育要面向全体学生，融入人才培养全过程；要在专业教育基础上，以转变教育思想、更新教育观念为先导，以提升学生的社会责任感、创新精神、创业意识和创业能力为核心，以改革人才培养模式和课程体系为重点，大力推进高等学校创新创业教育工作，不断提高人才培养质量。[②]

2012 年 8 月，教育部为深入贯彻落实《国家中长期教育改革和发展规划纲要（2010—2020 年）》以及《教育部关于全面提高高等教育质量的若干意见》精神，推动高等学校创业教育科学化、制度化、规范化建设，切实加强普通高等学校创业教育工作，制定了《普通本科学校创业教育教学基本要求（试行）》。《基本要求》中指出，要面向全体高校学生开展创业教育的核心课程，要纳入学校教学计划，不少于 32 学时、不低于 2 学分，并制定创业基础课程纲要。《基本要求》的颁布，标志着中国创业教育进入普及化阶段，即在高校中普遍设立创业教育课程，普及创业精神和创业技能。

在十几年中，中国高校创业教育课程快速发展，已经初步形成覆盖面广、类型多样的课程体系。高校创业教育在提升学生素质、促进经济发展等方面都起到了积极的正向作用。KAB 创业教育（中国）研究所发布的《创业教育中国报告 (2010)》显示，96.83% 的高校创业教育接受者和 88.07% 的社会型创业教育接受者认为，创业教育能培养自身的创业精神；95.65% 的高校创业教育接受者和 86.24% 的社会型创业教育接受者认为，创业教育能提升自身的创业技能。创业教育对我国的产业结构变迁起到了一定的

①　张昊民、马君：《高校创业教育研究》，中国人民大学出版社 2012 年版，第 55 页。
②　高校创业教育的兴起与发展 [EB/OL]. http://www.jyb.cn/high/xwbj/201006/t20100603_364882.html.2013—12—18。

促进作用。[①]

　　在取得成绩的同时，高校创业教育课程发展面临诸多问题，如目标定位不明确、课程内容缺乏合理性、师资短缺等。以浙江省为例，通过 2013 年对浙江省高校创业教育课程实施情况的访谈结果进行核心概念抽取，利用 NVivo8.0 进行质性分析生成（如图 7—1 所示）。

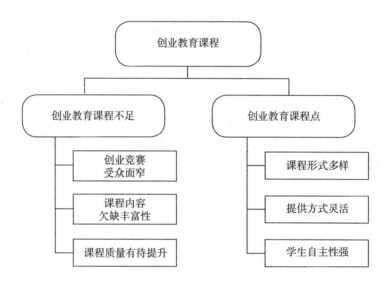

图 7—1　浙江省高校创业教育课程现状

　　作为中国创业经济最为活跃的省份，浙江省高校创业教育走在全国前列。经过十多年发展，高校创业教育课程在体系建设、提供方式、学生参与度等方面都取得了发展。但是，在内容设置、课程质量方面仍然存在很多问题。

（二）中国高校创业教育课程体系建设

　　结合国外高校创业教育课程发展的经验和中国高校创业教育课程发展的实际情况，本研究认为，构建中国高校创业教育课程体系需要在以下几方面着力发展。

---

1. 建立分类指导的课程模式

建立分类指导的课程模式是高校创业教育课程深入发展的必然要求。分类指导的课程模式中的"类"包括两个方面：一是高校的类别。中国高校可以分为：研究型大学、教学型大学和职业教育类院校。不同的高等院校在创业教育的定位上有很大不同（见表 7—1）。[①]

表 7—1   **大学类型与创业教育定位**

创业教育	研究型大学	教学型大学	职业教育类院校
目标	创新与创业结合	市场化指向：拉动区域经济发展	企业化指向：推动社区发展
人才类型	精英型人才	复合型人才	应用型人才
课程重点	创业原理与方法	创业知识与技能	创业知识与单项技术的结合

二是创业教育的类别。按照课程培养目标的不同，创业教育可以分为：培养创业实践者、培养创业精神、培养创业研究者三种（见表 7—2）。

表 7—2   **创业教育模式类型**

模式 ＼ 维度	目标	内容
培养创业实践者	培养小企业主	创业知识、创业能力
培养创业精神	培养创新创业型人才	创业意识、创业精神、创业态度
培养创业研究者	培养创业领域的教师和学术研究者	理论知识、研究方法、教学能力

[①] 席升阳：《我国大学创业教育的理论与实践》，科学出版社 2008 年版，第 146 页。

在高校创业教育实践中，要将高校的发展定位与学生的学习需求相联系，建立分层多样、需求导向的创业教育课程模式。

2. 加强创业师资队伍建设

针对中国高校创业教育的发展实际，加强创业师资队伍建设可以从以下几方面入手：一是建立分类指导的创业师资培养体系。理想的创业师资队伍应该包括创业理论教师、创业实践指导教师、创业导师、创业咨询师、创业成功者、创业者等多种类型。[①]建立分类指导的创业师资培养体系要求相关部门建立详细的创业教师分类框架、遴选标准、管理制度、评价和考核机制等。

二是培养双师型教师。"双师型"教师的培养主要依靠教师双向流动机制的建立。双向流动机制是指各级各类部门既要鼓励创业教师参与创业实践，也要邀请经验丰富的企业家、创业者、技术专家参与创业教学。具体到操作层面，高校要为不同类型教师的个人职业发展提供资金支持、晋升渠道，努力将教师的个人发展目标与创业教学发展目标相统一；对教师在科研、教学、实践等不同领域所取得的成绩，给予科学的评价和合理的回报；努力实现管理方式从压力的传递向内在激励方式的转变。

三是营造宽松的政策环境，鼓励教师创新创业。在传统观念中，大学教师应该全身心地投入教育教学，不能参与社会兼职和商业活动。同时，现有的高校教师条例和守则往往反对或不支持教师的创业活动。对于创业教育来说，如果教师本人没有参与过创业活动或者对创业持消极态度，那么创业教学就很难取得令人满意的效果。针对这些情况，相关部门应该制定措施，营造宽松的政策环境，鼓励教师到创业一线去兼职，甚至可以有计划地选派有潜力的青年教师开展创业实践。在教师发展方面，高校应该努力营造一种宽容失败、推崇创业、鼓励冒险的宽松自由的环境，为教师提供良好的创业教学氛围。

3. 开展创业教育教学试点，探索和推广经验

目前，虽然中国高校已经形成了多样化的创业教育课程体系，但是创业教育效果不佳。主要原因就是缺乏深入的创业教育教学实践探索，尚未形成成熟的创业教育教学成果。因此，开展教育教学试点，探索创业教育

① 徐小洲、李志永：《我国高校创业教育的制度与政策选择》，《教育发展研究》2010年第11期。

规律，将成功经验不断推广是提升创业教育效果、扩大创业教育影响的重要途径。2002年，教育部在清华大学、中国人民大学等9所大学进行创业教育试点。2008年，教育部通过"质量工程"项目，立项建设了30个创业教育类人才培养模式创新实验区。这些都是中国进行高校创业教育教学的有益尝试，也取得了积极的成效。

开展创业教育教学试点主要是充分发挥不同类型高校的优势、整合不同地域的商业文化资源，探索具有特色的创业教育发展之路。

不同类型高校在办学目标、人才培养等方面存在差异，因此，相关的创业教育教学探索也有所区别。如研究型大学依托科研、资源优势，可以进行高科技创业人才的培养；教学型大学以培养复合型人才为主，可以进行复合型创业人才的培养；职业院校以应用型人才培养为主，可以进行传统行业创业、应用型创业人才培养。

不同地域在产业结构和商业文化资源方面有很大差异，因此，结合地域优势进行特色化的创业教育教学探索十分重要。如在第一产业占主导的区域，可以开展技术加工型创业人才的培养；在第二产业占主导的区域，可以培养制造行业创业型人才，加快创业结构升级转型；在第三产业占主导的区域，可以加强新理念创业人才的培养。在商业文化资源方面，中国历史上形成了很多著名的商帮文化，如浙商、晋商和徽商等。高校可以充分挖掘和利用当地的商业文化资源，探索富有地域特色的创业教育教学模式。

4.创业学学科的发展

虽然创业教育在高校中已经获得了很大成功，在课程开设数量、学生参与人数、组织机构等方面发展迅速，但是，创业教育还没有成为一门受尊重的学科。

在高校中，对创业教育开设的必要性和重要性还存在争议。首先是创业文化和传统高校文化不一致。大学被誉为"象牙塔"，强调精神生活，保守而传统。这些与强调冒险、实用、功利的创业文化并不符合。因此，高校中的一些教员对开展创业教育持消极态度。其次，在中国，高校多是基于行政命令，将开展创业教育看作应付上级要求的措施，普遍缺乏内源性动力。

创业教育要获得持续发展，并在高校中占有一席之地，必然依赖创业学的学科发展。创业学的学科发展可以为创业教育提供理论指导、专业化的师资队伍，并能够促进创业教育的持续发展。在发达国家，创业学已经成为一门独立的学科，并取得了发展。而在中国，创业学还没有获得应有的学科地位，没有取得独立发展的空间。未来，中国应该将创业学纳入高校学科体系，加快其发展，以期为创业教育的发展提供保障。

参考文献

外文文献

著作及论文集

1. Ammar Al.Y. Assessing an online Entrepreneurship Course at Michigan State Universitty[M]. Michigan State Universitty, 2012.

2. Davies L, Gibb A. Recent Research in Entrepreneurship: the Third International EIASM Workshop[M]. Avebury, 1991.

3. Erkkila, K. Entrepreneurial Education: Mapping the Debates in the United Stated, the United Kingdom and Finland[M].New York & London: Garland Publishing, 2000.

4. Fayolle, A. & Klandt, H. (eds). International Entrepreneurship Education: Issues and Newness[C].Cheltenham: Edward Elgar, 2006.

5. Guthrie J. W. (2nd eds.). Encyclopedia of Education [C].New York:Macmillan Reference, volume 2，2002.

6. Jarvis P. Adult and Continuing Education: Theory and Practice[M]. Psychology Press, 1995.

7. Kolb B J. Instructional Design of Entrepreneurship Courses: Interview research of Wyoming BRAVO! Entrepreneurs[M].University of Wyoming, 2011.

8. Lundström, A. & Stevenson, L. A. Entrepreneurship Policy: Theory and Practice[M].New York:Springer, 2005.

9. Rudmann C. Entrepreneurial Skills and Their Role in Enhancing the relative Independence of Farmers [M]. Forschungsinstitut f ü r biologischen

Landbau (FiBL), 2008.

10. Simon H A. The Sciences of the Artificial[M]. MIT Press, 1996.

11. Timmons J A, Stevenson H H. Entrepreneurship Education in the 1980s:What Do Entrepreneurs Say? [M]. Division of Research, Harvard Business School, 1984.

12. West, G. Page, Elizabeth J. Gatewood, and Kelly G. Shaver, eds. Handbook of University-wide entrepreneurship education[M]. Edward Elgar Publishing, 2009.

期刊与报告

13. Beckman G D. "Adventuring" Arts Entrepreneurship Curricula in Higher Education:An Examination of Present Efforts, Obstacles, and Best Practices[J].The Journal of Arts Management, Law, and Society, 2007, 37(2): 87—112.

14. Beckman G. The Entrepreneurship Curriculum for Music Students: Thoughts Towards a Consensus[C]//College Music Symposium. The College Music Society, 2005: 13—24.

15. Benson G L. Thoughts of an Entrepreneurship Chairholder Model Entrepreneurship Curriculum [J]. Journal of Applied Business Research (JABR), 2011, 9(1): 140—146.

16. Benson, G. L. Teaching Entrepreneurship Through the Classics[J]. Journal of Applied Business Research (JABR), 2011, 8(4): 135—140.

17. Boussouara M, Deakins D. Market-based Learning,Entrepreneurship and the High Technology Small Firm [J]. International Journal of Entrepreneurial Behaviour & Research, 1999,5(4): 204—223.

18. Brown C. Curriculum for Entrepreneurship Education: a Review [J]. Ewing Marion Kaufmann Foundation. Kansas City, MO, 2000: 1—10.

19. Brush C G, Duhaime I M, Gartner W B, et al. Doctoral Education in the Field of Entrepreneurship [J]. Journal of Management,2003,29(3): 309—331.

20. David Rae, Lynn Martin, Valerie Antcliff, Paul Hannon. The 2010 Survey of Enterprise and Entrepreneurship in Higher Education[R].the 33rd ISBE Conference,London,November 2010: 380—401.

21. Dean M A, Shook C L, Payne G T. The Past, Present, and Future of Entrepreneurship Research:Data Analytic Trends and Training[J].Entrepreneurship Theory and Practice,2007,31(4): 601—618.

22. Deborah H.Streeter,Johnp.Jaquette Jr., KathrynHovis?University-wide Entrepreneurship Education: Alternative Models and current trends[J]. Southern Rural Sciology2004,20: 41—71.

23. Duening T N.Five Minds for the Entrepreneurial Future Cognitive Skills as the Intellectual Foundation for Next Generation Entrepreneurship Curricula [J]. Journal of Entrepreneurship, 2010, 19(1): 1—22.

24. Fayolle A, Gailly B. From Craft to Science: Teaching Models and Learning Processes in Entrepreneurship Education [J]. Journal of European Industrial Training, 2008,32(7): 569—593.

25. Fiet J O. The Pedagogical Side of Entrepreneurship Theory [J]. Journal of Business Venturing, 2001,16(2): 101—117.

26. Fiet J O. The Theoretical Side of Teaching Entrepreneurship [J]. Journal of Business Venturing, 2001,16(1): 1—24.

27. Finkle, T. A., Kuratko, D. F.& Goldsby, M. G. An Examination of Entrepreneurship Centers in the United States: A National Survey[J]. Journal of Small Business Management,2006,44 (2): 184—206.

28 Fredholm S, Krejcarek J, Krumholz S, et al. Designing an Engineering Entrepreneurship Curriculum for Olin College[C]//Proceedings, American Society of Engineering Education.2002.

29. Garavan T N, O'Cinneide B. Entrepreneurship Education and Training Programmes:A Review and Evaluation‐Part 1[J]. Journal of European industrial training,1994,18(8): 3—12.

30. Gartner W B, Vesper K H. Experiments in Entrepreneurship Education: Successes and Failures [J]. Journal of Business Venturing,1994,9(3): 179—187.

31. Gibb A A. Enterprise Culture–Its Meaning and Implications for Education and Training[J]. Journal of European Industrial Training,1987,11(2): 2—38.

32. Gibb A A. Enterprise Culture and Education Understanding Enterprise

Education and Its Links with Small Business, Entrepreneurship and Wider Educational Goals[J]. International Small Business Journal,1993,11(3): 11—34.

33. Handscombe R D, Rodriguez—Falcon E, Patterson E A. Embedding enterprise in science and engineering departments[J]. Education+ Training, 2008,50(7): 615—625.

34. Hartshorn C, Hannon P D. Paradoxes in Entrepreneurship Education: Chalk and Talk or Chalk and Cheese?: A Case Approach [J]. Education+ Training, 2005,47(8/9): 616—627.

35. Hindle K. A grounded Theory for Teaching Entrepreneurship using Simulation Games[J]. Simulation & Gaming,2002,33(2): 236—241.

36. Hindle K. Teaching Entrepreneurship at University: From the Wrong Building to the Right Philosophy [J]. Handbook of Research in Entrepreneurship Education, 2007,1: 104—126.

37. Honig B. Entrepreneurship Education: Toward a Model of Contingency—Based Business Planning [J]. Academy of Management Learning & Education, 2004,3(3): 258—273.

38. Honig B, Karlsson T. Institutional Forces and the Written Business Plan[J]. Journal of Management,2004,30(1): 29—48.

39. Hynes B. Entrepreneurship Education and Training—introducing Entrepreneurship into Non—business Disciplines [J]. Journal of European Industrial Training,1996,20(8): 10—17.

40. Hytti, U., & O'Gorman, C. An Analysis of the Objectives and Methods of Enterprise Education Programs in Four European Countries [J]. Education + Training, 2004,(1): 11—23.

41. Jamieson I. Schools and Enterprise [J]. Education for Enterprise,1984,1(1): 7—18.

42. Katz J A. The Chronology and Intellectual Trajectory of American Entrepreneurship Education: 1876 – 1999 [J]. Journal of Business Venturing, 2003, 18(2): 283—300.

43. Kourilsky M L. Entrepreneurship Education: Opportunity in Search of Curriculum[J]. Business Education Forum, 1995: 1—18.

44. Levie J. Entrepreneurship Education in Higher Education in England: A survey[R]. London: Department for Education and Employment,1999: 1—41.

45. Löbler H. Learning Entrepreneurship from a Constructivist Perspective [J]. Technology Analysis & Strategic Management, 2006,18(1): 19—38.

46. Luthans F, Stajkovic AD, Ibrayeva E. Environmental and Psychological Challenges Facing Entrepreneurial Development in Transition Economies [J]. Journal of World Business, 2000, 35: 95—110.

47. Matlay H, Carey C. Entrepreneurship Education in the UK: A Longitudinal Perspective [J]. Journal of Small Business and Enterprise Development,2007,14(2): 252—263.

48. McMullan C A, Boberg A L.The Relative Effectiveness of Projects in Teaching Entrepreneurship [J]. Journal of Small Business & Entrepreneurship,1991,9(1): 14—24.

49. McMullan W, Long W A. Entrepreneurship Education in the Nineties[J]. Journal of Business Venturing, 1987,2(3): 261—275.

50. Mendelson M I. Entrepreneurship in a Graduate Engineering Program[J]. Journal of Engineering Education,2001,90(4): 601—607.

51. Noll C L. Planning Curriculum for Entrepreneurship Education[C]// Business Education Forum. Harcourt College Publishers,1993,47(3): 3—6.

52. Plaschka, G. R. & Welsch, H. P. Emerging Structures in Entrepreneurship Education: Curricular Designs and Strategies[J]. Entrepreneurship Theory and Practice,1990,14(3): 55—71.

53. Politis D. The Process of Entrepreneurial Learning: a Conceptual Framework[J]. Entrepreneurship Theory and Practice,2005, 29(4): 399—424.

54. Rae D, Carswell M. Towards a Conceptual Understanding of Entrepreneurial Learning[J]. Journal of Small Business and Enterprise Development, 2001,8(2): 150—158.

55. Rae D. Entrepreneurial Learning:a Narrative–based Conceptual Model[J]. Journal of Small Business and Enterprise Development, 2005,12(3): 323—335.

56. Richardson I, Hynes B. Entrepreneurship Education:Towards an Industry SectorApproach[J]. Education+ Training,2008,50(3): 188—198.

57. Sexton, D L. & Upton, N B. Evaluation of an Innovative Approach of Teaching Entrepreneurship[J]. Journal of Small Business Management, 1987, 25(1): 35—43.

58. Sexton, D. L., Upton, N. B., Wacholtz, L. E., et al. Learning Needs of Growth-Oriented Entrepreneurs[J]. Journal of Business Venturing,1997,12(1): 1—8.

59. Shane, S. & Venkataraman, S. The Promise of Entrepreneurship as a Field of Research[J]. Academy of Management Review,2000,25(1): 217‐226.

60. Shepherd D A, Douglas E J. Is Management Education Developing, or Killing, the Entrepreneurial Spirit[C]//Proceedings of the 1997 USASBE Annual National Conference Entrepreneurship: The Engine of Global Economic Development, San Francisco, California, 1997.

61. Solomon G T, Weaver K M, Fernald L W. A Historical Examination of Small Business Management and Entrepreneurship Pedagogy[J]. Simulation & Gaming,1994,25(3): 338—352.

62. Solomon, G. T., Duffy, S. & Tarabishy, A. The State of Entrepreneurship Education in the United States: A Nationwide Survey and Analysis[J]. International Journal of Entrepreneurship Education, 2002, 1: 65—86.

63. Solomon G. An examination of Entrepreneurship Education in the United States[J]. Journal of Small Business and Enterprise Development, 2007, 14(2): 168—182.

64. Somerville M, Anderson D, Berbeco H, et al. The Olin Curriculum: Thinking Toward the Future[J]. Education, IEEE Transactions on, 2005, 48(1): 198—205.

65. Standish-Kuon T, Rice M P. Introducing Engineering and Science Students to Entrepreneurship: Models and InfluentialFactors at Six American Universities[J]. Journal of Engineering Education, 2002, 91(1): 33—39.

66. Streeter,D. H.,etc. University-wide Trends in Entrepreneurship Education and the Rankings:A Dilemma [J]. Journal of Entrepreneurship Education,2011,14(1): 75—93.

67. Vesper K H, Gartner W B. Measuring Progress in Entrepreneurship

Education[J]. Journal of Business Venturing, 1997, 12(5): 403—421.

68. Vesper K H, McMullan W E, Ray D M. Entrepreneurship Education: More than just an adjustment to management education[J]. International Small Business Journal, 1989, 8(1): 61—65.

69. Vesper,K.H.Entrepreneurship Education–1993.Los Angeles: University of California[J]. Los Angeles,Center for Entrepreneurial Studies,1993.

70. Watkins D, Stone G. Entrepreneurship Education in UK HEIs[J]. Industry and Higher Education, 1999, 13(6): 382—389.

71. William L. Smith, Ken Schallenkamp, Douglas E. Eichholz. Entrepreneurial Skills Assessment: An Exploratory Study[J].International Journal of Management and Enterprise Development 2007,4(2): 179‑201.

72. Young J E, Sexton D L. Entrepreneurial Learning: A Conceptual Framework[J]. Journal of Enterprising Culture, 1997, 5(03): 223—248.

网络资源类

73. A QFD Framework for Developing Campus–wide Entrepreneurship Programs[EB/OL]. http://www.freepatentsonline.com/article/International–Journal–Business–Strategy/178220149.html.

74. Business Accreditation Standards[EB/OL]. http://www.aacsb.edu/accreditation/business/standards/2013/learning–and–teaching/standard9.asp.2013.

75. Criteria for Entrepreneurial University [EB/OL]. http://ncee.org.uk/leadership–and–management/the–entrepreneurial–university/.

76. Enterprise and Entrepreneurship in Higher Education‑2010 National Survey[EB/OL]. http://ncee.pw/wp–content/uploads/2013/12/enterprise_and_entrepreneurship_in_higher_education.1.pdf.2010.

77. Essex Business School [EB/OL]. http://www.essex.ac.uk/ebs/news_and_seminars/seminars.aspx.

78. European Commission. Effects and Impact of Entrepreneurship Programmes in Higher Education[EB/OL].http://ec.europa.eu/enterprise/policies/sme/promoting–entrepreneurship/files/education/effects_impact_high_edu_final_

report_en.pdf.2012.

79. Katz Business School in Pittsburgh University [EB/OL]. http://www.business.pitt.edu/.

80. Kauffman Foundation. Five-year Strategic Direction and Strategic Plan 2005—2009 [R]. http://www.kauffman.org/pdf/KFStratPlan0509_081904.pdf, 2004.

81. Kauffman Foundation. Kauffman Index of Entrepreneurial Activity 1996—2005 [R]. http://www.kauffman.org/pdf/KIEA_national_052206.pdf, 2006.

82. Leeds Business School in Colorado University[EB/OL]. http://leeds.colorado.edu/.

83. List of UNESCO Chairs and UNITWIN Networks in the Field of Entrepreneurship Education[EB/OL].http://www.unesco.org/en/university-twinning-and-networking/access-by-domain/education/entrepreneurship-education/.

84. Olin College [EB/OL].http://www.olin.edu/.

85. Standards for Entrepreneurship Education in America[EB/OL]. http://www.entre-ed.org/_what/natstandards.html.

86. University-wide Entrepreneurship Education:Alternative Models and Current Trends [EB/OL].http://epe.cornell.edu/downloads/WP_2002_final.Pdf. 2002.

87. The Entrepreneurial University of the Year [EB/OL]. http://ncee.org.uk/leadership-and-management/the-entrepreneurial-university/2014—03—10.

88. The List of Ph.D. Programs in Entrepreneurship [EB/OL]. http://www.slu.edu/eweb/connect/for-students/phd-programs-in-entrepreneurship.

89. The Mission and Objectives of ILO[EB/OL]. http://www.ilo.org/global/about-the-ilo/mission-and-objectives/lang——en/index.htm.

90. The Promise of Business Doctoral Education[EB/OL]. http://www.aacsb.edu/~/media/AACSB/Publications/research-reports/the-promise-of-business-doctoral-education.ashx.2013.

91. The State of Entrepreneurship Education 2012[EB/OL]. http://www.entre-ed.org/_entre/cte-survey.pdf.

92. Wharton School in the University of Pennsylvania [EB/OL]. http://www. wharton.upenn.edu/.

中文文献

专著

1. [美] Baron,R.A., Shane,S.A.:《创业管理:基于过程的观点》(*Entrepreneur-ship : A Process Perspective*),张玉利等译,机械工业出版社 2005 年版。

2. 陈琦、刘儒德:《当代教育心理学》,北京师范大学出版社 1997 年版。

3. 陈琦:《教育心理学》,高等教育出版社 2001 年版。

4. 冯忠良、伍新春:《教育心理学》,人民教育出版社 2000 年版。

5. 高健、程源、李习保、姜彦福:《全球创业观察中国报告 (2007):创业转型与就业效应》,清华大学出版社 2008 年版。

6. 高志宏、刘艳:《创新创业教育的理论与实践》,东南大学出版社 2012 年版。

7. 胡瑞:《新工党执政时期英国高校创业教育研究》,高等教育出版社 2013 年版。

8. 金盛华、张杰:《当代社会心理学导论》,北京师范大学出版社 1995 年版。

9. [美] 伯顿·克拉克:《建立创业型大学:组织上转型的途径》,王承绪译,人民教育出版社 2003 年版。

10. 李莉丽、龙希利:《我国大学生创业教育运行机制研究》,山东大学出版社 2009 年版。

11. 李志永:《日本高校创业教育》,浙江教育出版社 2010 年版。

12. 联合国教科文组织总部中文科译:《教育——财富蕴藏其中》,教育科学出版社 1996 年版。

13. 林汉川:《中国中小企业创新与持续发展》,上海财经大学出版社 2006 年版。

14. 马维娜、张鸿兵:《创业教育的目标、课程与评价》,山西高校联合出版社 1993 年版。

15. 梅伟惠：《美国高校创业教育》，浙江教育出版社 2010 年版。

16. 木志荣：《大学生创业胜任力研究》，厦门大学出版社 2008 年版。

17. 牛长松：《英国高校创业教育研究》，学林出版社 2009 年版。

18. 潘懋元：《高等教育学》，福建教育出版社 1995 年版。

19. 彭聃龄：《普通心理学》，北京师范大学出版社 2001 年版。

20. 彭钢：《创业教育学》，江苏教育出版社 2000 年版。

21. 皮连生、刘杰：《现代教学设计》，首都师范大学出版社 2010 年版。

22. 施良方：《课程理论——课程的基础，原理与运用》，教育科学出版社 1996 年版。

23. 汪岩桥：《"文化人"假设与企业家精神》，中国经济出版社 2005 年版。

24. 王英杰：《创业教育教程》，中国铁道出版社 2000 年版。

25. 席升阳：《我国大学创业教育的理论与实践》，科学出版社 2008 年版。

26. 严中华：《社会创业》，清华大学出版社 2008 年版。

27. [美] 约瑟夫·熊彼特：《经济发展理论》，商务印书馆 1990 年版。

28. 张昊民、马君：《高校创业教育研究》，中国人民大学出版社 2012 年版。

29. 中华人民共和国教育部高等教育司：《创业教育在中国：试点与实践》，高等教育出版社 2006 年版。

30. 徐小洲等：《大学生创业技能发展战略研究》，浙江大学出版社 2014 年版。

期刊及报告

31. 陈瑞英、顾征：《新世纪日本高校的创业教育：现状与课题》，《高等工程教育研究》2010 年第 2 期。

32. 陈燕妮：《创业机会识别的整合视角》，《科技进步与对策》2013 年第 30 期。

33. 陈勇：《基于能力框架的大学创业教育研究》，《高等工程教育研究》2010 年第 1 期。

34. 程如烟：《全球创新报告：国际竞争愈益激烈 未来走向更加多极》，《光明日报》2012 年第 5 版。

35. 范惠明、邹晓东、吴伟：《常春藤盟校工程科技人才创业能力培养模式探究》，《高等工程教育研究》2012 年第 1 期。

36. 冯华、杜红：《创业胜任力特征与创业绩效的关系分析》，《技术经济与管理研究》2006 年第 6 期。

37. 高树昱、邹晓东、陈汉聪：《工程创业能力：概念框架、影响因素及提升策略》，《高等工程教育研究》2013 年第 4 期。

38. 韩力争、傅宏：《大学生创业自我效能感量表的构建》，《南京师大学报》（社会科学版）2009 年第 1 期。

39. 洪汉鼎：《论实践智慧》，《北京社会科学》1997 年第 3 期。

40. 侯锡林：《企业家精神：高校创业教育的核心》，《高等工程教育研究》2007 年第 2 期。

41. 胡宝华：《高校创业教育课程设计探讨——来自美国百森商学院创业教育课程设计的启示》，《中国高教研究》2010 年第 7 期。

42. 贾涛：《建构活模块创业教育课程体系的研究——基于美国 NFTE 创业教育模式的启示》，《中国职业技术教育》2008 年第 30 期。

43. 李曼丽：《独辟蹊径的卓越工程师培养之道》，《大学教育科学》，2010 年第 2 期。

44. 李志永：《日本大学创业教育述评》，《外国教育研究》2009 年第 8 期。

45. 刘帆：《中国创业教育的兴起发展与挑战》，《中国青年研究》2007 年第 9 期。

46. 马占杰：《国外创业意向研究前沿探析》，《外国经济与管理》2010 年第 4 期。

47. 梅伟惠：《创业人才培养新视域：全校性创业教育理论与实践》，《教育研究》2012 年第 6 期。

48. 梅伟惠：《大学生创业技能要素模型研究》，《高等工程教育研究》2012 年第 3 期。

49. 梅伟惠：《欧盟高校创业教育政策分析》，《教育发展研究》2010 年第 9 期。

50. 沈超红、谭平：《国外创业教育效果评价的有效性分析》，《创新与创业教育》2010 年第 1 期，

51. 唐靖、姜彦福：《创业能力概念的理论构建及实证检验》，《科学学与科学技术管理》2008 年第 8 期。

52. 王嘉毅、李志厚：《论体验学习》，《教育理论与实践》2004 年第

12 期。

53. 王晶晶、姚飞、周鑫、乔改霞：《全球著名商学院创业教育比较及其启示》，《高等教育研究》2011 年第 7 期。

54. 王孙禺、曾开富：《针对理工教育模式的一场改革》，《高等工程教育研究》2011 年第 4 期。

55. 王占仁：《案例教学法与"广谱式"创业教育》，《教育发展研究》2013 年第 9 期。

56. 吴婧姗、邹晓东：《回归工程实践欧林工学院改革模式初探》，《高等工程教育研究》2013 年第 1 期。

57. 谢丽丽：《十一世纪日本高校的创业教育及其启示》，《高教探索》2010 年第 6 期。

58. 徐小洲、李志永：《我国高校创业教育的制度与政策选择》，《教育发展研究》2010 年第 11 期。

59. 徐小洲、梅伟惠：《高校创业教育的战略选择：美国模式与欧盟模式》，《高等教育研究》2010 年第 6 期。

60. 徐小洲、臧玲玲：《创业教育与工程教育的融合：美国欧林工学院教育模式探析》，《高等工程教育研究》2014 年第 1 期。

61. 徐小洲、张敏：《创业教育的观念变革与战略选择》，《教育研究》2012 年第 5 期。

62. 杨光富、张宏菊：《案例教学—从哈佛走向世界——案例教学发展历史研究》，《外国中小学教育》2008 年第 6 期。

63. 杨明全：《当代西方谱系学视野下的课程概念：话语分析与比较》，《比较教育研究》2012 年第 3 期。

64. 杨晓慧：《创业教育的价值取向、知识结构与实施策略》，《教育研究》2012 年第 9 期。

65. 曾尔雷：《美国创业教育国家内容标准鉴析》，《教育探索》2010 年第 12 期。

66. 曾开富、王孙禺、张冰、李文中：《美国凯克研究院创业型卓越工程人才培养模式研究》，《高等工程教育研究》2012 年第 6 期。

67. 曾开富：《工程创新人才培养模式的大胆探索》，《高等工程教育研究》2012 年第 5 期。

68. 张昊民、陈虹、马君：《日本创业教育的演进：经典案例及启示》，《比较教育研究》2012 年第 11 期。

学位论文

69. 白逸仙：《高校培养创业型工程人才的方式研究》，博士学位论文，华中科技大学，2011 年。

70. 柴旭东：《基于隐性知识的大学创业教育研究》，博士学位论文，华东师范大学，2010 年。

71. 李丽：《文化资本与企业发展研究》，博士学位论文，华中农业大学 2004 年。

72. 李娜：《印度创业教育研究》，博士学位论文，浙江大学，2013 年。

73. 李志永：《日本高校创业教育》，博士学位论文，浙江大学，2011 年。

74. 游振声：《美国高等学校创业教育研究》，博士学位论文，西南大学，2011 年。

后　记

2010 年的夏天，我有幸参加了浙江大学教育学院承办的研究生暑期学校（教育学）。初次来到杭州，就被西湖的美丽、江南的细腻深深打动，立志要求学于此。2011 年 8 月，我如愿进入浙江大学攻读博士学位，开启了一段美好的求是园读书时光。

本书是在我的博士学位论文基础上修改完成的。论文写作过程历经了杭州酷热的盛夏、宜人的深秋、湿冷的寒冬和明媚的早春，其中掺杂着痛苦与煎熬、惊喜与顿悟，终于在 2014 年的初春结束了这段痛并快乐的日子。

首先要感谢我的导师徐小洲教授。他不计门第地收下愚钝的我，并给予我学业上的悉心指导、生活上的细致关怀。他在百忙之中逐字逐句帮我修改论文，鞭策我努力学习、刻苦钻研。他的睿智、豁达和勤勉永远是我学习的榜样。

感谢徐辉教授、单中惠教授、刘力教授、方展画教授、魏贤超教授、刘正伟教授、吴雪萍教授、杨明教授、赵卫平副教授、宋吉缮副教授、叶映华副教授、阚阅副教授、梅伟惠副教授，三年里，谆谆教诲、如沐春风。感谢王珏老师、甘露老师、施晨辉老师及资料室的老师在我读书期间给予的支持和帮助。感谢邹晓东研究员参加我的博士学位论文答辩，并提出宝贵意见。

感谢硕士阶段的桂勤教授、丁邦平教授。感谢桂老师对我的关心和帮助，感谢丁老师对我的赏识和鼓励。

感谢浙大教育学院的学友们，同窗之谊，铭刻心底；感谢所有的徐门弟子，和他们在一起的日子，有交流分享，有欢笑成长，这段记忆值得我永远珍藏。

感谢我的工作单位河南大学教育科学学院的领导及同仁对于书稿出版的大力支持。

感谢我的父母，生养之恩大于天；感谢我的两位叔叔，待我视如己出；感谢我的妹妹，长她六岁的我却时常需要她的包容和体谅；感谢我的爱人，相识相恋十二载，他的爱让我"踏着荆棘，不觉得痛苦，有泪可落，却不是悲凉。"

在书稿付梓之际，特别要感谢中国社会科学出版社孙萍编辑为书稿出版所付出的辛勤工作。

最后要感谢自己。人生没有完美，跌跌撞撞走到最后的才是赢家。

臧玲玲

2016 年 1 月 28 日